中华人民共和国法律释义丛书

全国人民代表大会常务委员会法制工作委员会　编

中华人民共和国
合伙企业法释义

主　编：李　飞（全国人大常委会法制工作
委员会副主任）

撰稿人：袁　杰　王　清　李建国
王　翔　陈扬跃

法律出版社

图书在版编目(CIP)数据

中华人民共和国合伙企业法释义/全国人大常委会法工委编. -- 北京：法律出版社，2006.11(2018.11 重印)
(中华人民共和国法律释义丛书)
ISBN 978-7-5036-6821-0

Ⅰ.①中… Ⅱ.①全… Ⅲ.①合伙企业法-法律解释-中国 Ⅳ.①D922.291.915

中国版本图书馆 CIP 数据核字(2006)第 132271 号

中华人民共和国合伙企业法释义
ZHONGHUA RENMIN GONGHEGUO HEHUO QIYEFA SHIYI

全国人大常委会法工委 编

责任编辑 麦 锐
装帧设计 李 瞻

出版 法律出版社
总发行 中国法律图书有限公司
经销 新华书店
印刷 北京玺诚印务有限公司
责任印制 吕亚莉

编辑统筹 法规出版分社
开本 850 毫米×1168 毫米 1/32
印张 9.25
字数 203 千
版本 2006 年 11 月第 1 版
印次 2018 年 11 月第 3 次印刷

法律出版社/北京市丰台区莲花池西里 7 号(100073)
网址/www.lawpress.com.cn
投稿邮箱/info@lawpress.com.cn
举报维权邮箱/jbwq@lawpress.com.cn
销售热线/010-83938336
咨询电话/010-63939796

中国法律图书有限公司/北京市丰台区莲花池西里 7 号(100073)
全国各地中法图分、子公司销售电话：
统一销售客服/400-660-6393
第一法律书店/010-83938334/8335 西安分公司/029-85330678 重庆分公司/023-67453036
上海分公司/021-62071639/1636 深圳分公司/0755-83072995

书号:ISBN 978-7-5036-6821-0 **定价**:46.00 元

总　　序

人类文明的历史上，还没有哪一个时代像中国的改革开放40年一样，在历史长河中掀起如此巨大的浪花——它不仅深刻改变了一个国家的面貌与精神气质、使数亿人摆脱贫困，还极大地改变了世界格局。

1978，在那一年的年底，中共中央一次全体会议——十一届三中全会扭转了中国的前进方向，开辟了一个时代。回首过去，我们发现，一些观念从那时开始在中国出现，一些声音从那时开始逐渐响起，一些人物开始登上历史舞台。从这一年开始，随着“加强社会主义民主，健全社会主义法制”历史性任务的提出，“法制”两个字进入了人们的视野；政法机关开始恢复重建；法律院系开始蓬勃发展。一部部法律从庙堂走进了人们的生活，一次次裁决推动着国家前进的脚步。从“有法可依、有法必依、执法必严、违法必究”到“科学立法、严格执法、公正司法、全民守法”；从“法制”到“法治”；从法治观念的形成到“依法治国，建设社会主义法治国家”写进宪法，再到“法治国家、法治政府、法治社会一体建设”，人们对法治的认识步步深入，中国的改革不断向前推进，结出丰硕的果实。在中国共产党的带领下，这个励精图治的古老国度，再一次创造了改革的奇迹。

40年发生了无数故事,40年产生了许多事物。为了纪念这难忘的40年,本社组织编辑出版了一批“纪念改革开放40周年”主题图书。这些图书,将40年来颁布的重要法律及其释义甄选汇集,将法学领域有代表性的学术论文萃取精编,把有关政法机关的重建、法律院系的重生与发展进行展现,将一批被时代改变命运的人物再次唤起。我们希望从法律与法律人的视角,重新审视过去的40年,认真体会这不平凡的40年。

如江河东下,逝者如斯。岁月总会过去,人事总有代谢,但一个不平凡的时代留下的深刻痕迹,永远不会磨灭。“不忘初心,牢记使命”,习近平总书记在党的十九大报告中向全党发出的号召,使我们有理由期待,下一个40年,中国将更加惊艳!

法律出版社编辑委员会

2018年10月

出 版 前 言

《中华人民共和国法律释义丛书》是由全国人大常委会法制工作委员会组织编辑的一套系列丛书。

该套丛书由一系列法律释义组成。邀请有关专家、学者和部分参与立法的同志编著。该丛书坚持以准确地反映立法宗旨和法律条款内容为最基本要求，在每部法律释义中努力做到观点的权威性和内容解释的准确性。

我们相信，该套丛书的陆续出版，将会给广大读者进一步学好法律提供有益的帮助。

重 印 说 明

本次重印,是为改革开放40周年制作的特别纪念版,为了保持内容原貌,未对正文和附录作实质修改。个别法条内容有修订或修正的,以脚注形式作了标注。特此说明。

2018年10月

前　言

十届全国人大常委会第二十三次会议修订通过了《中华人民共和国合伙企业法》。修订后的合伙企业法的颁布施行，对于规范合伙企业的行为，保护合伙企业及其合伙人、债权人的合法权益，维护社会经济秩序，促进社会主义市场经济的发展，有着重要意义。为配合合伙企业法的学习、宣传，帮助读者理解这部重要法律各条规定的内容，全国人大常委会法制工作委员会参与合伙企业法立法工作的同志编写了本书，供学习参考。

目　录

第一部分　释　　义

第一章　总　　则

第一条　为了规范合伙企业的行为，保护合伙企业及其合伙人、债权人的合法权益，维护社会经济秩序，促进社会主义市场经济的发展，制定本法。

【释义】　本条是对合伙企业法立法目的的规定。

制定合伙企业法主要是为了规范合伙企业的行为，保护合伙企业及合伙人的合法权益，促进合伙企业的良性发展。自1997年我国首次颁布实施合伙企业法以来，合伙企业得到了一定程度的发展。根据有关统计，截至2005年9月底，在工商行政管理机关登记注册的各类企业总计807万户，其中合伙企业13.4万户。合伙企业的从业人数为196万人，注册资金为652亿，主要分布在浙江、江苏、河北、广东等省份，从事的行业主要为制造业。随着我国市场经济的迅速发展，合伙企业作为一种重要的企业组织形式，发展仍显不足，企业的数量在各类企业中所占的比重较小。合伙企业生产经营活动中仍然存在企业组织形式不够规范、承担责任的形式不够明确、企业的信誉度不高、与其他企业组织形式相比优势不大等问题。同时，随着市场主体运作形式出现多样化，实践对合伙企业的具体形式也提出了新的要求。现行合伙企业法中只规定一种合伙企业形式即普通合伙形式，已不能满足实践的需要。新修订的合伙企业法增加了有限合伙形式,并在普通合伙中增加了一定情形下合伙人可以部分免除连带责任的特殊普通合伙形式。为了促进合伙企业健康、有序的发展,有必要通过修订合伙企业法,进一步明确合伙企业、合伙人的权利和义务关系,规范合伙企业的经营行为,保护合伙企业和合伙人的合法权益。

制定合伙企业法要保护债权人的合法权益,维护社会经济秩序。合伙企业在其生产经营活动中必然与其他经营主体发生债权债务关系,作为债务人的合伙企业是否能够尽其法律义务,依法偿还债务,关系到合伙企业能否保持正常的经营秩序,其债权人的债权能否顺利实现,也关系到社会经济秩序的稳定。修订后的合伙企业法强调保护债权人的合法权益,规范合伙企业的对外关系,树立合伙企业的信誉,保障合伙企业正常地开展经营活动。这次修改合伙企业法,在进一步扩大合伙企业的自主权、更多地体现协议优先原则的同时,特别在立法目的中增加了保护债权人合法权益的内容,有利于平衡合伙企业和债权人等利害关系人的权利义务关系,维护经济秩序的稳定。

制定合伙企业法的根本目的是为了促进社会主义市场经济的发展。合伙企业是一种设立简便、出资灵活、组织结构相对简单、经营管理较为方便的企业组织形式,在发展经济、扩大就业、方便人民生活、满足社会需要等方面具有其他企业组织形式不可替代的作用。在鼓励创新、注重市场配置资源的现代市场经济活动中,有限合伙又成为资本和技术相结合的重要方式。因此,制定和完善合伙企业法,为市场提供多样化的、有效率的市场主体组织形式,对发展社会主义市场经济具有重要意义。这次修订合伙企业法,进一步体现了我国市场经济发展现阶段的实际需要,旨在通过规范合伙企业的组织和行为,保护合伙企业及其有关利害关系人的合法权益,使合伙企业的活动纳入法制轨道,形成良好的社会经济秩序,进一步促进社会主义市场经济的发展。

第二条　本法所称合伙企业，是指自然人、法人和其他组织依照本法在中国境内设立的普通合伙企业和有限合伙企业。

普通合伙企业由普通合伙人组成，合伙人对合伙企业债务承担无限连带责任。本法对普通合伙人承担责任的形式有特别规定的，从其规定。

有限合伙企业由普通合伙人和有限合伙人组成，普通合伙人对合伙企业债务承担无限连带责任，有限合伙人以其认缴的出资额为限对合伙企业债务承担责任。

【释义】　本条是对合伙企业的基本形式及其本质特征的规定。

本法所称合伙企业，是指在中国境内设立的、由合伙人订立合伙协议，并依据合伙协议共同出资、共担风险、共享经营收益，对合伙企业债务依照本法规定承担责任的经营性组织。合伙企业以合伙协议为基础。但合伙协议与一般的合同如买卖合同等具有较大的区别。一般的合同以转让财产或提供劳务为标的，当事人具有相互请求为一定给付行为的请求权。一旦给付完成，合同双方的权利义务即终止。而合伙协议则不同，因为其标的是合伙人的共同营业。合伙人所负的义务不是给付义务，而是共同经营合伙事业的义务。此种义务大多具有持续性。体现为合伙人之间长期、稳定的共同经营关系。合伙人根据合伙协议组成的长期从事经营活动的组织即为合伙企业。

合伙企业由合伙人投资而成立。根据本条的规定，自然人、法人和其他组织可以成为合伙人。传统的合伙组织的合伙人以自然人为主。我国1997年颁布的合伙企业法也仅适用于自然人合伙人举办的普通合伙。随着经济的发展，有必要进一步扩大合伙人的范围，鼓励投资。特别是这次修订合伙企业法，增加了有限合伙形式。扩大合伙人的范围，将给市场主体以更多的投资选择，有利于市场主体资源的配置。对于法人能否成为对合伙企业承担无限连带责任的普通合伙人，在立法过程中，有两种不同的意见：一是认为不应允许法人成为普通合伙人。因为如果允许法人成为普通合伙人，就意味着法人有可能对合伙企业的债务承担无限责任，对其他合伙人承担连带责任，可能导致法人以其全部财产承担责任，甚至被连带破产，不利于保护法人、法人的股东及法人的债权人的利益，也不利于维护交易秩序的稳定。有的同志担心，国有企业作为普通合伙人，可能导致国有资产的流失。另一种意见认为，法人作为有独立财产并以其全部财产对外承担责任的经济组织，无论其从事何种民事行为，实际上都是以其全部财产承担责任，此种责任实际上是一种无限责任。因此，无论法人对外签订合同，还是投资参加合伙，其所承担的风险是同样的。允许法人投资于合伙企业，成为普通合伙人，有利于法人以多种方式从事生产经营，提高资本的利用率。同时，我国民法通则也允许法人作为合伙人，公司法也对公司对外承担无限责任设置了由有关法律另行规定的衔接性条款。因此，应当允许法人成为普通合伙人。在研究这一问题的过程中，立法机关也借鉴了国外的有关规定，多数国家不限制法人作为普通合伙人参加合伙，如美国、英国、加拿大、德国、法国等国家。日本曾在其商法典中规定，公司不得成为其他公司之无限责任股东。但在其最近修改的新公司法中，没有看到类似的规定。少数国家和地区不允许法人特别是公司成为合伙人，如阿根廷、瑞士和我国台湾地区。经过认真研究和反复讨论，多数常委会组成人员和有关的专门委员会认为，随着全球经济的迅速发展，扩大法人的资本运作形式，促进企业资产重组，优化资产结构，提高企业资本的运用效率和企业的创新力，给法人以多种资本运用方式的选择是必要的，允许法人在做好风险控制的基础上投资于合伙，作为普通合伙人是有益的。特别是在使用有限合伙形式的风险投资中，普通合伙人通常是以专业技术或资本运作人士组成的公司担任，这也是实践发展的需要。因此，本法规定，法人可以作为合伙企业的合伙人。根据本条的规定，其他组织即非法人组织也可以成为合伙人。同时，本法第三条对合伙人的适格性还有一定的限制，也应遵守。

合伙企业包括普通合伙企业和有限合伙企业两种形式。普通合伙企业又包括一般普通合伙企业和特殊普通合伙企业。一般普通合伙企业是指由普通合伙人组成，合伙人对合伙企业债务承担无限连带责任的经营性组织。特殊普通合伙企业是指由普通合伙人组成，合伙人对合伙企业债务，依照本法第五十七条的规定原则上承担无限连带责任，在一定条件下可以免除一部分连带责任的专业服务机构。有限合伙企业是指由普通合伙人和有限合伙人组成，普通合伙人对合伙企业债务承担无限连带责任，有限合伙人以其认缴的出资额为限对合伙企业债务承担责任的经营性组织。本法所称无限连带责任，包括两层含义，一是指合伙企业的普通合伙人对合伙企业的债务承担无限责任，即当合伙企业的全部资产不能清偿其债务时，各合伙人须以自身的财产对合伙企业的债务承担无限责任。合伙人是法人的，应以其法人的财产承担无限责任。由于我国目前尚没有个人破产制度，因此个人合伙人承担无限责任，应当保留个人生活必需的财产。二是指普通合伙人之间对合伙企业债务承担连带责任。当合伙企业全部资产不能清偿其债务时，债权人可以向任何一个普通合伙人主张权利。普通合伙人不得以其出资份额大小、已超过合伙协议约定的分担亏损比例承担责任等任何理由予以拒绝。合伙人在承担了合伙企业债务后，有权根据合伙协议的约定向其他合伙人追偿。其他合伙人应当按照合伙协议约定的自己应承担的份额予以偿还。

这次修改合伙企业法，增加了有限合伙制度，丰富了合伙组织的责任形式，特别对风险投资机构具有更现实的意义。从国际资本运作的经验看，一些发达国家采用有限合伙的形式将资本和技术有效地结合起来，从事对高新技术企业的风险投资，由具有良好投资意识和资本运作经验的管理机构或个人作为普通合伙人，承担无限连带责任，行使合伙事务执行权，负责企业的经营管理；作为资金投入者的有限合伙人依据合伙协议获取合伙收益，对企业债务只承担有限责任，不对外代表合伙，也不直接参与企业经营管理。此形式成功地促进成长型企业、高科技型企业的发展。因此，这次修改合伙企业法，借鉴了国际上有益的经验，增加了有限合伙形式，将有利于推动风险投资事业的发展，为建设创新型社会提供制度支持。

第三条 国有独资公司、国有企业、上市公司以及公益性的事业单位、社会团体不得成为普通合伙人。

【释义】 本条是对普通合伙人适格性的规定。

普通合伙人重要的特征是要对合伙企业的债务承担无限连带责任。国有独资公司、国有企业、上市公司如果成为普通合伙人，就要以其全部财产对合伙债务承担责任。在研究修改合伙企业法的过程中，许多单位、专家提出，这不利于保护国有资产和上市公司股东的利益。因此，不宜允许其成为普通合伙人。国有独资公司、国有企业、上市公司可以成为有限合伙人，以其出资额为限对合伙企业债务承担责任。本条的规定体现了上述单位和专家的意见。这里，国有独资公司是指国家单独出资、由国务院或者地方人民政府授权本级人民政府国有资产监督管理机构履行出资人职责的有限责任公司。上市公司是指其股票在证券交易所上市交易的股份有限公司。国有企业的概念则较宽泛，可以理解为包括国有独资企业、国有控股企业和国有控股公司。

根据本条的规定，从事公益性活动的事业单位、社会团体，因其从事的活动涉及公共利益，其自身财产不宜对外承担无限连带责任。因此，也不宜成为对合伙企业债务承担无限连带责任的普通合伙人。他们可以根据实际需要，以有限合伙人的身份参加合伙企业，从事经营活动，对合伙企业以其出资额为限承担责任。

第四条　合伙协议依法由全体合伙人协商一致、以书面形式订立。

【释义】　本条是对合伙协议实质要件和形式要件的规定。

合伙协议是作为平等主体的合伙人之间共同订立的设立合伙企业，依法设立、变更、终止合伙人的民事权利义务关系的合同。合伙协议是设立合伙企业的基本依据，对合伙人和合伙企业具有约束力。

合伙协议的实质要件是指订立合伙协议必须由全体合伙人协商一致。合伙企业是人合性企业，其设立以合伙人相互信任为基础，其中普通合伙人相互为代理关系。因此，合伙协议在订立之初，必须经全体合伙人一致同意，以充分体现其人合性。

合伙协议的形式要件是指订立合伙协议必须采用书面形式。合伙协议与一般的买卖合同不同，是设立企业的协议，多为合伙人及合伙企业在较长时期内的行为规范。为了明确合伙人的权利、义务，避免合伙人之间产生不必要的纠纷，使合伙人和合伙企业在长期的生产经营活动中始终遵循一定的规则，维护合伙企业正常的经营秩序，本法规定合伙协议必须采用书面形式。

合伙协议必须依法订立，一是应遵守本法的规定，特别是订立合伙协议，不得违反本法的强制性规定；二是应遵守我国民法通则和合同法的有关规定。

第五条　订立合伙协议、设立合伙企业，应当遵循自愿、平等、公平、诚实信用原则。

【释义】　本条是对订立合伙协议、设立合伙企业应遵循的原则的规定。

订立合伙协议、设立合伙企业是作为平等民事主体的合伙人之间的民事活动。民事活动始终应当体现当事人意思自治的原则，即自愿原则。该原则要求各合伙人在订立合伙协议、设立合伙企业活动中充分尊重彼此合法的内心真实意思表示，允许合伙人自由选择合作对象，不得采取欺诈、胁迫等手段迫使他人订立合伙协议，否则该协议无效。

平等原则是指合伙人在订立合伙协议、设立合伙企业时，其法律地位平等。一是无论合伙人的经济实力强弱，规模大小，个人技艺高低，其在民事活动中都是独立的、平等的民事权利义务主体。任何人不得凌驾于他人之上，将自己的意志强加于他人。二是合伙人订立合伙协议应当坚持权利和义务对等，不应只享有权利而不承担义务，或者只承担义务而不享有权利，或者权利义务畸高畸低。合伙人自愿订立合伙协议，平等地受法律保护。

公平原则是指合伙人订立的合伙协议的内容应当公平。合伙协议虽然是合伙人各方的合意，但该合意必须符合公平的原则。比如，合伙人在订立合伙协议时应有均等的发表自己意见的机会；其所承担的义务和享受的权利应当对等；在承担民事责任的安排上应当合理等。不允许任何当事人对其他当事人以胁迫、威胁等手段，或以欺诈、诱骗等方式，使其他当事人误解而订立显失公平的协议。我国民法通则明确规定，民事活动应当遵循公平的原则；对显失公平的行为，当事人有权请求人民法院或者有关机关予以变更或者撤销。合伙人在订立合伙协议时应当遵循这一原则。特别是这次修改合伙企业法，在很大程度上增加了合伙协议的灵活性，许多规定允许合伙协议作出与法律不一致的规定。同时还允许合伙协议规定，对合伙协议的修订可以不经合伙人一致同意。因此，订立合伙协议，设立合伙企业，坚持公平原则，使合伙人有机会充分发表意见，保护自身的合法权益，对维护合伙人的平等合作，防止纠纷，保障合伙企业的长远顺利发展，变得更为重要。

诚实信用原则是指合伙人订立合伙协议,必须以诚相见,以善而为,恪守信用,遵守诺言。这既是合伙企业从事市场经济活动的道德准则,也是法律原则。合伙企业是人合性企业,合伙人之间相互信任、相互依赖,相互代理,彼此应有最大的诚意和坚实的信用。合伙企业对外以信誉作为从事经营活动,与第三人交易的基础。因此,坚持诚实信用的原则,是使合伙协议真实可信,合伙人精诚团结,合伙企业稳定发展,具有生命力的根本保障。

第六条　合伙企业的生产经营所得和其他所得,按照国家有关税收规定,由合伙人分别缴纳所得税。

【释义】　本条是对合伙企业如何缴纳所得税的规定。

合伙企业的本质特征表明,合伙企业虽然有独立的财产,并先以其财产对外承担责任,但并非像公司那样是独立的法人,以其全部财产并仅以这些财产承担责任。相反,当合伙企业的财产不足以对外承担责任时,企业的普通合伙人一般要对企业的债务承担无限连带责任。这种合伙人与合伙企业对外责任的最终不可分性,使得作为合伙企业财产的企业所得与合伙人所得并非泾渭分明。从国外合伙企业实践看,尽管多数国家的法律承认合伙企业在经营过程中其财产具有一定的独立性,但在税收待遇上,往往将合伙企业和合伙人联系起来考虑,一般不对合伙企业征收企业所得税,而只对合伙人从合伙企业中分得的利润征收所得税。这一做法避免了对合伙企业和合伙人所得的双重征税,降低了合伙人的纳税成本和企业的缴税风险,在客观上使合伙企业在税收待遇上比公司具有一定的优势,成为投资者乐于选择这一形式的重要原因。

我国 1997 年颁布合伙企业法后,在一段时间内,采用既对合伙企业征收企业所得税,又对合伙人征收个人所得税的双重征税制度。对此,合伙企业反应强烈。2000 年,国务院出台了关于个人独资企业和合伙企业征收所得税问题的通知，规定为公平税负，支持和鼓励个人投资兴办企业，促进国民经济持续、快速、健康发展，自2000年1月1日起，对个人独资企业和合伙企业停止征收企业所得税，其投资者的生产经营所得，比照个体工商户的生产、经营所得征收个人所得税。自此，国家对合伙企业的所得税问题从双重征税制度改为只向合伙人征收个人所得税的制度。

这次修改合伙企业法，有关的专门委员会、许多常委委员、有关专家建议将已经实施的这一制度以法律的形式确定下来。但也有的部门和同志提出，1997年的合伙企业法只规定了普通合伙一种合伙企业形式，在这一形式中，全体合伙人对合伙企业债务均承担无限连带责任，并且合伙人均为自然人。2000年所实施的新的税收制度是在这一基础上制定的。而新修订的合伙企业法扩大了投资者范围，即合伙人不仅可以是自然人，而且可以是法人和其他组织，同时增加了有限合伙形式及特殊普通合伙形式，意味着根据新的合伙企业法的规定，有一部分合伙人可能不是普通合伙人或者是责任有一定限制的普通合伙人。在这种情况下，是否仍采用只向合伙人征收所得税的一次征税制度值得研究。立法机关经过反复征求意见，并与税务机关等有关部门多次研究，考虑到我国合伙企业发展不够充分的现状，为了促进合伙企业的发展，进一步吸引社会投资，同时考虑到鼓励主要采用有限合伙形式的风险投资事业的发展，在合伙企业法中确立了只向合伙人征收所得税的一次征税制度。

合伙人缴纳所得税必须遵守国家有关税收规定。一是根据现行的税收政策，年度终了，合伙企业无论是否向合伙人分配所得，均应按照合伙企业的全部生产经营所得和合伙协议约定的分配比例，确定每个合伙人的应纳税所得额，并缴纳所得税。没有约定分配比例的，以全部生产经营所得和合伙人的平均数量计算每个投资者的应纳税所得额。二是法人合伙人应当就其每一纳税年度的生产经营所得和其他所得按照国家企业所得税的规定缴纳企业所得税；自然人合伙人就其生产经营所得比照个体工商户的生产、经营所得缴纳个人所得税。

应当注意，这一条规定只解决合伙企业及合伙人的所得税征收的问题。合伙企业在生产经营活动中应当缴纳的其他税收如营业税、增值税等均应依法缴纳。

第七条 合伙企业及其合伙人必须遵守法律、行政法规，遵守社会公德、商业道德，承担社会责任。

【释义】 本条是对合伙企业应当履行的法定义务的规定。

合伙企业是社会经济活动的基本单位之一。作为市场主体，其合法权益受法律保护，同时也要求它履行必须承担的义务：一是合伙企业必须遵守法律、行政法规，其各项经营活动必须依法进行。二是合伙企业应当遵守社会公德和商业道德。社会公德是指各个社会主体在其交往过程中应当遵循的公共道德规范；商业道德是指从事商业活动应遵循的道德规范。这两种规范是法律规范的必要补充。合伙企业是以信誉著称的企业形式，依法经营，以德经营，对合伙企业事业的成功和企业的长远发展具有重要的意义。三是合伙企业应当承担社会责任。合伙企业是市场的细胞，其在依法经营、努力创造社会生产力的同时，也应承担一定的社会责任，包括避免造成环境污染和注意维护职工合法权益等方面的责任，为创造和谐的投资和经营环境尽其义务。

第八条 合伙企业及其合伙人的合法财产及其权益受法律保护。

【释义】 本条是对合伙企业及其合伙人的利益受法律保护的规定。

合伙企业的合法财产及其权益受法律保护。合伙企业的财产包括合伙人向企业投入的资产以及合伙企业在生产经营过程中取得的各种收益，也包括合伙企业可支配的有关财产。根据我国法律的基本原则，只要这些财产有合法来源，法律将保护合伙企业对其合法财产占有、使用和处分的权利。任何人不得侵犯其财产权。合伙企业是独立的市场主体，其以自己的合法财产独立地参与市场经营活动，创造利润，获取收益，有利于市场经济的发展。法律维护其合法财产的独立性及完整性，对维护合伙企业正常的经营活动，稳定社会经济秩序具有重要意义。

合伙人的合法财产及与财产有关的权益受法律保护。如前述，只要是合伙人所有和可支配的合法财产，我国法律都予以保护。同时，本法强调保护合伙人财产及其与财产有关的权益对维护合伙企业及有关利害关系人在生产经营活动中的权利也具有重要意义。合伙人是合伙企业的出资人和受益人，也是对外责任的最终承担者。依法保护合伙人财产及权益有利于维持和扩大合伙人的财产，稳定合伙企业对外承担责任的基础。

第九条　申请设立合伙企业，应当向企业登记机关提交登记申请书、合伙协议书、合伙人身份证明等文件。

合伙企业的经营范围中有属于法律、行政法规规定在登记前须经批准的项目的，该项经营业务应当依法经过批准，并在登记时提交批准文件。

【释义】　本条是对合伙企业设立登记及应当提交的文件的规定。

合伙企业由合伙发展而来，传统的合伙在世界许多国家不需登记。虽然随着经济的不断发展，合伙已作为营利性企业逐渐成为独立的市场主体，但其登记在不同的国家和地区仍有不同的做法。有的国家如美国至今对一般的普通合伙采用不登记制度，原因在于普通合伙是传统的合伙形式，合伙人对合伙企业债务均无区别地承担无限连带责任，这已在多年的交易活动中尽人皆知。而对有限合伙和专业服务机构采用的有限责任合伙（相当于我国规定的特殊普通合伙）则要求必须到有关登记机关注册，因这些形式改变了传统合伙的责任形式，采用这些形式的合伙企业，应当通过注册，向社会公示。德国也要求商事合伙必须进行登记；英国则要求合伙性质的商行，其名称未包含合伙人的真实姓名的，须向有关部门登记注册。我国 1997 年制定的合伙企业法即确立了合伙企业登记制度，以便于对合伙企业的管理。这次修改合伙企业法，扩大了合伙企业的主体范围，增加了企业的责任形式。因此，重申企业的登记义务，规范企业的设立行为，公示企业及合伙人的基本情况，增强信息披露，维护交易安全，是必要的。

根据《中华人民共和国合伙企业登记管理办法》的规定，申请设立合伙企业，应当向企业登记机关提交下列文件：全体合伙人签署的设立登记申请书；各类不同合伙人的身份或资格证明；全体合伙人指定的代表或者共同委托的代理人的委托书；合伙协议书；出资权属证明；经营场所证明以及登记机关要求的其他文件。

随着我国社会主义市场经济的发展，企业的经营范围不断扩大，国家对企业可从事行业的管制进一步放松。只有少数特殊行业需要在登记前经有关部门的审批。根据法律、行政法规的规定，合伙企业经营的项目需要在登记前审批的，应办理行政许可手续，并向登记机关提交批准文件。属于国家管制的项目，未经事前审批，不得从事经营，即没有批准文件，企业登记机关不予登记。本条规定包括企业设立阶段的审批及登记，以及在经营过程中因经营范围变化涉及国家管制项目，应当经过审批，取得批准文件后到企业登记机关进行变更登记的情形。

第十条　申请人提交的登记申请材料齐全、符合法定形式，企业登记机关能够当场登记的，应予当场登记，发给营业执照。

除前款规定情形外，企业登记机关应当自受理申请之日起二十日内，作出是否登记的决定。予以登记的，发给营业执照；不予登记的，应当给予书面答复，并说明理由。

【释义】 本条是对企业登记机关审核合伙企业设立登记程序的规定。

根据我国2003年颁布的《中华人民共和国行政许可法》第十二条的规定，企业或者其他组织的设立需要确定主体资格的事项，为行政许可事项。因此，合伙企业登记属于行政许可。申请人和登记机关都应当按照行政许可法和本法的规定依法办理登记。

根据行政许可法和本条的规定，申请人申请设立合伙企业，应当按照有关规定的要求提交齐全申请材料。《中华人民共和国合伙企业登记管理办法》第八条规定了七项申请设立合伙企业申请人应提交的文件。只要这些材料完整、齐全，申请事项又属于本登记机关职权范围的，登记机关应当受理行政许可申请，并进行审查，能够当场登记的，应当当场登记，发给营业执照。申请材料不齐全或者不符合法定形式的，登记机关应当当场或者在5日内一次告知申请人需要补正的全部内容；逾期不告知的，自收到申请材料之日起即为受理。对于情况复杂，不能当场登记的，登记机关应当自受理登记申请之日起20日内作出是否准予登记的决定。申请人的申请符合法定条件、标准的，登记机关应当依法准予登记，发给营业执照。登记机关依法作出不予登记的决定的，应当书面说明理由，并告知申请人享有依法申请行政复议或者提起行政诉讼的权利。根据行政许可法的规定，对于有特殊情况在20日内不能作出决定的，经本登记机关负责人批准，可以延长10日。并应当将延长期限的理由告知申请人。

合伙企业与其他企业形式相比，具有设立简便、经营灵活等特点。合伙企业的设立申请程序应当简便、易行。本条第一款强调了合伙企业设立申请的当场登记制度，体现了方便合伙企业设立登记的立法意图。企业登记机关应当根据行政许可法和本条的规定，从服务合伙企业的目的，尽量简化登记手续，依法、高效地进行企业登记工作，以体现合伙企业的简便、灵活的特点，促进合伙企业的发展。

第十一条　合伙企业的营业执照签发日期，为合伙企业成立日期。

合伙企业领取营业执照前，合伙人不得以合伙企业名义从事合伙业务。

【释义】 本条是对合伙企业成立日期的规定。

企业登记机关签发的合伙企业营业执照是确定合伙企业成立的法律文件，营业执照签发之日为合伙企业成立之日。合伙企业自成立之日起即成为了具有相对独立地位的享有一定民事权利、承担民事责任的经营性组织。合伙企业可以凭营业执照刻制印章，开立银行账户，申请纳税登记，开始以企业名义从事经营活动。

合伙企业营业执照，既是合伙企业成立的法律依据，又是对外证明其有资格以自己的名义开始经营活动的资格证明，对外具有公示作用。根据本条的规定，领取营业执照的日期即为合伙企业开始经营活动的日期，其与经营活动有关的合法权益将受法律保护。未领取营业执照，合伙人不得以合伙企业名义从事合伙业务。违反这一规定造成的法律后果，由行为人承担。根据本法的规定，未领取营业执照，而以合伙企业名义从事合伙业务的，由企业登记机关责令停止，处以 5000 元以上 5 万元以下的罚款。

第十二条　合伙企业设立分支机构，应当向分支机构所在地的企业登记机关申请登记，领取营业执照。

【释义】 本条是对合伙企业设立分支机构应申请登记的规定。

我国登记管理制度已经确立了合伙企业设立的统一登记制度，合伙企业若在同一地区或在其他地区设立分厂或分店等分支机构，也应遵守我国的企业登记制度。根据本条的规定，合伙企业设立分支机构，应当向分支机构所在地的企业登记机关申请设立登记，领取营业执照后方可开始经营活动。分支机构的经营范围一般不应超出合伙企业的经营范围。根据《中华人民共和国合伙企业登记管理办法》的规定，设立分支机构登记事项包括：分支机构的名称、经营场所、经营范围、经营方式和分支机构负责人的姓名及住所。合伙企业设立分支机构应向登记机关提交的文件包括：分支机构设立登记申请书；全体合伙人签署的设立分支机构的决定书；企业登记机关加盖印章的合伙企业营业执照复印件；全体合伙人委派执行分支机构事务负责人的委托书及其身份证明；经营场所证明等。根据本法的规定，未领取营业执照，而以合伙企业分支机构名义从事合伙业务的，由企业登记机关责令停止，处以5000 元以上 5 万元以下的罚款。

第十三条　合伙企业登记事项发生变更的，执行合伙事务的合伙人应当自作出变更决定或者发生变更事由之日起十五日内，向企业登记机关申请办理变更登记。

【释义】　本条是对合伙企业登记事项变更须履行变更登记手续的规定。

根据本法的规定，设立合伙企业必须进行设立登记。合伙企业登记事项包括：合伙企业的名称、类型、经营场所、经营范围、经营方式和合伙人的姓名或名称、住所、出资额、出资方式、所属合伙人的类型及承担责任的形式等。根据本条的规定，合伙企业经登记设立后，因合伙人变化、经营范围调整、合伙企业类型变化等原因导致合伙企业登记事项变更的，执行事务合伙人应当在合伙人作出变更决定或发生变更事由之日起 15 日内，到企业登记机关办理变更登记。本法要求合伙企业履行变更登记义务主要是为了持续地保持合伙企业登记事项的有效性，便于交易相对人查阅合伙企业及合伙人的真实情况，维持其公示效力，维护交易秩序。根据本法的规定，合伙企业登记事项发生变更时，未依照本法规定办理变更登记的，由企业登记机关责令限期登记；逾期不登记的，处以2000元以上2万元以下的罚款。执行合伙事务的合伙人未按期申请办理变更登记的，应当赔偿由此给合伙企业、其他合伙人或者善意第三人造成的损失。

第二章　普通合伙企业

第一节　合伙企业设立

第十四条　设立合伙企业，应当具备下列条件：

（一）有二个以上合伙人。合伙人为自然人的，应当具有完全民事行为能力；

（二）有书面合伙协议；

（三）有合伙人认缴或者实际缴付的出资；

（四）有合伙企业的名称和生产经营场所；

（五）法律、行政法规规定的其他条件。

【释义】　本条是对合伙企业设立条件的规定。

企业设立条件，是法律规定的保证企业合法设立并正常开展生产经营活动的前提，是依法保护企业及其交易相对人合法权益的重要手段。本条所规定的合伙企业的设立条件是设立普通合伙企业的法定要件，任何合伙企业，无论其从事何种生产经营活动，在其设立时都必须同时具备这些条件，缺一不可。

第一，设立合伙企业须有两个以上的合伙人。一人为独，二人称合，作为人合性经营组织，合伙企业的设立必须具有两个或两个以上的合伙人，包括自然人、法人和其他组织，否则不成其为合伙企业。至于合伙人数额的最高限制，本法未作规定，允许当事人自行选择。一方面，合伙人出于管理和对切身利益的考虑，自己会将合伙人的人数限定在一个合理的范围内；另一方面，由于各类合伙企业的情况不同,法律也不宜对合伙人的最高数额作出统一规定。

合伙人为自然人的,应当为具有完全民事行为能力的人。所谓民事行为能力,就是行为人以自己的行为行使民事权利、承担民事义务的资格。自然人的民事行为能力一般分为三种情况:一是完全民事行为能力;二是限制民事行为能力;三是无民事行为能力。划分原则主要是看行为人对自己行为的法律后果能否有正确的认识,实际判断标准则是行为人的年龄和精神状况。年龄反映一个人对自己的行为所产生法律后果的认知程度,达到一定年龄才能对自己行为的后果有正确的认识。我国法律规定,满 18 周岁的自然人为完全民事行为能力人,16 周岁以上不满 18 周岁的公民,如果以自己的劳动收入为主要生活来源,视为完全民事行为能力人。因此,我国自然人成为合伙人的年龄应是 18 周岁以上,而对于 16 周岁以上 18 周岁以下的未成年人如依靠自己的劳动来生活,也可以成为合伙人。限制民事行为能力人和无民事行为能力人,因其无法准确辨认或无法辨认自己的行为,难以对其行为承担责任,因而在合伙企业设立时不得成为合伙人。

合伙企业成立后,因继承死亡合伙人的财产份额或者合伙人本人丧失完全民事行为能力而发生的合伙人为限制民事行为能力人或无民事行为能力人情形的,依照本法第四十八条、第五十条和第七十九条的规定办理。

第二,设立合伙企业应有书面合伙协议。合伙协议是合伙人之间共同协商订立,确定合伙经营原则与合伙企业事务执行原则、各合伙人间权利义务等内容的契约文件。合伙协议一般具有三方面的功能:一是用作企业设立登记时,向登记机关登记备案的文件;二是作为企业从事经营活动的准则;三是作为协调各合伙人之间关系的基本准则和依据。从企业登记方面来看,需要通过其了解合伙企业及其合伙人的构成情况,从而统计有关资料、监督合伙企业及其合伙人遵守法律。同时当其他有关部门因工作需要,或合伙企业的债权人追索债务等需要查阅该合伙企业及其合伙人有关情况时，登记机关也可以提供必要的咨询。从企业经营方面来看，合伙协议规定了合伙企业的经营范围、经营目的、经营规则等企业的重大问题，是合伙企业开展生产经营活动、管理合伙企业的基本依据。从协调各合伙人之间关系来看，合伙协议规定了各合伙人之间相互的权利、义务及对企业的权利、义务，是调整其各类内外部关系的基本准则。因此，从上述三方面可以看出，合伙协议是合伙人设立合伙企业不可缺少的法律文件，具有合伙协议是设立合伙企业的必备条件。

同时，法律要求合伙协议必须采取书面形式，本条将具有书面合伙协议作为设立合伙企业的一项重要条件，具备这一条件才能依法设立合伙企业。

第三，设立合伙企业各合伙人须认缴或实际缴付出资。合伙企业的设立筹备阶段和生产经营的过程中需要一定的资金保障，虽然合伙企业是人合性企业，法律对其资金的要求较为灵活，但仍要求其有合伙人认缴或者实际缴付的出资。各合伙人认缴的出资，即在合伙人之间签订合伙协议，设立合伙企业时各自承诺要向企业投入、缴付于企业用于生产经营的出资。实际缴付的出资，指在设立合伙企业时，合伙人承诺并实际投入的财产，它既是企业设立和经营的财产保障，也是对外的信用保证。

第四，设立合伙企业应有合伙企业的名称和生产经营场所。如同自然人的姓名一样，企业名称是企业区别于其他组织的基本标志。一方面企业要有一个自己的名称以便对外开展活动，另一方面，随着企业经营的发展，产品与经验的积累，名称可能形成品牌，使企业品牌具有较高的内在价值，使得企业形成自己的商誉与字号。合伙企业应以自己的名称进行企业登记，并且依照国家的规定使用企业名称。

生产经营场所是企业从事生产经营活动的处所，任何企业从事经营活动都必须有自己的经营场所，以便于开展生产加工，接待客户，展示产品，进行对外联络等。

第五，除了上述几方面条件外，设立合伙企业还应符合法律、行政法规规定的其他条件。例如，修订后的合伙企业法将注册会计师事务所及其他有关专业服务机构纳入调整范围，有关注册会计师专业服务机构的监管部门根据行业管理的需要，对于本行业采用合伙形式的专业服务机构的设立规定其他条件的，包含于本项条件之内。

第十五条 合伙企业名称中应当标明“普通合伙”字样。

【释义】 本条是对合伙企业名称中应当标明“普通合伙”字样的规定。

根据国家工商总局1991年发布的《企业名称登记管理规定》的规定，企业名称通常应包括以下几个部分：字号（或者商号）、行业或者经营特点、组织形式；企业名称应当使用汉字。民族自治地方的企业名称可以同时使用本民族自治地方通用的民族文字。使用外文名称的，其外文名称须与中文名称相一致。不得使用法律禁止以及与自身实际情况不符的名称。企业名称中不得含有损于国家及社会公共利益、可能对公众造成欺骗或者误解、特定专用名称以及法律、行政法规禁止的内容。企业通常只能使用一个名称。企业名称应经工商行政管理机关核准登记，经登记后在规定的范围内享有专用权。企业名称可以随企业或者企业的一部分一并转让。企业名称转让后，转让方不得继续使用已转让的企业名称。这些内容均应适用于合伙企业，除此以外，合伙企业的名称使用还应符合本法的特殊规定。

本次修改合伙企业法，在原合伙企业法只规定一种合伙企业形式即普通合伙企业的基础上增加了特殊的普通合伙企业和有限合伙企业的规定，这样修改，一方面增加了合伙企业的组织形式，另一方面,合伙人对合伙企业的责任形式变得多样化,在原来仅有普通合伙人的情况下,全体合伙人对企业债务均承担无限连带责任,企业债权人可以向任何一个合伙人主张权利。而在增加有限合伙企业与特殊的普通合伙企业后,这些企业的合伙人有的承担有限责任,有的虽然原则上承担无限责任,但在一定条件下也可能承担有限责任。对这类企业的债务,债权人不能任意向其合伙人主张权利。为了明示合伙企业形式,便于合伙企业的交易对象通过企业的名称即可了解其性质及承担责任的方式,本条即根据普通合伙企业合伙人均属于普通合伙人的特点,要求这类企业应当在其名称中标明“普通合伙”字样。

第十六条　合伙人可以用货币、实物、知识产权、土地使用权或者其他财产权利出资,也可以用劳务出资。

合伙人以实物、知识产权、土地使用权或者其他财产权利出资,需要评估作价的,可以由全体合伙人协商确定,也可以由全体合伙人委托法定评估机构评估。

合伙人以劳务出资的,其评估办法由全体合伙人协商确定,并在合伙协议中载明。

【释义】 本条是对合伙人出资的规定。

合伙人出资,即合伙人为合伙企业经营需要而对合伙企业投入的资金,是合伙企业经营的基础。合伙人的出资方式是合伙人投入到企业的资本的具体形式。本条规定了以下几类:

一是货币。货币是商品交换的一般等价物。货币出资不同于其他出资,它可以构成合伙企业资本金的全部。合伙人出资所用货币应当是合伙人自有的资金,或归自己管理、支配的资金。

二是实物。实物即企业生产经营所需的各种货币以外的有形财产。实物出资的范围较广,既可以是厂房、设备、专门设施,也可以是仓库、运输工具以及其他生产资料。以实物出资是否需要评估作价,由谁来进行评估作价,应由全体合伙人协商确定,全体合伙人也可以委托法定的评估机构进行评估。以实物出资的,合伙人用以出资的实物必须为自己的或可在合伙企业经营期间完全由自己支配的实物财产。不能完全支配的财产,已设立担保的实物,短期租赁他人的实物,一般不应作为实物出资。

三是知识产权。知识产权是人们的智力劳动成果在法律上产生的一种无形的财产权利,合伙人依法取得的知识产权可用作对合伙企业的出资。主要包括:一是商标权,即权利人对于自己创立的商标经依法注册后,在一定期间内享有的排他性权利;二是专利权,即专利权人对有关发明等经依法申请,并经专利机关核准后,在一定期限内享有的排他性权利,包括发明专利权、实用新型专利权和外观设计专利权;三是著作权(版权),即作者对文学、艺术、科学作品、包括计算机软件在内的依法享有的署名、发表、出版、获得报酬等权利;四是技术秘密,即技术秘密专有人持有的从事某种生产经营的技术诀窍,应用这种技术诀窍能为企业的某种产品质量或风格带来经营效益,如某种名酒的配方、某种烹饪诀窍等,这种技术秘密不被外人所掌握。

根据世界贸易组织“与贸易有关的知识产权协议”的规定,知识产权的范围较为宽泛,还包括商业秘密等,这些权利也可以作为合伙人出资。

四是土地使用权。是指依法对土地加以使用的权利。我国宪法修正案规定:“任何组织或者个人不得侵占、买卖或者以其他形式非法转让土地。土地的使用权可以依照法律的规定转让。”土地管理法进一步规定国有土地和集体所有的土地的使用权可以依法转让。所以,作为对合伙企业出资的只能是土地的使用权。按照土地管理法规定,国有或集体所有的土地可以依法确定给全民、集体所有制单位使用,也可以依法确定给个人使用。一切使用土地的单位和个人都必须合理利用土地。根据上述规定,合伙人可以以依法取得的土地使用权作为对合伙企业的出资。

合伙人以土地使用权出资的,应当遵守国家法律的有关规定,一是必须作价出资,使用国有土地的,其土地使用权价格由县级以上人民政府土地管理部门组织评估,并报县级以上人民政府审核批准。使用集体所有的土地的,由国家按照国家建设征用土地的规定进行评估作价。二是应依法办理土地使用权的转移手续,包括缴纳有关费用,进行使用权转让登记等。

五是劳务。以劳务出资,即将某一特定人的劳务,看作是一种财产权利而允许其作为对合伙企业的出资方式。由于特定的劳务,如某人的管理技能、某个知名厨师的烹调技艺等具有较高的价值含量,实际应用能产生经济效益,世界上多数国家和地区的立法对以这种劳务为合伙人出资的做法是肯定的,即允许部分合伙人以其特定的劳务对合伙企业进行出资。我国合伙企业法也允许普通合伙人以劳务出资。但由于劳务出资不是有形财产出资,其价值具有不确定性。为避免纠纷,维护劳务出资者和企业的合法权益,本条在第一款允许以劳务出资的同时,又在第三款专门规定,合伙人以劳务出资的,其评估办法由全体合伙人协商确定,并要在合伙协议中载明。

六是其他出资方式。在现实生活中,用于对企业投资的财产除上述五种以外,还有许多其他财产,如股权、债权、信托受益权、矿产资源开发权、林地使用权等。合伙人也可以用来进行出资。当然,这类出资最好经过评估,以货币计价,有关权利应可以转让并符合法律的限制性要求。

此外,本条第二款规定,对作为出资的劳务和货币以外的财产需要评估作价的,可以由全体合伙人协商确定,也可以由全体合伙人委托法定评估机构进行评估。按此要求,对于这种评估的方式,既可以由全体合伙人协商确定,也可以委托法定评估机构来承担。所谓法定评估机构,是指依法设立并取得某种执业资格的机构,评估资产应当依法、公允、合理。

第十七条 合伙人应当按照合伙协议约定的出资方式、数额和缴付期限，履行出资义务。

以非货币财产出资的，依照法律、行政法规的规定，需要办理财产权转移手续的，应当依法办理。

【释义】 本条是对合伙人如何履行出资义务的规定。

按约定履行出资义务是指投资人按照合伙协议约定的出资方式、数额与缴付期限向企业投入资产的行为，是投资设立合伙企业的前提。在企业设立之前，或协商合伙协议过程中，各合伙人都要按上述出资财产类别进行出资方式的选择；出资数额，即用以出资的价值额，对于非货币资产出资的要按商定的评估价值计算并约定数额；出资期限，即对用于出资的资产缴付于企业的期限，法律允许出资人对其出资实行承诺制，分批到位，通过协议明确各类出资的期限。

非货币财产具有多种不同形式，它们有的可以直接交付，有的在转让中需要办理有关的法律手续。根据不同财产及权利特点，本条第二款规定，以非货币财产出资的，根据法律、行政法规规定，需要办理财产权转移手续的，应当依法办理。

在现实生活中，对于需要办理相关手续的财产权利有很多种，比如：(1)房地产财产。国家对房屋、土地使用权等财产规定要进行登记，有些在转让中要收取相关费用。以这种财产对合伙企业的投资，即将这种财产转为合伙企业财产，该转让应依法到土地或建设部门进行相关登记。(2)股权。以股权对合伙企业进行出资，而将该股权持有人变更为合伙企业。股权分公开交易股权、非公开交易股权。公开交易股权的转让要在证券登记结算机构进行变更登记。非公开交易股权的转让有的要在证券登记结算机构进行变更登记，有的要在相关登记机构进行登记，还有的要在股权发行企业进行变更登记。(3)知识产权。知识产权中的专利权、商标权、著作权等依法取得后,如以此进行投资也是一种转让,应进行变更登记。

第十八条　合伙协议应当载明下列事项:

(一)合伙企业的名称和主要经营场所的地点;

(二)合伙目的和合伙经营范围;

(三)合伙人的姓名或者名称、住所;

(四)合伙人的出资方式、数额和缴付期限;

(五)利润分配、亏损分担方式;

(六)合伙事务的执行;

(七)入伙与退伙;

(八)争议解决办法;

(九)合伙企业的解散与清算;

(十)违约责任。

【释义】　本条是对合伙协议应当载明事项的规定。

合伙协议是调整合伙关系,规范合伙人之间权利义务的法律文件,是合伙企业设立和从事经营管理活动的基本依据。合伙企业法规定,合伙协议依法由全体合伙人协商一致,以书面形式订立。合伙协议应当载明的事项包括以下十项:

(1)合伙企业的名称和主要经营场所的地点。合伙企业名称即合伙企业设立后所要使用的名称。名称是企业的重要标志,经企业登记管理机关核准后即具有专用权。为了保证对企业名称使用的合理,国家对企业名称使用实行专门管理,制定了相应的规范。合伙企业协议确定企业名称时一要依法,二要注意在其名称中注明“普通合伙”字样。

主要经营场所即合伙企业从事经营活动的主要处所,一般为企业的注册地。本条要求明确合伙企业的主要经营场所所在地。

是便于监管机关或交易相对人可以方便地找到该地址，容易与企业进行联络。

(2)合伙目的和合伙经营范围。合伙目的即各合伙人设立合伙企业的目标，它与各合伙人的合伙目的可能有所不同，例如，法人企业与有的中小企业进行的科技合作合伙，法人合伙人可能追求的是将某种技术研发出来，而另一方可能希望进行技术服务赚取收益，但如果双方或多方要进行合伙，必须将各自的合伙目的加以结合，形成合伙企业的共同合伙目的，本条要求，对于这种目的应在合伙协议中加以确定。

合伙企业的经营范围是指设立合伙企业从事经营活动的范围。合伙企业经营范围由合伙人在协议中协商确定。在经营过程中，如果情况变化需要对经营范围进行调整的，也可以修改合伙协议并进行变更登记。

(3)合伙人的姓名、名称和住所。合伙人姓名即自然人合伙人的本名，名称即法人或其他组织合伙人所使用的机构名称，住所即各合伙人的法定住址。合伙人是合伙企业的投资人与责任承担者，他们要根据协议负责合伙企业的经营，并在企业经营出现问题后，对企业所负债务承担责任。协议规定合伙人的姓名、名称和住所，既使监管机构在必要时能够方便地找到他们，或向其发送相关文件，也便于合伙企业经营发生纠纷或不能清偿债务时，交易相对人能根据这种信息向普通合伙人要求清偿债务。

(4)合伙人的出资方式、数额和缴付出资期限。出资方式，即各合伙人用以对合伙企业进行出资的资产形态，由于法律允许合伙人以现金、实物、知识产权、土地使用权以及劳务等资产与方式对企业出资，而且不同的合伙人用于出资的方式可能有所不同，协议应分别对不同的合伙人的出资方式作出规定。出资数额即各合伙人对合伙企业出资的数量额度，出资缴付期限即各合伙人对其出资向合伙企业缴付的具体期限。合伙人向合伙企业分期缴付出资的，应当分别标明各期缴付出资的具体时间。

(5)利润分配、亏损分担方式。利润分配是指对企业经营收益在各合伙人中进行分配的方式，包括分配比例、分配次数、计算分配额的方法(计算提留)等，是合伙人受领企业经营效益成果的基本依据；亏损分担方式即企业发生经营亏损时由各合伙人进行分担的具体办法，虽然合伙企业中的普通合伙人对企业债务承担无限连带责任，但在合伙人之间仍要根据协议进行分担。合伙协议中规定的亏损分担原则、具体比例、数额对合伙人的责任分担具有重要意义。

(6)合伙事务的执行。合伙事务执行，即合伙企业日常经营事务的处理，它包括企业对外与对内两部分。由于合伙企业各普通合伙人都具有同等的执行合伙事务的权利，对于合伙企业事务执行方式必须通过合伙协议加以明确。如果一些合伙人不愿意执行合伙事务或需要委托部分合伙人执行合伙企业事务的，应对于受托执行合伙事务的方式及受托执行事务的人员加以明确，同时对于受托执行合伙企业事务的权利范围、执行事务的后果、越权执行事务的责任等作出约定。

(7)入伙与退伙。入伙与退伙是合伙企业增加或减少合伙人的途径，入伙即吸收新的合伙人加入；退伙即原有合伙人因故退出合伙企业。在协议中规定入伙与退伙的内容，即要将入伙与退伙的条件，入伙与退伙时对企业财产的清理，向退伙人清退财产，对入伙与退伙当时以及以后一个时期所发生的债务的责任承担等作出约定，当入伙与退伙情形出现，即可按照约定的方式处理入伙与退伙的相关事宜。

(8)争议解决办法。合伙企业由于多个合伙人共同经营，发生争议是难以避免的。合伙经营争议是一种合同纠纷，根据法律规定，处理这种纠纷可以由人民法院依照规定的程序进行审判，也可以由仲裁机关依据法律进行仲裁，合伙人之间也可以自行协商解决。合伙协议规定争议解决方式,应规定争议发生时,各方如何进行协商或调解;同时也应规定协商或调解不成的,通过诉讼的方式还是通过仲裁的方式进行解决。规定争议的解决方式,既要有利于尽快解决争议,避免造成损失,又要尽可能地维护合伙经营关系。

(9)合伙企业的解散与清算。合伙企业的解散与清算,指合伙企业无法或不必要继续经营下去,通过一定的程序解散组织,清理财产,偿还债务,分配剩余财产,使企业归于终止。合伙协议约定企业的解散清算一是要约定解散事由,如规定合伙企业约定的经营期限届满,合伙意见不能统一又无法通过协商予以解决,合伙目标难以实现等。约定合伙企业解散原因是为了在这些原因出现时,及时对企业进行解散,既减少由此造成的损失,也便于提高解散的工作效率。二是要约定合伙企业解散或破产后对其债权债务的清理清偿事宜,包括清算组如何组成,如何开展工作,合伙人在清算中的权利义务,对于清算财产的估价等,以使清算有效进行,并最大限度地保护债权人、企业本身及各合伙人的利益。

(10)违约责任。违约责任指各合伙人在企业设立及经营中不按合伙协议约定履行相关义务所应承担的法律后果。合伙协议如何规定违约责任,应主要由各合伙人根据合伙情况协商确定,一般可能涉及以下内容:一是在出资或协议增资方面,规定合伙人未按时、足额地依协议履行出资义务的,如何承担责任;二是在企业事务执行方面,规定对合伙人不履行职责或越权执行事务如何承担责任;三是在合伙人的法律义务方面,规定合伙人如从事同企业的竞争业务,擅自与企业进行交易,单独或与他人串通损害企业利益的如何承担责任。对违约行为的处理,主要是要求违约者继续履行义务,承担因违约行为造成的损失,停止或部分停止委托其执行事务的权利,直至对其予以除名等。

上述内容为合伙协议必备条款,除此之外,合伙企业还可以根据实际需要，在协议中规定一些合伙人一致同意的其他内容，如经营期限、聘用经营管理人员等。

第十九条　合伙协议经全体合伙人签名、盖章后生效。合伙人按照合伙协议享有权利，履行义务。

修改或者补充合伙协议，应当经全体合伙人一致同意；但是，合伙协议另有约定的除外。

合伙协议未约定或者约定不明确的事项，由合伙人协商决定；协商不成的，依照本法和其他有关法律、行政法规的规定处理。

【释义】　本条是对合伙协议效力和约定事项的规定。

各合伙人就合伙协议内容进行协商确定后，即产生一个协议如何生效的问题。由于在企业设立前，各合伙人就已合作开展相关工作，合伙协议不能完全等到企业设立后生效。为此，本条第一款规定，合伙协议经全体合伙人签名、盖章后生效。合伙人依照合伙协议享有权利，履行义务。也就是说，当协议经全体合伙人协商一致，并签名、盖章后即予生效，而不论企业是否登记，是否正式设立。合伙协议一经生效，在此过程中所发生的费用也应由各合伙人承担。

合伙协议规定的内容在执行中因特殊情况或合伙人本身意愿变化需要作必要调整，如增减出资数额、改变经营范围，更换事务执行人等，这些内容的变化与调整需要对协议进行相应变更，包括对某些内容的修改与删减，以及增加某些新的内容等。本条第二款规定，修改或者补充合伙协议，应当经全体合伙人协商一致同意。考虑到合伙协议一些小的事项的修改，对企业影响不大，也可以采用部分合伙人同意的办法，为方便合伙协议的修改，新修订的合伙企业法允许合伙协议约定，对某些事项修改和补充，可以不经全体合伙人一致同意。

本条第三款规定，合伙协议未约定或者约定不明确的事项，由合伙人协商决定;协商不成的,依照本法和其他有关法律、行政法规的规定处理。尽管法律对合伙协议内容有所要求,许多企业在实际经营中也对合伙协议内容作了具体规定。但协议都是事前的,在具体经营中由于主客观原因的变化,在经营过程中会产生一些协议未作规定或约定不清的情况。对此,首先仍应由当事人根据意思自治的原则协商决定,协商不成,说明分歧严重,达不成妥协的条件,只有依法处理。这一规定,体现了合伙企业事务协议优先的原则,但须注意,协议优先和当事人意思自治原则不得违反本法及有关法律的强制性规定。

第二节 合伙企业财产

第二十条 合伙人的出资、以合伙企业名义取得的收益和依法取得的其他财产,均为合伙企业的财产。

【释义】 本条是对合伙企业财产的规定。

合伙企业财产,包括合伙人投入到合伙企业的财产,以及所有以合伙企业名义取得的收益和依法取得的其他财产。世界上多数国家和地区的法律都规定合伙人原始的财产投入为合伙企业的财产,同时规定,所有以合伙名义取得的收益和依法取得的其他财产也属于合伙企业的财产。美国统一合伙法第八条将合伙财产规定为:(1)所有作为合伙出资带进合伙的,或以后通过购买或其他方式获得的记入合伙账户上的财产;(2)用合伙资金获得的财产。香港地区的合伙条例规定:合伙经营成立时,所有购买存入商号账内或以其他方法收购商号或为合伙经营而收购之财产、产权及权益,本条例均称之为合伙财产,须由合伙人按合伙协约绝对为合伙经营之目的而持有及运用。

关于合伙企业财产性质的看法,在国外经历了一个发展变化的过程,这种发展变化过程在很大程度上与人们对合伙性质和合伙法律地位看法的变化和发展紧密相连。根据罗马法的传统,在很长一段时期内,合伙仅被作为契约关系来对待。罗马法认为,合伙是二人以上共同出资、共同经营并共担损益的双务契约。基于此种认识,它将合伙作为债法的一部分来处理。受这一传统的影响,产生于自由资本主义时代的《法国民法典》仍将合伙看作是一种契约关系,没有给予其独立的法律地位,该法第1832条规定,合伙为2人或数人同意将若干财产共集一处,而以分配其经营所得利益为目的的契约。

进入20世纪以后,随着资本主义的发展,特别是公司法人制度的成功,一些国家的法律赋予合伙组织相对独立的法律地位、增强其组织性的要求越来越强烈。在这种情况下,英国和美国等国家的合伙法除确认合伙是一种契约关系外,还将合伙作为一种具有相对独立的法律地位的经营性组织来对待。目前这种做法已在许多国家得到认同。法国甚至在1978年修改民法典时赋予某些合伙组织以法人地位。

合伙相对独立法律地位的确立和合伙作为一种组织体的确认,使合伙财产的集合所有权得以确定。美国统一法委员会于1994年最新修订的统一合伙法明确规定,合伙是合伙财产的所有者。该法同时规定,在转让合伙财产方面,确认合伙为一独立主体,即"任何不动产都可以以合伙的名义取得,这样取得的所有权在转让时只得以合伙名义进行"。这些规定具有明显的实用性,方便了合伙组织的经营,对于合伙的发展壮大起了十分重大的作用。有的学者认为,合伙(特别是在大陆法系国家的商事合伙)财产集合所有权性质的增强是商业经营客观需要的反映,是合伙组织性增强在合伙财产上的反映。上述合伙财产制度的沿革,引起许多国家合伙财产性质的变化。目前世界上多数国家和地区普遍改变了罗马法将合伙财产规定为按份共有的做法,而将其作为共同共有的财产,归由全体合伙人统一管理与经营,排除了出资人任意处置的可能性。我国的合伙企业法，顺应世界发展的潮流，确认合伙企业拥有相对独立的财产，并先以其财产对外承担责任。同时，本法第二十一条还规定，合伙人在合伙企业清算前，一般不得请求分割合伙企业的财产。合伙人在合伙企业清算前私自转移或者处分合伙企业财产的，合伙企业不得对抗善意第三人。

第二十一条 合伙人在合伙企业清算前，不得请求分割合伙企业的财产；但是，本法另有规定的除外。

合伙人在合伙企业清算前私自转移或者处分合伙企业财产的，合伙企业不得以此对抗善意第三人。

【释义】 本条是对合伙人分割和处分合伙企业财产的规定。

与公司股东投资入股一样，合伙人一旦依照协议向合伙企业缴付了出资，也不得随意予以抽回。这是由合伙企业财产性质决定的。

合伙企业是合伙人之间共同投资设立的经营组织，设立合伙企业的目的是从事生产经营活动，合伙人从中取得投资回报。企业设立后，合伙人按协议投入企业的财产便与合伙人相分离，成为合伙企业的独立财产，这些财产是企业开展正常经营的物质保证。任何一个合伙人抽走或分割其财产份额，都会直接导致企业财产数量的减少，给正常进行的生产经营活动造成消极影响；以合伙企业名义取得的收益和依法取得的其他财产，也具有同样的性质。合伙人在合伙企业清算前分割合伙企业财产，往往会影响到企业的正常经营，以致企业的散伙。为避免这种现象的发生，维护合伙企业的正常经营和全体合伙人的利益，本条第一款规定，合伙企业清算前，合伙人不得请求分割合伙企业的财产。这里的分割财产既包括合伙人撤回原始投入的财产，也包括分割由原始投资财产所获收益转化的或其他方面的增量资产。

本条的上述规定，不包括依法退伙等正常情况。在实际执行中，可能由于一些意外事件的发生，以致出现某一合伙人不便或根本不能继续留在企业从事合伙经营的情况，为此需要对企业的财产进行清理分割，对退出合伙的合伙人的财产份额予以清退。对此，本法第二章第五节相关条文作了规定。

本条第二款规定，任何合伙人不得在合伙企业清算前私自转移或者处分合伙企业的财产。在合伙企业经营中，由于每一个普通合伙人都有执行合伙事务，对外代表企业的权利，在代表企业对外从事活动过程中，各合伙人都有独自处分某些财产的机会，不排除个别合伙人为了自己的私利私自转移或处分合伙企业财产的情况，如私自出售企业经营设备，将企业定购的原材料、设备移转他处或将企业出售产品的收入占为己有等。发生此类情况，合伙企业“不得以此对抗善意第三人”。在这里，着重保护善意第三人的利益，维护正常的交易的安全。

这里的善意第三人，是指第三人对合伙人私自转移或处分财产的行为事前不知道，如果第三人明知该合伙人的行为属未授权行为，或者与该合伙人相互串通损害合伙企业或其他合伙人的利益，即不属于善意第三人，则合伙企业不仅可以以此与之相对抗，要求其返回财产或补足差价，而且有权依法追究该第三人的相关责任。

对于合伙企业及合伙人利益的保护，是由本法第九十六条规定的，合伙人执行合伙企业事务（或者合伙企业从业人员利用职务上的便利），将应当归合伙企业的利益据为己有的，或者采取其他手段侵占合伙企业财产的，应当将该利益和财产退还合伙企业；给合伙企业或者其他合伙人造成损失的，依法承担赔偿责任。这一规定表明，对合伙人私自转移或者处分合伙企业财产的，一是应将转移财产的收入收归企业，如转移财产行为尚未实际执行的，可与第三人协商解除合同，由此造成的损失由该合伙人承担；二是由于转移或处分财产的行为给企业或其他合伙人造成损失的，由该合伙人赔偿。

第二十二条 除合伙协议另有约定外，合伙人向合伙人以外的人转让其在合伙企业中的全部或者部分财产份额时，须经其他合伙人一致同意。

合伙人之间转让在合伙企业中的全部或者部分财产份额时，应当通知其他合伙人。

【释义】 本条是对合伙人转让其财产份额的规定。

实践中由于各种原因，合伙人可能需要将其投在合伙企业中的财产变现。为此，合伙人有权将其持有的合伙企业财产份额转让。该转让包括向合伙企业内部的其他合伙人转让和向合伙人以外的人转让。

合伙企业是资本的聚合，也是人的组合，合伙人的数量一般不多，而且彼此间互相信任和了解，普通合伙人都有对外代表合伙企业的权利，并可以互相代理。这种合伙的人合性决定了合伙人的出资向合伙人以外的人转让受到限制。一般来说，须经其他合伙人一致同意。当然，合伙协议也可以事先另作规定。

向其他合伙人转让财产份额，即指合伙人将自己持有的合伙企业的财产份额，部分或全部转让给本企业中一个或数个其他合伙人的情形。由于这种转让属内部关系，只关联到各合伙人财产份额的变化，不影响企业财产总额的变化，不需征得其他合伙人的同意，也没有其他事前程序，只需通知他们知晓即可。

第二十三条 合伙人向合伙人以外的人转让其在合伙企业中的财产份额的，在同等条件下，其他合伙人有优先购买权；但是，合伙协议另有约定的除外。

【释义】 本条是对其他合伙人优先购买权的规定。

合伙人向其他合伙人和合伙人以外的人转让财产份额可能导

致不同的结果。由于不同受让人对于合伙企业了解程度的不同，他们受让这种财产份额对于合伙企业的影响也有所区别。对于外部受让人而言，他受让这种财产份额后即要加入合伙企业成为合伙人，如果他受让的是有限合伙人身份，不参与合伙事务执行则影响不大，如作为普通合伙人，即要参与企业的事务执行，他的思维方法、处事态度、诚信程度、经营风格等都会对企业的经营与事务执行产生较大影响，如与其他合伙人难以和睦相处，则可能引起合伙企业的矛盾甚至导致合伙的解体。而企业其他合伙人受让此份额，只引起各合伙人持有财产份额多少的变化，除在争夺企业控制权上影响较大外，不会对于合伙企业的经营产生大的影响。因此，各国的合伙法都倾向于鼓励合伙人内部之间的财产份额转让，同时规定了其他合伙人的优先购买权制度，以维护合伙企业的人合性和稳定性，保护合伙人的合法权益。

优先受让权，指合伙人向合伙人以外的人出让自己在合伙企业的财产份额时，本企业的其他合伙人先于他人受让该份额的权利。其他合伙人行使优先购买权要受到一定的限制。这种限制主要表现在两方面：一是要在“同等条件”下方可优先，如果合伙人以外的人所出的条件高于其他合伙人所出条件，则这种优先权即丧失；二是在实际执行中还要受到时间的约束，即在其他人与出让合伙人成交前合伙人可以优先，一旦在他们成交后，其他合伙人即使等于或高于其他人所出“条件”，也不能再优先。

根据本条的规定，合伙人也可以通过合伙协议作出与本条不同的约定。

第二十四条　合伙人以外的人依法受让合伙人在合伙企业中的财产份额的，经修改合伙协议即成为合伙企业的合伙人，依照本法和修改后的合伙协议享有权利，履行义务。

【释义】　本条是对合伙人以外的人依法成为合伙企业的新

合伙人的规定。

根据本条的规定,合伙人以外的人受让合伙人转让的财产份额后,还不是当然的合伙人,他的合伙人地位要经对原协议进行修改,在合伙协议中签字、盖章,才能确立。同时,因转让财产份额的合伙人可能退出合伙或者改变其所占财产份额的比例,使原合伙协议的内容发生了实质性变化,因此,也需要修改合伙协议。

受让人在被合伙企业接纳成为新合伙人的同时,应与其他合伙人就其权利义务问题进行协商,并在协议中作出规定。本章规定普通合伙企业,这里的新入伙合伙人也是指普通合伙人,他入伙后不仅要对自己入伙后企业发生的债务承担责任,还要对入伙前的企业债务承担无限连带责任,无论事先对此有无了解,由于制度设计,都要求他承担这种责任。因受让财产份额而新入伙的合伙人应对合伙协议的变更修改给予高度重视,这既关系到自己以后在企业中的权利,更影响到自己对企业债务承担责任的大小。

第二十五条　合伙人以其在合伙企业中的财产份额出质的,须经其他合伙人一致同意;未经其他合伙人一致同意,其行为无效,由此给善意第三人造成损失的,由行为人依法承担赔偿责任。

【释义】 本条是对合伙人以其在合伙企业财产份额出质的规定。

出质是质押担保的一种行为。所谓质押,是指债务人将能证明自己对某种财产具有所有权(或其他相关权利)的凭证交给债权人作为其履行债务的担保,债务履行完毕,债权人将该凭证予以退还;债务到期不能履行的,债权人有权处理质押物,以变现的财产优先受偿,并将多余部分予以退还的债务担保方式。合伙人以其在合伙企业中的财产份额出质,是指合伙人以自己投入合伙企业的财产所获的财产份额及其收益为自身债务或其他债务进行质押担保的行为。由于质押权具有优先受偿的性质,合伙人如果将其在合伙企业中的财产份额为自己或他人的债务作质押担保,就使合伙企业的财产处于不稳定状态,如其不能实际履行债务,债权人就要依法执行合伙企业的有关财产份额予以优先受偿,从而导致合伙人的变更。

合伙人以其在合伙企业中的财产份额出质的,须经全体合伙人一致同意。就需要对出质事项进行讨论,拟出质合伙人应就需出质债务的情况、出质原因、债务履行保证等向全体合伙人进行说明,由各合伙人讨论作出决定。经过讨论,其他合伙人对出质债务情况和风险有了了解,可以酌情作出同意与否的决定,如不同意出质的,该合伙人不得出质;如同意出质的,则意味着全体合伙人同意承担此风险,一旦出质人不能实际偿付债务,合伙企业及其他合伙人就要承担债权人占有或变卖出质财产份额,导致合伙人变化的后果。如果合伙人未经其他合伙人一致同意,私自以自己的财产份额出质的,依据本条,该行为应属无效,这种出质行为的优先受偿人不得就此行为向全体合伙人主张权利。

如果合伙人私自出质,被担保人不了解行为人私自质押行为的,他属于善意第三人,由此造成的损失,应由行为人“依法承担赔偿责任”。被担保人了解行为人私自质押行为甚至互相串通,损害合伙企业和其他合伙人利益的,不受本条保护。

第三节　合伙事务执行

第二十六条　合伙人对执行合伙事务享有同等的权利。

按照合伙协议的约定或者经全体合伙人决定,可以委托一个或者数个合伙人对外代表合伙企业,执行合伙事务。

作为合伙人的法人、其他组织执行合伙事务的,由其委派的代表执行。

【释义】　本条是对合伙企业事务执行的规定。

合伙企业的事务执行，是指合伙企业的经营管理及对内对外关系中的事务处理等活动。合伙企业的人合性和经营管理的灵活性，体现在合伙企业不仅由各合伙人共同出资而设立，还通常由合伙人共同进行经营和管理。这是合伙企业不同于其他类型企业的重要特征。合伙企业的合伙人通常人数较少，相互信任，其从事经营活动具有法律上的相互代理关系。因此，不需像法人企业那样设立严格的企业管理机关。合伙人既是合伙企业的所有者，又是企业的经营者。这在很大程度上提高了企业的决策效率和经营效率，对中小企业及家庭经营企业较适宜。根据合伙企业的这一特性，本法规定，合伙企业的合伙人对执行合伙事务享有同等的权利，即每一个合伙人对企业的经营管理和其他事务的执行不但有参与权，而且他们的权利平等。无论出资多少，出资方式是否相同，都不影响这一法定权利，不影响其在执行合伙企业事务时的平等资格。

合伙企业事务重要程度不同，一般来说，合伙企业会通过合伙协议规定，涉及重要事务必须由全体合伙人一致同意，合伙人在执行合伙事务时必须按照合伙人一致同意的决定行事。执行合伙事务既可以由全体合伙人共同执行，也可以根据协议委托个别合伙人单独执行。全体合伙人共同执行合伙事务是指根据协议的约定，各合伙人都可以对内负责管理事务，对外分别代表合伙企业，以企业名义从事经营活动。委托他人执行合伙事务是指在实际生活中，也有合伙人不愿直接参与合伙事务的执行，愿意采用委托他人代为行使执行合伙事务的办法。由于谁来执行合伙事务对内关系到企业生产经营的安排，对外涉及谁来代表企业对外发生联系，对维护交易安全有一定的影响。因此，法律要求委托部分合伙人执行合伙事务须由全体合伙人共同决定。委托部分合伙人执行合伙事务，合伙协议可以约定执行事务合伙人的报酬或费用处理方法，但通常应与劳务提供量、业绩和难易程度挂钩。如果合伙协议没有规定,则合伙人无权因参加了合伙事务的执行而要求报酬。这是因为执行合伙企业事务既是每一个合伙人的权利,也是其应尽的义务。当然,为了体现公平原则,保护对合伙企业作出更多贡献的合伙人的积极性及合法权益,应当允许其从合伙经营利润中获得补偿。

修订后的合伙企业法,增加规定法人和其他组织可以成为合伙人,由于法人和其他组织不是自然人,有自己的组织机构,本条规定,作为合伙人的法人和其他组织,由其委派的代表,即特定的自然人执行合伙事务。

合伙企业作为一个经营性组织,也有谁来对外代表企业的问题。从本质上说,全体合伙人互为代理关系,如果全体合伙人共同执行合伙事务,则对外均有代表权。如果全体合伙人委托一个或数个合伙人执行合伙事务,则由受委托人对外代表合伙企业。当然,在实际经营活动中,根据需要,不执行事务的合伙人有时也会就某一事项对外代表企业,但应有合伙企业协议或其他合伙人的授权。未经合伙人授权擅自对外代表合伙企业的,对内应承担相应的责任。但这一行为对外不能对抗不知情的善意交易相对人。

第二十七条　依照本法第二十六条第二款规定委托一个或者数个合伙人执行合伙事务的,其他合伙人不再执行合伙事务。

不执行合伙事务的合伙人有权监督执行事务合伙人执行合伙事务的情况。

【释义】　本条是对合伙事务委托执行和不执行事务合伙人监督权的规定。

根据本法第二十六条第二款的规定,按照合伙协议的约定或者经全体合伙人决定,可以委托一个或者数个合伙人对外代表合伙企业,执行合伙事务。合伙协议约定或全体合伙人协商一致委托一人或多人执行合伙事务即意味着不执行事务合伙人将自己执行事务的权利委托于他人,这完全出于他们的意愿,不执行事务合伙人没有必要再直接插手企业经营事务,否则容易引起冲突与重复。为此,本条明确规定:委托一个或者数个合伙人执行合伙事务的,其他合伙人不再执行合伙事务。根据这一规定,对于不具有事务执行权的合伙人,擅自执行合伙事务,给合伙企业或者其他合伙人造成损失的,应当依法承担赔偿责任。当然,在委托范围之外的某些事项,全体合伙人也可以临时决定委托给某一合伙人办理。即在作出对合伙企业事务执行的一般委托时,并不排除特殊的委托,但需要合伙协议或全体合伙人的授权。

应当注意,不执行事务合伙人虽然不执行合伙企业的日常事务,但仍有参与对企业重大事务的决定权,如参加合伙人会议,对重大事务行使表决权等。

合伙企业事务执行权委托于一个或数个合伙人代为行使后,其他合伙人因不负责事务执行,难以了解企业的经营情况。但他们作为合伙企业的投资者和受益者,应有了解所投资金的运用情况及企业的经营效益的基本权利。同时,如果没有必要的监督和制约,也难以扼制某些受委托执行事务的合伙人滥用权利,损害合伙企业及合伙人的合法权益。因此,本条第二款赋予不执行事务合伙人对合伙事务执行人执行合伙事务的监督权。根据本法的规定,这些权利包括:执行事务的合伙人要向不执行事务的合伙人报告业务经营情况;必要时不执行事务合伙人有权查阅企业的有关会计账册,等等。

第二十八条　由一个或者数个合伙人执行合伙事务的,执行事务合伙人应当定期向其他合伙人报告事务执行情况以及合伙企业的经营和财务状况,其执行合伙事务所产生的收益归合伙企业,所产生的费用和亏损由合伙企业承担。

合伙人为了解合伙企业的经营状况和财务状况,有权查阅合

伙企业会计账簿等财务资料。

【释义】 本条是对执行事务合伙人的报告义务、其行为所产生的权利义务的归属及不执行事务合伙人对企业的知情权的规定。

为便于不执行事务的合伙人了解企业的经营情况,行使监督权,防止受委托执行事务合伙人滥用权利,损害合伙人的共同利益,本条第一款规定,由一个或者数个合伙人执行合伙事务的,执行事务合伙人应当定期向其他合伙人报告事务执行情况以及合伙企业的经营和财务状况。这一规定对执行事务合伙人是一项强制性义务。即该合伙人有义务按照合伙协议约定的期限如实地向不执行合伙事务合伙人报告企业内外事务执行的情况,特别是企业的经营情况如生产、销售等情况及盈利或亏损等财务情况,必要时应提交企业的财务会计报告等反映企业经营与财务状况的有关文件。

了解合伙企业的经营状况和财务状况,是不执行事务合伙人监督执行合伙事务的最有效的手段。而了解企业的经营状况和财务状况的重要途径是通过查阅合伙企业会计账簿等财务资料,获取企业财务的真实情况。没有查账权,合伙人的监督权往往落空。为了保障不执行事务合伙人切实行使其监督权,维护其合法权益,保护合伙企业正常的生产经营活动,本条第二款规定,合伙人为了解合伙企业的经营状况和财务状况,有权查阅合伙企业会计账簿等财务资料。

在委托执行合伙事务中,执行事务合伙人是根据合伙人的委托执行企业部分或全部事务,对外代表企业的负责人,其法律关系体现为代理关系。代理是代理人在代理权限内,以被代理人名义从事活动,其法律后果由被代理人承受的民事法律行为。就合伙企业而言,执行事务合伙人受其他合伙人委托从事经营管理活动,只要其在授权范围内从事业务活动,即为以企业为载体的全体合伙人的行为，由企业承担责任，包括执行事务的费用和亏损；由企业享受收益，包括利润和各项所得。最终由全体合伙人承担责任和获取收益。执行事务合伙人执行事务所获收益不得据为己有。执行事务合伙人超出授权范围从事的行为对内应由合伙人自行负责；对外如果交易对方不知其行为是越权行使的，应为合伙企业的有效行为。合伙企业不得以执行事务合伙人的越权对抗善意的交易相对人。

第二十九条　合伙人分别执行合伙事务的，执行事务合伙人可以对其他合伙人执行的事务提出异议。提出异议时，应当暂停该项事务的执行。如果发生争议，依照本法第三十条规定作出决定。

受委托执行合伙事务的合伙人不按照合伙协议或者全体合伙人的决定执行事务的，其他合伙人可以决定撤销该委托。

【释义】　本条是对合伙人对其他合伙人执行事务的异议权和撤销权的规定。

合伙人分别执行合伙事务，使合伙企业生产经营活动变得灵活而有效。但不可避免地会发生执行事务合伙人考虑问题不周，执行事务不当的情况，还可能出现个别合伙人不尽忠诚义务和勤勉义务，甚至损害合伙企业利益，牟取自身利益的情况。对这些行为，不执行合伙事务的合伙人难以在经营过程中随时发现并予纠正，而由执行事务合伙人互相监督，是保证合伙企业正常经营，防止权利滥用的较好的方式。为此，根据本条的规定，各执行事务合伙人既是事务执行人，也是他人执行事务的监督人。他们都既有义务认真负责地将自己负责的业务执行好，也有权利和义务对他人执行企业事务中的情况进行监督。如果执行事务合伙人的行为有损于合伙企业的利益、不当或有错误，其他执行事务的合伙人可以提出异议。一旦提出异议，就应暂停该项事务的执行。这主要是为了保障执行事务合伙人异议权的实现,防止被异议人对异议置之不理,如果已经造成损失的,还可以防止损失的扩大。在合伙人执行事务的异议中,一种后果往往是可能在一方提出异议后,被异议人具有不同看法,由此导致纠纷。对于合伙人执行事务产生纠纷,应依据本法第三十条规定作出决定,即要由全体合伙人按照合伙协议约定的表决办法对争议事项进行表决,合伙协议未约定表决办法或者约定不明确的,实行合伙人一人一票并经全体合伙人过半数通过的表决办法。有关争议事项涉及本法规定必须经全体合伙人一致同意的事项的,应当经过全体合伙人同意。

执行事务合伙人是受全体合伙人委托执行合伙事务,根据代理法律关系,执行事务合伙人必须按照合伙协议或全体合伙人的决定执行合伙事务,不得超越规定的权限执行合伙事务,不得利用执行合伙事务的便利损害合伙企业或其他合伙人的利益,否则,属于不按合同协议或者全体合伙人的决定执行事务的行为,对此,根据本条第二款的规定,其他合伙人可以决定撤销该委托。如果因此造成企业损失的,该执行事务合伙人还应当进行赔偿。

不执行合伙事务的合伙人也可以对企业行使监督权。如发现执行事务合伙人有不当经营行为,或者其行为给合伙企业造成了损失,也可以对此行为提出异议,但考虑到不执行合伙事务的合伙人一般不了解企业经营的具体情况,他们可以通过要求召开合伙人会议等办法对企业的经营进行监督。为了保障企业经营的效率,本条修改了原合伙企业法规定的所有合伙人对执行事务合伙人提出异议后,合伙事务都要停止执行的规定,只规定当执行事务合伙人对合伙事务的执行提出异议时,合伙事务暂停执行。不执行事务合伙人提出异议,合伙事务可以不停止执行,但应尽快召开合伙人会议,讨论决定有关异议事项。这也体现了一定程度上增大合伙企业经营相对独立性的立法意图。

第三十条 合伙人对合伙企业有关事项作出决议,按照合伙协议约定的表决办法办理。合伙协议未约定或者约定不明确的,实行合伙人一人一票并经全体合伙人过半数通过的表决办法。

本法对合伙企业的表决办法另有规定的,从其规定。

【释义】 本条是关于合伙人对合伙事务表决方式的规定。

合伙企业是人合性企业,合伙人之间存在相互信任关系,合伙企业决定有关问题的表决更多地应体现合伙人意思自治的原则和协商原则。因此本条规定,合伙协议对于合伙决定事项规定了表决方式的,即应按该方式执行。这就要求,全体合伙人在制定合伙协议时,应尽可能细地就合伙企业决定事项的表决方式,包括是按出资份额,还是按合伙人人数,或是两者相结合的表决方式,并就表决决定的计票办法等作出明确规定。

尽管法律对于合伙协议应规定有关事项决定的表决方式提出了要求,但在实际执行中的情况千差万别,有的企业仍旧不作规定,有的即使作了规定也不一定十分明确。在合伙企业的日常经营活动中,容易发生矛盾,不利于企业的正常经营。为解决这一问题,本条提供了合伙人对合伙企业重要事项表决的一般规则,规定,在合伙协议未约定合伙企业有关事项表决办法或者约定不明确的情况下,采用一人一票表决的表决办法,并以过半数通过。一人一票的表决办法是指无论出资多少和以何种形式出资,表决权数应当以合伙人的人数为标准,即每一个合伙人对合伙企业有关事项均有同等的表决权。这样规定是基于合伙企业的所有合伙人对合伙事务都具有平等的权利和义务,同时,虽然合伙人对企业的出资和获利的比例有所不同,但他们最终都要对合伙企业债务承担无限连带责任,这一规定在一定程度上保护了出资少、获利小的合伙人决定合伙事务的基本权利。

合伙企业的表决办法以协议规定为基本原则,但本条第二款还明确规定,本法对合伙企业的表决办法另有规定的,从其规定。

也就是说,本法对于合伙企业表决事项有其他规定的,比如对某一事项要求合伙人一致同意的,应当依法律的规定执行。

第三十一条　除合伙协议另有约定外,合伙企业的下列事项应当经全体合伙人一致同意:

(一)改变合伙企业的名称;

(二)改变合伙企业的经营范围、主要经营场所的地点;

(三)处分合伙企业的不动产;

(四)转让或者处分合伙企业的知识产权和其他财产权利;

(五)以合伙企业名义为他人提供担保;

(六)聘任合伙人以外的人担任合伙企业的经营管理人员。

【释义】　本条是关于合伙企业的哪些事项应当经全体合伙人一致同意的规定。

在合伙企业中,除一般事务外,还有一些重要事务关系到企业的生存和发展,或者影响到全体合伙人的利益。对这类重大事务或者说特殊事项不能由部分合伙人或者执行事务合伙人自行决定,也不能适用少数服从多数的原则。本条要求对这类事项必须经全体合伙人一致同意才可作出决定。本条限定为以下六个方面:

(1)改变合伙企业名称。企业名称是企业的符号和代号,是企业诚信与商号的招牌,形成一定品牌的企业名称具有财产价值,经企业登记机关核准的企业名称具有专用权。改变企业名称意味着放弃这一招牌,损失这部分无形资产,采用新的名称也直接影响企业的下一步发展。因此,改变合伙企业名称,必须经全体合伙人一致同意。

(2)改变合伙企业的经营范围、主要经营场所的地点。改变合伙企业的经营范围,即对合伙企业的经营业务范围进行调整,包括扩大或缩小经营范围,改变某一经营项目等;改变合伙企业的主要经营场所的地点，包括对其主要经营场所所在地进行调整，移至他处，也包括只有一处经营场所的改变，对内对外产生重要的法律和经营方面的后果。在企业进行这种事项变更时，不能由企业的某部分合伙人或某一个合伙人来决定，而必须由全体合伙人共同讨论，一致同意作出决定。

(3)处分合伙企业的不动产。不动产，包括房产、土地使用权和重要设施等。合伙企业不动产不论是合伙人用以出资而转入企业的，或者是企业在经营中购置或建设的，都属于合伙企业的财产，也是企业生产经营活动的重要保障。处分合伙企业的不动产，即将原本属于合伙企业的不动产予以出卖、赠与或用于投资等(一般不包括在生产经营期间的出租、出借等)，对其进行处分，使合伙企业对这部分不动产不再具有支配权。这属于企业经营的重大问题，必须经全体合伙人一致同意作出决定。

(4)转让或者处分合伙企业的知识产权和其他财产权利。对合伙企业知识产权的转让或处分，主要是指将合伙企业已拥有或持有的专利权、商标权、著作权等知识产权许可他人使用，或者是出卖或用于对外投资等的情形。这些活动对于企业经营具有较大影响，必须经全体合伙人一致同意。

(5)以合伙企业名义为他人提供担保。以合伙企业名义为他人提供担保，即以合伙企业的名义对他人，包括个人或其他企业履行债务的情况进行担保的情形，分为保证、抵押、质押、留置和定金五种方式。无论以何种方式，只要以合伙企业名义为他人履行债务提供担保，均可能使合伙企业产生连带责任，使企业的财产处于不稳定状态，是关系企业利益的重大问题，应由全体合伙人共同讨论，一致同意。

(6)聘任合伙人以外的人担任合伙企业的经营管理人员。合伙企业为生产经营的需要，可能不仅需要招用生产工人，也需要招用一些合伙人以外的人从事经营管理。由于经营管理人员要行使一定的管理权限,参与某些管理与决策活动。对企业的生产经营产生一定影响,本条要求此类事项应经全体合伙人讨论,一致同意作出决定。

这次修改合伙企业法的过程中,一些从事合伙企业生产经营活动的同志提出,随着市场经济的发展,商业机会的时效性强,要求合伙企业的决策应更加及时、快速。为了提高合伙企业经营决策的效率,应当允许合伙协议对哪些事项必须经全体合伙人一致同意做出更加灵活的规定。立法机关经研究,认为这一建议具有实践意义,因此,在规定上述六项一般应经全体合伙人一致同意外,也允许合伙协议另行规定,某些事项可以采用普通多数决或特别多数决的办法作出决定。

第三十二条　合伙人不得自营或者同他人合作经营与本合伙企业相竞争的业务。

除合伙协议另有约定或者经全体合伙人一致同意外,合伙人不得同本合伙企业进行交易。

合伙人不得从事损害本合伙企业利益的活动。

【释义】　本条是关于合伙人竞业禁止及限制与本企业进行交易的规定。

合伙人是参与合伙投资经营的当事人,法律并不限制其在从事本合伙企业的投资经营外,从事其他投资或营利性活动,如设立个人独资企业,参与公司投资等,甚至可以在本合伙企业以外,另行设立合伙企业。但本条规定了三种限制:一是不得从事与本企业相竞争的业务;二是不得擅自与本企业进行交易;三是不得从事损害本企业利益的活动。

合伙人从事与本合伙企业相竞争的业务,是指合伙企业的合伙人在本企业以外从事的与合伙企业经营的业务相同或相近,并与之存在竞争关系的业务。合伙人了解合伙企业的经营情况,包括经营诀窍、管理方式、原料来源等内部情况，如允许其经营业务与合伙企业相竞争，就使合伙企业的经营处于不利的竞争地位，使其利益受到损害。这种竞争违背公平原则，本条明确禁止。

合伙人与本企业进行交易，是指合伙人在执行合伙事务中，以其职务便利，自行决定代表本合伙企业与自己代表的其他企业或个人业务进行交易的情形。这种交易实际是一种关联交易。关联交易对合伙企业既有有利的一面，也有不利的一面，如果执行合伙人通过这一交易将本应属于合伙企业的利润转移至自己的企业，利用关联交易牟取私利，将损害合伙企业及其他合伙人的利益。因此，本条规定，未经合伙协议约定或者经全体合伙人一致同意，合伙人不得同本合伙企业进行交易。

根据本条第三款的规定，合伙人不得从事损害本合伙企业利益的活动。这是合伙人必须遵循的一项基本原则。本条前两款规定，无论对合伙人同业竞争的禁止，还是对同本合伙企业进行交易的限制，其出发点和落脚点都是为了维护全体合伙人的共同利益，使合伙人齐心协力，共同经营好合伙企业。而损害合伙企业利益的行为是多种多样的，不仅仅发生在本条前两款列举的行为中。为了杜绝和防范损害合伙企业利益行为的发生，维护合伙企业和全体合伙人的合法权益，本法规定合伙人不得从事损害合伙企业利益的活动，特别是不得利用其与合伙企业之间的关系损害合伙企业利益的。

第三十三条　合伙企业的利润分配、亏损分担，按照合伙协议的约定办理；合伙协议未约定或者约定不明确的，由合伙人协商决定；协商不成的，由合伙人按照实缴出资比例分配、分担；无法确定出资比例的，由合伙人平均分配、分担。

合伙协议不得约定将全部利润分配给部分合伙人或者由部分合伙人承担全部亏损。

【释义】 本条是对合伙企业利润分配与亏损分担的规定。

合伙企业的利润分配,指合伙企业的生产经营收入,在进行必要的扣除后所获利润,在各合伙人之间进行的分配。合伙企业的亏损分担,是指企业经营过程中发生的在一定时期内各种收入减去各项费用后出现负差额即发生亏损时,就这种亏损在各合伙人之间进行的分别承担。设立合伙企业,既可能为投资者带来收益,也可能因经营等多方面原因而产生亏损。

本条规定合伙企业利润分配和亏损分担的原则是:首先,合伙企业的利润分配、亏损分担,依照合伙协议的约定办理。合伙协议是合伙企业从事经营活动的准则和合伙人据以享受权利承担义务的重要依据。合伙协议决定合伙事务是合伙企业的基本制度。而合伙企业利润分配和亏损分担是合伙人重要的权利义务,理应由合伙协议作出约定,因此,本条确认了合伙协议优先于法律规定的原则。同时,实践中如果出现合伙协议未约定利润分配和亏损分担办法或者实际情况不能完全适用合伙协议的约定的,本条又规定,可以由合伙人协商决定,从而坚持了合伙人协议优先的原则。如果合伙人经过协商仍未能作出决定的,本条也提供了一个一般原则,即由各合伙人按照实缴的出资比例进行分配、分担;无法确定出资比例的,由各合伙人平均分配和分担。这里,需要指出的是,前两种程序是合伙人之间协议、协商解决,后两种程序是由法律直接规定的一般原则。这次修改合伙企业法的过程中,许多地方和部门提出,经过10年的实践,合伙企业的情况也发生了较大的变化,一些合伙企业的规模较大,多数合伙人都有资金投入,许多企业在设立时都估算合伙人的出资比例并以此为标准计算其获取利润和分担亏损的数额。考虑到这些变化,建议在法律中规定,当合伙协议未规定利润分配和亏损分担的原则时,法律提供的一般原则应首先以出资比例为基本标准,如未确定出资比例的,可以平均分配和分担。立法机关经研究,接受了这一意见。当然,合伙企业出资人出资方式是多种多样的，合伙企业在采用这一原则时可根据本企业的实际情况做出公平合理的决定。

这里值得一提的是，关于劳务出资人亏损分担的原则。由于劳务出资者未拿出实际的财产投入到企业中，一旦企业经营亏损，他是否应与其他合伙人一样分担亏损？如何分担？对此，各国和一些地区的做法有所不同。大体上可分为三类：一是要求劳务出资者与其他合伙人平均分担，如德国；二是按企业最低分担比例执行，即将其分配利润和分担损失相挂钩，都执行与出资额最少的出资人相同的比例，如法国；三是负盈不负亏，即合伙协议事前规定劳务出资人需分担亏损的，依规定执行，未规定的劳务出资人将不承担亏损，如我国台湾地区即如此规定。我国法律未作明确的规定。国外和一些地区的经验可为我国企业所借鉴。

本条第二款还规定了对合伙协议有关利润分配和亏损分担的公平原则。合伙企业的一个重要特征是合伙人共享收益，共担风险。每一个合伙人无论出资多少，以何种方式出资，都有参加利润分配的权利，也有亏损分担的义务。虽然合伙协议可以自行约定利润分配和亏损分担的办法，自主调节相互间的利益关系，但行使这一权利必须遵循公平的原则，防止显失公平。为此，本条第二款对合伙协议约定合伙企业的利润分配、亏损分担设定了一个基本界限，即合伙协议不得约定将全部利润分配给部分合伙人或者由部分合伙人承担全部亏损。

第三十四条　合伙人按照合伙协议的约定或者经全体合伙人决定，可以增加或者减少对合伙企业的出资。

【释义】　本条是对合伙人增加或减少对合伙企业出资的规定。

合伙人增加出资，是指在合伙企业存续期间，因需要，经全体合伙人协商一致，由各合伙人追加对合伙企业投资的行为。实际中，在合伙企业成立初期，可能业务发展很快，仅以合伙人的原始投入，甚至连同盈利转为投资都难以满足企业发展的需要；在企业发展的成熟期也可能发生扩大经营规模，现有财力不支的情况；在经营中也有一些合伙企业发生亏损，如要继续维持也需新的财力支持。发生这类情况，如不能以企业的名义对外筹资，就需要合伙人对合伙企业增加出资。

合伙人减少出资，是指在合伙企业存续期间，因种种原因导致合伙人依法将投入到合伙企业的财产撤回从而使合伙企业资产减少的情形。合伙企业虽然不像法人企业那样具有完全独立的财产权利，但现代合伙企业也倾向于保护合伙企业财产一定的独立性。因此，越来越强调合伙人不得随意抽回出资。合伙人如因转让财产份额或被法院执行财产份额而减少出资或因其他原因减少出资的，必须依法。减少出资应是针对全体合伙人而言的，即应由全体合伙人协商减少，如同投资一样，也应相应的进行协商、资产评估并修改合伙协议等程序。因合伙人减少出资导致合伙企业资本减少的，应当到企业登记机关办理变更登记手续，以公示交易相对人。

增资使企业增加资本经营额，减资使企业减少资本经营额，两种情况都会对企业的经营产生重大影响，并直接影响到每个合伙人的利益，前者要求合伙人从自己的财产中拿出更多的资产投入企业；后者可能使自己在企业的收益有所减少。这类事项属企业经营的重大事项，如果协议对此有规定的，应按协议约定执行；协议对此无规定的，就需要全体合伙人一致同意作出决定。

第三十五条　被聘任的合伙企业的经营管理人员应当在合伙企业授权范围内履行职务。

被聘任的合伙企业的经营管理人员，超越合伙企业授权范围履行职务，或者在履行职务过程中因故意或者重大过失给合伙企

业造成损失的，依法承担赔偿责任。

【释义】 本条是对合伙企业聘任经营管理人员的规定。

本条所称的被聘任的“经营管理人员”是指由全体合伙人一致同意聘任的，代表全体合伙人的利益，管理合伙企业日常事务的合伙人以外的人。在现代市场经济高速发展的环境中，一些合伙企业聘任合伙人以外的人从事企业的经营管理，利用他们的先进管理经验或是专门的技术才能治理企业，提高效率，增强企业的竞争力，以更加适应在市场经济社会中生存和发展的需要。应当说，这也是适应现代化生产的一种管理模式。为此，本条规定了合伙人以外的受聘经营管理人员的基本权利义务，以保证受聘经营管理人员依法履行职务，维护合伙企业的合法权益。

被聘任合伙企业的经营管理人员属于企业雇员，企业与他们的聘任与被聘任关系是一种委托关系，因此，这些管理人员必须在合伙企业授权范围内履行职务并尽忠诚受托义务。至于委托的事项是法律行为还是事实行为，是内部管理行为还是对外的代表行为，是全面负责合伙企业事务还是仅负责一部分，都要根据合伙协议约定的办法由合伙人授权。合伙企业的授权范围即为受聘人员行使权利的范围。受聘人员严格按照合伙人授权从事企业的经营管理的，在法律上代表全体合伙人，其法律后果由合伙企业承担。

被聘任合伙企业的经营管理人员虽然与企业只是聘用关系，但由于他们在企业中处于“经营管理”地位，在合伙企业经营过程中有一定的自主权，有可能发生越权行事或因故意或重大过失给企业造成损失的情况。因此，强调被聘任人员应在合伙企业授权范围内履行职务，对企业忠诚守信，不超越权限从事活动，对越权行事和因故意或重大过失给企业造成损失的追究其法律责任，对保护合伙企业及全体合伙人的利益十分重要。根据本条第二款的规定，被聘任的合伙企业的经营管理人员，其超越合伙企业授权范围履行职务，或者在履行职务中因故意或者重大过失给合伙企业造成损失的，依法承担赔偿责任。这一规定明确了被聘任的合伙企业经营管理人员，违反上述要求的三种情况及其责任：一是超越合伙企业授权范围从事经营活动。二是因故意，如对企业或某合伙人有成见，故意从事某种损害企业的行为；再如对报酬不满意而泄私愤等，给合伙企业造成损失。三是重大过失，即在其工作中由于过于自信能够预防某种事件的发生而不予防范或者出于疏忽致使这样的事件发生，给合伙企业造成损失等，要依法承担民事赔偿责任。其侵占合伙企业财产，应当返还，所获收益应当归还合伙企业；侵占合伙企业财产，构成犯罪的，要依法追究其刑事责任。

采用这种制度的合伙企业也要加强管理，健全制度，使所有聘用的经营管理人员都有明确的工作范围和必要的管理权限与职责，以便他们责权利一致地开展工作；同时要加强监督，及时检查企业的运行情况及有关的财务报告、账簿，对有可能造成损失的行为及时提出异议，对不尽职的经营管理人员及时采取解聘等措施。

第三十六条　合伙企业应当依照法律、行政法规的规定建立企业财务、会计制度。

【释义】　本条是关于合伙企业财务、会计制度的规定。

财务会计制度是企业经营管理的基本内容，它关系到企业经营管理的各方面，合伙企业也不例外，合伙企业要加强企业成本核算，增强企业经济效益，就应当依照法律、行政法规的规定建章立制，加强企业的财务会计管理。本条强调了合伙企业依法建立财务会计制度方面的内容，这对合伙企业的规范和发展来说非常必要。

企业财务制度，包括资金筹措、资产管理、对外投资、营业收入、利润分配等管理规则，是企业记录财务收支，核算经营成本，提高经济效益的重要手段，也是国家和合伙人对企业进行财务监督的主要依据，对企业的生产经营和利益分配具有重要作用。本条要求,合伙企业应当依照法律、行政法规的规定建立企业财务制度。根据国务院制定的《企业财务通则》,企业设立后,应根据《企业财务通则》的要求,分别制定企业的资金筹措、固定资产、流动资产、无形资产、递延资产和其他资产、对外投资、营业收入、利润及其分配等管理规则。在企业正常经营期间,应定期编制财务报告,对生产经营情况进行财务评价,并据以做好各项财务收支的计划、控制、核算、分析和考核工作。根据财务制度的要求,企业应依法合理筹集资金,有效利用各项资产,努力提高经济效益,如实反映企业财务状况,依法计算和缴纳税收,维护投资者权益。

会计是对企业财务收支状况进行如实记录与核算,从而合理评价企业经营效果的重要手段。本条要求,合伙企业应当依照法律、行政法规的规定建立企业会计制度。我国会计管理的基本规范是《中华人民共和国会计法》和国务院发布的《企业会计准则》,根据会计法和会计准则的要求,企业会计制度应包括会计核算、会计监督、会计机构和会计人员的职责等规则。

会计核算应当以企业发生的各项经济业务为对象,记录和反映企业本身的各项生产经营活动;会计核算应当以企业持续、正常的生产经营活动为前提并划分会计期间,分期结算账目和编制会计报表。会计期间分为年度、季度和月份。年度、季度和月份的起止日期采用公历日期。会计核算应当以实际发生的经济业务为依据,如实反映财务状况和经营成果。会计信息应当符合国家宏观经济管理的要求,满足有关各方了解企业财务状况和经营成果的需要,满足企业加强内部经营管理的需要。会计核算应当按照规定的会计处理方法进行,会计指标应当口径一致、相互可比等。

合伙企业的会计机构和会计人员应当依法履行职责,建章立制,接受有关机关依照法律和有关规定进行的监督,如实提供会计凭证、会计账簿、会计报表和其他会计资料,不得拒绝、隐匿和谎报。

第四节　合伙企业与第三人关系

第三十七条　合伙企业对合伙人执行合伙事务以及对外代表合伙企业权利的限制，不得对抗善意第三人。

【释义】 本条是对合伙人执行事务及对外代表合伙企业过程中如何保护善意第三人的规定。

所谓第三人，是指合伙人、合伙企业以外的与合伙企业发生各种业务关系的人，包括法人、其他组织和自然人。合伙企业与第三人的关系，是合伙企业与交易相对人的关系，或者说是合伙企业的外部关系。合伙企业的普通合伙人可以共同或分别对外代表企业，也可以委托特定的合伙人代表合伙企业。但无论是哪一个或哪几个普通合伙人对外代表合伙企业，其对外发生的关系均为合伙企业与第三人的关系，并且一般都通过合同规定企业和第三人就某一交易活动所应承担的权利、义务关系，对外代表合伙企业的合伙人、合伙企业与第三人都应严格依照合同的规定履行义务、行使权利。

实际生产经营过程中，根据需要，合伙企业往往对合伙人执行合伙事务与对外代表合伙企业作出一些分工和限制，如规定受托执行事务合伙人只能在一定的权限范围内执行事务，对外代表企业；不执行事务合伙人不能对外代表合伙企业；有些合伙企业事项应经协商一致作出决定而个别或几个合伙人无法对外代表合伙企业等，根据合伙人意思自治的原则及实际情况的需要，这些限制是正常的和必要的，但这样的限制通常并不为外部的第三人所知情，在这种情况下如果发生了越权行使职权的合伙事务执行人与第三人的交易，认定其与不知情的第三人签订的合同无效对第三人是不公平的。因此本条规定，合伙企业对合伙人执行合伙事务以及对外代表合伙企业权利的限制，不得对抗善意第三人。所谓善意，是指与合伙企业及其对外代表合伙人交易的第三人没有故意或明知的串通,也不了解合伙企业的内部限制规则及参与交易的合伙人的实际状况。如果第三人明知或应该知道该合伙人从事的是越权行为和受限制行为,而故意与之签订合同,则由此产生的后果应由第三人自己承担。本条的规定也符合我国民法表见代理的制度。表见代理是指代理人虽不具有代理权,但具有代理关系的某些表面要件,这些表面要件足以使无过错的第三人相信其具有代理权。表见代理需要具备以下条件:一是从事民事行为的行为人和相对人应具有相应的行为能力、行为内容要合法、意思表示要真实;二是客观上应有使相对人相信行为人具有代理权的情形,如以前一直是代理执行这类业务的人,被代理人曾申明其有此代理权限使相对人有理由相信其是合法的代理人,等等;三是相对人应是善意的,其整个民事行为无过失。这一原则在实践中也是确定与合伙企业进行交易的第三人是否为善意第三人的重要标准。

世界其他国家和有关地区这方面的规定也大同小异。美国统一合伙法规定,如果某一合伙人"明显地是以通常方式执行合伙业务",则第三人没有调查交易人是否得到授权的义务;否则,要求第三人去调查该合伙人是否得到授权是合理的。我国香港的合伙条例第七条规定:就合伙经营之业务而言,每一合伙人均为商号及其他合伙人之代理人;商号每一合伙人按营业常规办理该商号业务而出之行为,均对该商号及其合伙人有约束力,但如该合伙人事实上无权为该商号办理此项特别事务,而与之交易之人士亦明知其无此权力或不知其为合伙人者,则不在此限。

第三十八条　合伙企业对其债务,应先以其全部财产进行清偿。

【释义】 本条是对合伙企业清偿债务原则的规定。

债务清偿,是合伙企业与第三人关系的一个重要方面。合伙企业的债务,即合伙企业在开展经营业务时所产生的各种债务。合伙企业从事经营不可避免地要产生债务,这种债务应当先以合伙企业的财产来偿付。在合伙企业经营中,如果产生的债务大于企业财产即属于资不抵债,在此情况下还要溯及合伙人自身的其他财产。

对于合伙企业如何清偿债务的问题,多数国家的法律一般采取先以企业财产偿债的原则,即在合伙企业债务发生后,债权人应先就合伙企业财产进行求偿,在合伙企业不能偿还债务的情况下,债权人可直接向合伙人求偿。从国外的情况看,趋向于承认合伙企业财产的独立性,承认合伙组织的实际人格。按照这种规则,在合伙企业中首先面对债权人的不是各个合伙人,而是合伙企业本身。

根据我国实践并借鉴国外立法经验,本条规定,合伙企业对其债务,应先以其全部财产进行清偿。这一规定表明,当企业债务发生后,合伙企业应先以合伙共有的财产承担债务。与此相应,其债权人也只能先向合伙企业提出求偿要求,在合伙企业财产偿还完毕前,债权人不得就其债权直接向合伙企业的任一或多个合伙人求偿。

我国立法所支持的观点认为:第一,合伙人在投资合伙企业,按协议履行出资义务后,他就将其投资和由此产生的一般风险转移给了企业,此后,直到企业资不抵债的情况下,他对企业债务可以不承担责任;第二,各合伙人的财产集中起来后形成合伙企业财产,这种财产及由此产生的债务已与合伙人相分离,企业应以这一财产直接对债权人承担偿付债务的义务,直到企业财产不抵债务;第三,交易相对人与之交易的是合伙企业而不是某一合伙人,在企业财产未发生资不抵债的情况下,合伙人的无限连带责任只是债务履行的一种保证而不是债务本身,债权人不应直接向合伙人追索;第四,当企业无现金周转不能及时偿债时,合伙企业可以将财产变现用于偿债，也可以要求合伙人增加出资用以偿还债务，如合伙人不愿意追加出资，则意味他们不愿意使企业继续经营下去，还可以对合伙企业进行清算处理；第五，这次修改合伙企业法，增加了法人可以成为合伙人的规定，这一制度对保全作为合伙人的法人的财产也是有益的。

本条的规定并不禁止合伙协议约定或者合伙人自愿在企业出现亏损时以自有财产进行填补，清偿到期债务。相反，这样处理可以保全合伙企业的财产，维护合伙企业正常的生产经营活动，有利于合伙企业的稳定发展，是应当提倡的。但这也要取决于合伙人对企业发展的预期，完全应由合伙人自行决定。

第三十九条　合伙企业不能清偿到期债务的，合伙人承担无限连带责任。

【释义】　本条是对合伙企业不能清偿到期债务时，应由各合伙人承担无限连带责任的规定。

合伙企业不能清偿到期债务，是指合伙企业在生产经营中产生的到期债务，以合伙企业的现有资产不能完全予以清偿的情形。本法规定，合伙人将其财产投入企业后即形成合伙企业财产，直到合伙人退伙或散伙，这种财产不能分割。

实际生活中，企业发生经营困难，不能偿付到期债务的现象较多。合伙企业的普通合伙人对企业债务承担无限连带责任，是指当合伙企业的全部财产不足以清偿所欠债务时，可以追究合伙人的无限连带责任。如果合伙协议规定按出资比例分担债务的，应将其所剩债务按出资比例分成若干份额，各合伙人按其比例所分担的份额以自己的在合伙企业以外的其他财产偿付债务；如果合伙协议规定有其他亏损分担办法的，可按规定的办法执行；协议未规定亏损分担办法的，应依本法将所剩债务按合伙人人数平均分为若干份额，每个合伙人分别承担自己的债务份额。

合伙人对合伙债务承担无限连带责任，是合伙企业最基本的法律特征，也是合伙企业与有限责任公司的根本区别。虽然通过本法规定的程序，使合伙企业获得相对独立的法律地位，但它仍没有像法人企业那样形成完全人格化的主体。合伙人共同经营管理合伙企业仍然是合伙的一般原则，合伙人对合伙企业拥有较大的共同控制权。因此，合伙人对合伙企业承担责任的方式上也不像公司股东那样仅以其出资额为限承担责任。

本条规定的无限连带责任，实际是无限责任与连带责任的结合。所谓无限责任即在企业财产不足以清偿债务时，合伙人要以自己的其他财产偿付自己承担的债务份额，直到清偿完毕为止；所谓连带责任即指当债权人追究各合伙人的无限责任，某一合伙人无力承担这种责任时，其他合伙人有连带承担其偿付债务的义务。因此，当合伙企业财产不足以清偿债务时，其债权人即可向其任何一个普通合伙人主张权利，要求其偿付债务。该合伙人负有代合伙企业偿付债务的责任，这种责任既包括他自己应承担的债务份额，也包括其他合伙人应承担部分。这种连带责任虽然增大了合伙人的风险，但同时也增加了合伙企业的对外信誉，使企业获得了更强的偿债能力。

第四十条　合伙人由于承担无限连带责任，清偿数额超过本法第三十三条第一款规定的其亏损分担比例的，有权向其他合伙人追偿。

【释义】　本条是对合伙人承担无限连带责任超过应承担比例后有权向其他合伙人进行追偿的规定。

参与合伙企业的合伙人因各自的经济实力不同，承担债务的能力也有区别。当企业财产不足以清偿债务需要各合伙人按一定比例分担所剩债务情况下，就可能发生有的合伙人因其财力所限，一时难以承担债务偿付份额的情况。对此情况，任何一位普通合伙人都有责任对债权人承担无限连带责任，即除对自己分担的债务份额承担责任外，还应对其他合伙人应承担而无力承担的部分承担连带责任。本条规定，合伙人由于承担连带责任，清偿数额超过本法第三十三条第一款规定的亏损分担比例的，有权向其他合伙人追偿。

本法第三十三条第一款规定，合伙企业的利润分配、亏损分担，依照合伙协议的约定办理；合伙协议未约定或者约定不明确的，由合伙人协商决定，合伙人未能决定的，由各合伙人按照实缴出资比例分配、分担，无法确定出资比例的，由各合伙人平均分配和分担。根据这一规定，合伙人对于合伙企业债务的承担应由合伙协议约定，或者按出资比例分担或者平均分担。无论按何种方式，合伙人所承担的都只是全部债务的一部分。因而当某一合伙人在承担全部债务或代其他合伙人承担偿付义务后，即产生超过本人应承担份额所造成损失的弥补问题。他的这种损失，“有权向其他合伙人追偿”。

第四十一条　合伙人发生与合伙企业无关的债务，相关债权人不得以其债权抵销其对合伙企业的债务；也不得代位行使合伙人在合伙企业中的权利。

【释义】　本条是对合伙人发生与合伙企业无关的债务，相关债权人不得行使抵销权和代位权的规定。

合伙人发生与合伙企业无关的债务，是指合伙人在合伙企业以外，并非以合伙企业名义而是以自己名义，为自己的目的所从事的经营或交易等民事活动，并以自身名义所承担的有关债务。有各类情况，但都与合伙企业及其生产经营无关。合伙企业虽然不像公司那样具有独立的法人资格，但也是相对独立的市场主体，其民事活动与合伙人自身的民事活动属于两个不同的法律关系，不应混同。因此，合伙人发生的债务与合伙企业债务是两个不同的债。合伙人的自身债务,应由合伙人自行偿还。但是,当合伙人的债权人同时是合伙企业的债务人时,这两个债是否可以通过某种方式抵销呢?

在现实生活中,合伙人自身债务的债权人除与该合伙人具有债权债务关系外,他可能与合伙企业也进行过交易而产生债权债务关系。当其作为合伙人自身的债权人时,他可能一段时间内又是合伙企业的债务人,与合伙企业产生另一种债权债务关系,由于合伙企业与合伙人的经济联系,使其很容易产生错误认识,主张将其对合伙人自身的债权与其所负合伙企业债务相抵销。首先,根据合伙企业的特性,合伙人存在于合伙企业的财产份额,业已形成合伙企业财产,合伙人只能以从合伙企业分红等方式取得后再转而偿付债权人,非经司法强制执行,该债权人不能直接到合伙企业追偿。同时,根据民法的基本原理,债是可以因混同而消灭的。债的混同是指债权与债务同归于一人,致使债的关系归于消灭的事实。根据前述,合伙人和合伙企业是两个不同的主体,因此,合伙人与其债权人的欠债关系与该债权人对合伙企业的欠债关系不属于民法上的债务混同,不能相互抵销而消灭。根据本条规定,合伙人发生与合伙企业无关的债务,相关债权人不得以其债权抵销其对合伙企业的债务。对合伙人自身的债权人来说,在法定的期间内,他的债权应予实现,债务也需清偿,在合伙人自身无其他财产可供清偿债务的情况下,他可以要求欠其债务的合伙人转让在合伙企业的财产份额,还可以等待合伙人取得合伙企业收益后清偿,也可以申请法院强制执行该合伙人在合伙企业的财产份额。在实际生活中,由于合伙企业与合伙人存在密切的联系,往往造成认识上的混淆。主要是由于合伙人自身财产有一部分投资或存在于合伙企业,这种投资及其收益折合成合伙人在合伙企业中的财产份额,又属于该合伙人,使其自身债务与合伙企业有一定的联系。

债权债务关系中的代位权,是指债权人以自己的名义依法代替债务人行使债务人之权利的权利。代位权是保全债权的方法之一。当债务人享有对第三人的权利而怠于行使,使债务人的收益或财产遭受损失,从而损及债权人利益时,债权人便可代位行使债务人应行使的权利,以保护债权的实现。代位权应以以下条件为前提:债务人须享有对第三人纯粹的财产权;债务人怠于行使该权利;债务人迟延履行其债务,等等。合伙企业是由合伙人投资形成的经营性组织,合伙人在合伙企业中不仅享有财产性质的收益权,还包括其在合伙企业中的表决权等身份权及法定管理权、监督权等其他权利。根据本法的规定,合伙人的债权人要求合伙人偿还债务,只能通过与合伙人签订合同或通过诉讼,获得对合伙人在合伙企业中收益分配的请求权或者分割其在合伙企业中的财产份额以实现债权,而对合伙人的其他权利如合伙事务执行权、重大事务表决权、对企业的监督权等均没有请求权,对合伙人在合伙企业中的权利不得行使代位权。

第四十二条　合伙人的自有财产不足清偿其与合伙企业无关的债务的,该合伙人可以以其从合伙企业中分取的收益用于清偿;债权人也可以依法请求人民法院强制执行该合伙人在合伙企业中的财产份额用于清偿。

人民法院强制执行合伙人的财产份额时,应当通知全体合伙人,其他合伙人有优先购买权;其他合伙人未购买,又不同意将该财产份额转让给他人的,依照本法第五十一条的规定为该合伙人办理退伙结算,或者办理削减该合伙人相应财产份额的结算。

【释义】　本条是对合伙人清偿与合伙企业无关的债务的规定。

合伙人自身的与合伙企业无关的债务应以其自有的财产清偿。合伙人的自有财产不足清偿其债务,需要以合伙人在合伙企业中的财产清偿的,应当依照本条的规定办理。合伙人在合伙企业的财产份额，是由其投入合伙企业的原始出资、出资收益及其他财产收益形成的。合伙人将其出资投入企业即变成合伙企业财产，是企业生产经营的必要条件，如允许合伙人以这部分财产清偿自身债务就意味着要对这种财产进行处分，它势必要求对合伙企业财产进行分割，并按份额予以减出，其结果必然对企业的生产经营形成负面影响，因此本条规定不允许合伙人直接以其在合伙企业的财产份额清偿自身债务。为了既维护合伙企业的利益，又考虑到合伙人的债权人实现债权的要求，本条第一款规定，合伙人的自有财产不足清偿其与合伙企业无关的债务的，该合伙人可以以其从合伙企业中分取的收益用于清偿。该合伙人的债权人也具有对负有债务的合伙人在合伙企业中所获收益的请求权。

除上述偿还债务的方法外，本条第一款还规定，债权人，也可以依法请求人民法院强制执行该合伙人在合伙企业中的财产份额用于清偿。强制执行可能产生两种结果，一是导致合伙人的变更；二是分割作为债务人的合伙人的财产份额，导致合伙企业财产的减少。考虑到合伙企业是人合性企业，为维护合伙企业及其他合伙人的利益，同时也有利于债权人债权的实现，本条第二款对于强制执行合伙人的财产份额的程序作了规定：人民法院强制执行合伙人的财产份额时，应当通知全体合伙人，其他合伙人有优先购买权；其他合伙人未购买，又不同意将该财产份额转让给他人的，依照本法第五十一条的规定为该合伙人办理退伙结算，或者办理核减该合伙人相应财产份额的结算。这一规定涉及以下四个方面的内容：

（1）人民法院强制执行合伙人的财产份额时，应当通知全体合伙人。由于法院执行合伙人在合伙企业中的财产份额，一方面使被执行合伙人的财产份额也就是合伙企业财产被处分；另一方面其他合伙人有优先购买权，如果他们不购买就可能使合伙企业面临新的合伙人的加入，这也影响他们的共同利益。本条要求人民法院在强制执行时，必须通知所有的合伙人。

(2)其他合伙人有优先购买权。合伙企业具有人合性质，其他合伙人可能不希望合伙人以外的人购买被执行合伙人的财产份额，合伙企业中的财产份额及其潜在的利益应当优先惠及合伙企业的其他合伙人，本条规定，当人民法院强制执行合伙人的财产份额时，其他合伙人有优先购买的权利。

(3)其他合伙人未购买，可以由其他人购买。法律规定其他合伙人有优先购买的权利，在执行中即应先让其他合伙人购买，如果其他合伙人并不购买，即应由合伙人以外的人购买。在这种情况下，应适用本法第二章第二节的规定。

(4)合伙人未购买被执行的财产份额，又不同意将该财产份额转让给他人的处理。本条规定了其他合伙人对被执行合伙人财产份额强制执行中的优先购买权及全体合伙人一致同意转让给合伙人以外的人两种处理方法。但在现实生活中仍会发生全部其他合伙人既不购买被执行的财产份额，又达不成一致同意将该财产份额转让给他人的情况。这也是合伙企业的人合性质所决定的，为解决这一问题，本条第二款规定，依照本法第五十一条关于退伙的规定，为该合伙人办理退伙结算，或者办理消减该合伙人相应财产份额的结算。退伙结算，即将该合伙人作退伙处理，将其在合伙企业中的财产份额予以结算，退还该合伙人，并按执行要求偿还于该合伙人的债权人。消减合伙人相应财产份额，即根据被执行债务数额的大小，对于债务小于被执行合伙人的财产份额的，对其财产份额进行结算后，消减去应执行的财产数额，再确认其在合伙企业中的剩余财产份额。对于债务大于或等于财产份额的，作退伙处理。

第五节　入伙、退伙

第四十三条　新合伙人入伙，除合伙协议另有约定外，应当经全体合伙人一致同意，并依法订立书面入伙协议。

订立入伙协议时，原合伙人应当向新合伙人如实告知原合伙企业的经营状况和财务状况。

【释义】　本条是对新合伙人入伙的规定。

所谓入伙，是指合伙企业接纳新的合伙人的过程，即在合伙企业存续期间，合伙人以外的人申请加入合伙企业并被合伙企业接纳，从而成为合伙企业合伙人。

根据合伙企业法的有关规定，实践中合伙企业的入伙包括三种情形：第一，非合伙人通过接受原合伙企业的合伙人在合伙企业中财产份额的转让或者依法承继该财产份额，而成为合伙企业的合伙人；第二，非合伙人不是通过接受财产份额的转让，而是申请加入合伙企业并被接纳，而成为合伙人；第三，合伙人死亡或者被宣告死亡，其合法继承人按照合伙协议的约定或者经全体合伙人一致同意，而成为合伙人。

新合伙人入伙应当符合法定条件。按照本条的规定，新合伙人入伙应当符合下列条件：

(1)除合伙协议另有约定外，应当经全体合伙人一致同意。合伙企业是人合性的组织，各合伙人基于互相之间的信任而组成合伙企业，每个合伙人都享有平等执行合伙事务的权利，对于合伙企业债务，合伙人互相承担无限连带责任。一个新合伙人的加入，意味着合伙企业的原有合伙人都将对该新合伙人在合伙企业中的行为承担无限连带责任。同时，合伙企业是在合伙人一致同意订立的合伙协议基础上建立起来的，新合伙人的入伙，使得合伙企业的合伙人发生变化，实际上修改了合伙协议。因此，对于是否接受一个非合伙人入伙，每一个合伙人都有决定权；任何一个合伙人拒绝其入伙的，该非合伙人就不能成为合伙企业的合伙人。正是基于合伙企业的这一特点，本条明确规定，新合伙人入伙应当经全体合伙人一致同意。

同时，合伙企业是以合伙人之间的协议为基础建立和运行的。除了法律有强制性规定的事项以外，合伙企业的所有事项都应当尊重合伙人的意思自治。合伙协议也可以对入伙事项进行约定，如约定只要1/2以上的合伙人同意，非合伙人就可以入伙，而不用全体合伙人一致同意。这一约定实际上是合伙人自己对入伙决定权的限制，只要是合伙人的真实意思表示，法律对此应当予以尊重。因此，本条第一款还作出了除外规定，即合伙协议如果约定新合伙人入伙不必经全体合伙人一致同意的，按照协议的约定执行。

本条规定的这一条件约束，主要针对不是通过接受财产份额转让或者继承而成为合伙人的入伙情形。对于前面提到的另外两种入伙情形，本法其他条款对其条件进行了规定。如本法第二十二条和第二十四条规定，除合伙协议另有约定外，合伙人向合伙人以外的人转让其在合伙企业中的全部或者部分财产份额时，须经其他合伙人一致同意；合伙人以外的人依法受让合伙人在合伙企业中的财产份额的，经修改合伙协议即成为合伙人。本法第五十条规定，合伙人死亡或者被依法宣告死亡的，对该合伙人在合伙企业中的财产份额享有合法继承权的继承人，按照合伙协议的约定或者经全体合伙人一致同意，从继承开始之日起，取得该合伙企业的合伙人资格。

(2)新合伙人入伙，应当依法订立书面入伙协议。合伙协议是合伙企业存在和正常运行的基础。新合伙人入伙，使合伙企业的合伙人发生变化，新合伙人的权利义务需要明确，原合伙人的权利、义务、责任等也要进行相应的调整。这一切都需要在新合伙人入伙时，以协议的形式加以确定，以免在日后产生纠纷。因此，本条规定，新合伙人入伙，应当依法订立入伙协议；同时，对入伙协议的形式也提出了明确要求，入伙协议应当采用书面形式。本条规定属于法律的强制性规定，合伙企业不能在合伙协议中作出相反规定。

有一个问题值得注意，即通过接受财产份额转让成为合伙人或者通过继承而成为合伙人的，也属于新合伙人入伙的情形。但是在上述两种情形下，受让或者经继承成为合伙人的人，其权利义务会受到出让财产份额的合伙人或者死亡合伙人所享有的权利义务的限制，不会超出该财产份额的范围。这种情况下的入伙，实际上只是改变一下该项财产份额的主体，仅仅修改原合伙协议中合伙人的情况就可以了，不需要再重新订立入伙协议。本法第二十四条也有明确规定，合伙人以外的人依法受让合伙人在合伙企业中的财产份额的，经修改合伙协议即成为合伙人。因此，本条关于新合伙人入伙订立入伙协议的要求，也只是针对不是通过接受财产份额转让或者继承而成为合伙人的入伙情形的。

新合伙人入伙时，原合伙人负有全面告知的义务。新合伙人加入合伙企业以后，就要对合伙企业债务承担无限连带责任。因此，在其入伙时，应当让其对合伙企业的状况有全面了解，否则对其是不公平的。此外，对合伙企业状况的了解，也是新合伙人决定是否入伙的基础。对于新合伙人的这一权利，法律应当予以明确。而合伙企业的原合伙人，作为合伙企业的出资人和经营者，对合伙企业的情况是最清楚的。因此，法律把告知新合伙人合伙企业情况，作为原合伙人的义务，在本条予以明确。按照本条规定，在订立入伙协议时，原合伙人应当向新合伙人告知原合伙企业的经营状况和财务状况；同时，原合伙人所告知的合伙企业的情况应当是真实的、全面的，不得隐瞒，也不能带有虚假或者欺骗的内容。否则新合伙人可以依照有关民事法律的规定追究原合伙人的责任。

第四十四条 入伙的新合伙人与原合伙人享有同等权利，承担同等责任。入伙协议另有约定的，从其约定。

新合伙人对入伙前合伙企业的债务承担无限连带责任。

【释义】 本条是对入伙的新合伙人的权利义务的规定。

非合伙人依法入伙后，即成为合伙企业的合伙人，同原合伙人在地位上应当是平等的，这是由合伙企业人合性的性质决定的。因此，本条规定入伙的新合伙人与原合伙人享有同等权利，承担同等责任。依据这一规定，新合伙人也要像原合伙人一样履行义务，包括：按照合伙协议的约定履行出资义务；除法律另有规定外，不得请求分割合伙企业财产；除合伙协议另有约定外，向合伙人以外的人转让其财产份额应当经其他合伙人一致同意；以财产份额出质的，应当经其他合伙人一致同意；不得自营或者同他人合作经营与本合伙企业相竞争的业务；除合伙协议另有约定外，不得同本合伙企业进行交易；不得从事损害本合伙企业利益的活动；按照合伙协议的约定承担亏损；在合伙企业财产不能清偿到期债务时，承担无限连带责任，等等。同时，新合伙人也同原合伙人一样享有平等权利，包括：享有平等执行合伙事务的权利；享有对合伙事务执行的监督权；享有对合伙企业有关事项的决定权；享有合伙企业利润的分配权等。

但是，合伙企业毕竟是在合伙人平等协商的基础上建立的，在对合伙企业有关事项的处理上，应当尊重合伙人的意思自治，在新合伙人的权利义务问题上也是如此。新合伙人毕竟是合伙企业建立以后加入的，在入伙时新合伙人可能会在自己加入合伙企业后的权利义务问题上提出一些要求，以此作为自己加入合伙企业的条件；同时，合伙企业的原合伙人也可能会对新合伙人提出一些权利义务方面的限制性条件。对于这些条件，如果新合伙人和原合伙人达成了一致意见，并记载于入伙协议中，就应当遵守。因此，本条规定，入伙协议对新合伙人在合伙企业中的权利和责任另有约定的，从其约定。

新合伙人对入伙前合伙企业的债务承担无限连带责任。新合伙人入伙后，成为合伙企业的普通合伙人，对入伙后产生的合伙企业债务承担无限连带责任是毫无疑问的。至于入伙前的合伙企业债务，由于其产生时新合伙人还未入伙，对债务的产生没有责任，对此应当如何处理，需要法律加以明确。在这一问题上，国际上有两种做法：一种是规定新合伙人对入伙前的合伙企业债务不承担任何责任，如美国统一合伙法第三条第六款明确规定：一个被允许加入现有合伙企业的人对其加入前的合伙企业债务不承担责任；另一种是规定新合伙人对入伙前的合伙企业债务同原合伙人一样承担无限连带责任，如法国、日本等许多国家都是采取这种做法。

本法采取了后一种做法，本条第二款明确规定，新合伙人对入伙前合伙企业的债务承担无限连带责任。之所以这么规定主要基于以下理由：第一，新合伙人入伙后，依照法律规定，同原合伙人享有同等权利，承担同等义务，那么在对合伙企业债务的承担上也应该同原合伙人是平等的；第二，依照本法的有关规定，新合伙人入伙时，原合伙人应当如实告知合伙企业的经营状况和财务状况，新合伙人是在对合伙企业充分了解的基础上加入的，法律规定其对入伙前的合伙企业债务承担无限连带责任，是考虑到了其可能承担的风险的；第三，全体合伙人对合伙企业债务承担无限连带责任是合伙企业法律制度的基本原则，对合伙人承担无限连带责任的企业债务范围不应再作区分，实际上也是很难区分的。

此外，本条第二款的规定属于法律的强制性规定，即使入伙协议中约定新合伙人对入伙前合伙企业债务不承担责任，也不能对抗合伙企业的债权人。在这种情况下，新合伙人应当向合伙企业的债权人清偿债务，但在清偿后有权依据入伙协议的约定向原合伙人进行追索。

第四十五条　合伙协议约定合伙期限的，在合伙企业存续期间，有下列情形之一，合伙人可以退伙：

（一）合伙协议约定的退伙事由出现；

（二）经全体合伙人一致同意；

（三）发生合伙人难以继续参加合伙的事由；

（四）其他合伙人严重违反合伙协议约定的义务。

【释义】　本条是对合伙协议约定合伙期限时合伙人自愿退伙情形的规定。

退伙，是指在合伙企业存续期间，合伙人退出合伙企业，丧失合伙人资格的法律事实或者法律行为。有合伙企业的存在，就必然会有退伙情形的发生。实践中，退伙有三种情形：(1)自愿退伙，即由合伙人按照自己的意愿主动提出退伙而退出合伙企业，丧失合伙人资格；(2)法定退伙，即在出现法定情形时，合伙人资格当然消失，也称为当然退伙；(3)除名退伙，即出现法定事由或者约定事由时，其他合伙人决议将某一合伙人除名，使其非自愿地丧失合伙人资格。

本条是关于合伙人自愿退伙的规定。合伙企业是建立在合伙人相互信任和平等协商基础上的，对于合伙人来说，加入和退出合伙企业都应当是自由的，合伙人对其他合伙人不再信任或者因为其他原因不愿再参加合伙企业，都应当允许其退伙。但是，合伙企业是所有合伙人共同建立的，一个合伙人退伙必然会对合伙企业和其他合伙人造成一定的影响，因此，法律对合伙人的自愿退伙也应当有一定的规范。

合伙协议是全体合伙人协商一致的结果，代表着合伙人的真实意思表示。如果合伙协议约定了合伙期限，也就表示每一个合伙人都承诺将与其他合伙人合作到该期限届满。合伙期限届满前，合伙人提出退伙意味着对自己承诺的违反，同时影响了其他合伙人的合理预期，可能给合伙企业或者其他合伙人造成损失。因此,对约定合伙期限的合伙企业,合伙人的自愿退伙应当受到一定的限制。

根据本条规定,合伙协议约定合伙期限的,在合伙企业存续期间,有下列情形之一,合伙人可以退伙:

(1)合伙协议约定的退伙事由出现。合伙协议是合伙人权利义务的基础,如果合伙协议约定了退伙事由,即赋予了合伙人在特定事由发生时选择退出合伙企业的权利。合伙人以此为依据提出退伙,即使是在合伙期限届满之前,也应当是允许的。

(2)经全体合伙人一致同意。合伙期限是合伙协议约定的,如果在期限届满前,全体合伙人一致同意某一合伙人退伙的请求,实际上是解除了合伙期限对该合伙人的约束,该合伙人当然可以自愿退伙。

(3)发生合伙人难以继续参加合伙的事由。即发生了非合伙人主观意愿所能决定的客观事由,使合伙人无法继续参加合伙,经该合伙人申请,而退出合伙的情形。至于因合伙人主观原因所发生的难以继续参加合伙的事由,如合伙人出国、搬家离开原来的城市而不能继续参加合伙的,不应属于本条所规定的可以自愿退伙的情形。

(4)其他合伙人严重违反合伙协议约定的义务。其他合伙人严重违反合伙协议约定的义务,使合伙人之间的相互信任关系不复存在,合伙人失去了参加合伙企业的基础,可以退出合伙企业。

第四十六条　合伙协议未约定合伙期限的,合伙人在不给合伙企业事务执行造成不利影响的情况下,可以退伙,但应当提前三十日通知其他合伙人。

【释义】　本条是对合伙协议未约定合伙期限时合伙人自愿退伙情形的规定。

如果合伙协议没有约定合伙期限,在合伙企业存续期间,合伙人在任何时候提出退伙，都不违反合伙协议的约定，都应该是允许的，这也是合伙人的权利。但是，合伙企业是全体合伙人共同建立的，由全体合伙人共同经营管理，任何一个合伙人的退出，都会对合伙企业和其他合伙人产生影响，合伙人在行使退伙权利时，不能损害合伙企业以及其他合伙人的利益。因此，本条对合伙协议未约定合伙期限时合伙人自愿退伙的情形也进行了规范。

按照本条规定，合伙协议未约定合伙期限的，合伙人自愿退伙应当符合以下条件：

（1）合伙人退伙不给合伙企业事务执行造成不利影响。合伙企业是由全体合伙人共同经营的，每个合伙人都在合伙企业事务执行中发挥着作用。一个合伙人退伙，可能使其执行或者参与执行的合伙企业事务无法进行；或者由于其退伙后，其他合伙人因对其执行的事务不了解而在业务衔接上出现问题等。这些情况的发生都会对合伙企业的事务执行造成影响，甚至会损害合伙企业及其他合伙人的利益。因此，合伙人在提出退伙时，应当对其在合伙企业中的工作进行妥善的安排，防止因其退伙而给合伙企业的事务执行造成不利影响。

（2）合伙人退伙应当提前 30 日通知其他合伙人。合伙人在不给合伙企业事务执行造成不利影响的情况下提出退伙，也应该给其他合伙人留出一定的时间，以便其他合伙人可以对其退伙后的有关事项进行安排、处理。因此，本条要求退伙的合伙人应当提前 30 日通知，通知的方式可以是多种多样的，如书面通知、口头通知都可以，但应该让其他合伙人都对该合伙人退伙的请求能够真实知悉。

第四十七条　合伙人违反本法第四十五条、第四十六条的规定退伙的，应当赔偿由此给合伙企业造成的损失。

【释义】　本条是对合伙人违反法律规定退伙的处理规定。

合伙企业是建立在合伙人相互信任和意思表示一致的基础上的，当合伙人失去了对其他合伙人的信任或者由于其他原因改变了其意思表示，不愿意再与其他合伙人继续合作，而要求退出合伙，是应当允许的，实际上也是无法阻止的。但是，合伙企业毕竟是合伙人共同建立和经营的组织，一个合伙人的退出，必然会对合伙企业和其他合伙人产生影响。因此，法律对合伙人自愿退伙进行了适当的规范，以避免因合伙人退伙而给合伙企业及其他合伙人造成不利影响。本法第四十五条规定，合伙协议约定合伙期限的，在合伙企业存续期间，在出现法定情形时，合伙人可以提出退伙；本法第四十六条规定，合伙协议未约定合伙期限的，合伙人在不给合伙企业事务执行造成不利影响的情况下，合伙人可以退伙，但应当提前30日通知其他合伙人。

合伙人在合伙企业存续期间提出退伙的，应当符合本法第四十五条和第四十六条的规定。如果合伙人在不符合本法规定的情况下提出退伙，基于合伙企业的人合性的特征，无论是从法律上还是从实际操作上，都无法禁止。在这种情况下，合伙人可以退出合伙，但应当承担一定的法律责任。

根据本条规定，合伙人违反本法第四十五条、第四十六条的规定退伙的，应当赔偿由此给合伙企业造成的损失。即合伙人违反本法第四十五条、第四十六条的规定退伙的，退伙行为有效，退伙人丧失合伙企业的合伙人资格；但如果因为该退伙人的退伙行为，给合伙企业的事务执行造成不利影响，或者给合伙企业造成其他不利影响，损害了合伙企业的利益的，合伙企业有权依据本条规定，要求该退伙人进行赔偿。

第四十八条　合伙人有下列情形之一的，当然退伙：

（一）作为合伙人的自然人死亡或者被依法宣告死亡；

（二）个人丧失偿债能力；

（三）作为合伙人的法人或者其他组织依法被吊销营业执照、责令关闭、撤销，或者被宣告破产；

（四）法律规定或者合伙协议约定合伙人必须具有相关资格而丧失该资格；

（五）合伙人在合伙企业中的全部财产份额被人民法院强制执行。

合伙人被依法认定为无民事行为能力人或者限制民事行为能力人的，经其他合伙人一致同意，可以依法转为有限合伙人，普通合伙企业依法转为有限合伙企业。其他合伙人未能一致同意的，该无民事行为能力或者限制民事行为能力的合伙人退伙。

退伙事由实际发生之日为退伙生效日。

【释义】 本条是对法定退伙情形的规定。

法定退伙，指基于法律的直接规定而发生的退伙，即在合伙企业存续期间，一旦某个合伙人的行为符合法律规定的条件或者某个合伙人出现了法律规定的某种特殊情况，该合伙人自然丧失合伙人资格而退出合伙。法定退伙是非基于合伙人的主观意愿产生的，所以也称为非自愿退伙或者当然退伙。

根据本条第一款规定，法定退伙情形包括以下五种：

（1）作为合伙人的自然人死亡或者被依法宣告死亡。按照我国民法通则的规定，公民的民事权利能力从出生时起，到死亡时止。作为自然人的合伙人死亡的，就丧失了民事权利能力，不再具有法律人格，当然也就同时丧失了合伙人资格。民法上所谓死亡，包括自然死亡和宣告死亡两种。按照我国民法通则的规定，具备下列条件之一的，经利害关系人申请，可以宣告该自然人死亡：离开其住所地或者最后居住地下落不明满 4 年；因意外事故下落不明，从事故发生之日起满 2 年；在战争期间下落不明，从战争结束之日起满 4 年。

（2）个人丧失偿债能力。合伙企业的合伙人以其全部财产对合伙企业债务承担无限连带责任,即合伙人以个人财产对合伙企业债务进行担保。当合伙人丧失偿债能力,这种担保就不复存在,让其继续留在合伙企业中,对保护合伙企业债权人不利。同时,合伙人丧失偿债能力的,最终结果必然是用该合伙人在合伙企业中的财产份额来清偿合伙人的个人债务,这同样会使合伙人丧失其在合伙企业中的财产份额,同退伙的后果是一样的。因此,本条将合伙人个人丧失偿债能力作为法定退伙情形,这种情况下,该合伙人自然丧失合伙人资格。

需要注意的是,对合伙人的偿债能力应当进行综合判断。即使一个合伙人的个人财产不足以清偿其全部个人债务,如果其有很好的信用,可以通过借款来还债,也不能认为该合伙人丧失了偿债能力。

(3)作为合伙人的法人或者其他组织依法被吊销营业执照、责令关闭、撤销,或者被宣告破产。作为合伙人的法人或者其他组织出现上述情形,即意味着该合伙人丧失法律人格,相当于自然人、合伙人死亡,自然也应当丧失合伙人资格。

(4)法律规定或者合伙协议约定合伙人必须具有相关资格而丧失该资格。如果合伙人资格依照法律规定或者合伙协议约定是以合伙人具有相关资格为基础的,当合伙人丧失了相关资格,该基础不复存在,合伙人当然就同时丧失了合伙人资格。例如,合伙制的会计师事务所,依照有关法律规定,其合伙人都应当具有注册会计师资格,如果某一合伙人失去了注册会计师资格,自然丧失合伙人资格。

(5)合伙人在合伙企业中的全部财产份额被人民法院强制执行。按照本法第四十二条的规定,合伙人的自有财产不足清偿其与合伙企业无关的债务的,其债权人可以依法请求人民法院强制执行该合伙人在合伙企业中的财产份额用于清偿。人民法院强制执行合伙人的全部财产份额时,可能出现三种情况:第一,其他合伙人购买该财产份额；第二，其他合伙人不购买，但同意将该财产份额转让给合伙人以外的人；第三，其他合伙人不购买该财产份额，又不同意将该财产份额转让给他人的，由合伙企业直接为该合伙人办理退伙结算。上述三种情况，其结果都是该合伙人非因自己的意愿而丧失合伙人资格，因此，这也属于法定退伙的情形。

本条第二款对合伙人被依法认定为无民事行为能力人或者限制民事行为能力人的情况处理进行了规定。

合伙企业的合伙人为自然人的，应当具有完全民事行为能力，这是由合伙企业的性质决定的。因此，原合伙企业法规定，合伙人在合伙企业存续期间丧失民事行为能力的，当然退伙。但是，实践中有的合伙人对合伙企业的贡献很大，但由于某种原因丧失了民事行为能力，如果按照原合伙企业法的规定让其退伙，该合伙人将不能享受以后合伙企业的收益，对其来说不够公平。同时，这次修改合伙企业法，创设了有限合伙制度，其中的有限合伙人不执行合伙事务，在合伙企业存续期间对其行为能力的要求不像普通合伙人那么严格。因此，修改后的合伙企业法，借鉴国外立法经验，对合伙人丧失民事行为能力的情况规定了更加灵活的处理方式。根据本条第二款的规定，合伙人被依法认定为无民事行为能力人或者限制民事行为能力人的，经其他合伙人一致同意，可以依法转为有限合伙人，普通合伙企业依法转为有限合伙企业。只是在其他合伙人未能一致同意的情况下，该无民事行为能力或者限制民事行为能力的合伙人才退伙。

本条第三款是对法定退伙时退伙生效日确定的规定。法定退伙作为合伙企业存续期间一个重要的法律事实，其生效时间的确定将直接影响着退伙人以及其他当事人的权利义务。如按照本法规定，退伙人退伙时要按照退伙生效日当时的合伙企业财产状况办理退伙结算、退伙人退伙后只对基于其退伙之前的原因发生的合伙企业债务承担责任，等等。因此，需要法律对法定退伙的生效时间作出明确规定。

法定退伙，是基于合伙人主观意愿之外的客观事实而产生的退伙，因此，本条第三款将法定退伙事由的实际发生之日作为退伙生效日，即以本条第一款所列五项法定事由具体发生的时间作为法定退伙的具体生效时间，以该时间为基础确定退伙人及其他当事人的权利义务关系。

值得注意的是，法定退伙是合伙企业内部的事情，合伙企业的交易相对人等其他合伙企业以外的人很难知道；合伙企业以外的人与合伙企业进行交易，是以在企业登记机关登记的合伙企业情况为基础的。因此，本条所讲的退伙生效，仅限于合伙企业内部；只有在合伙企业将因法定退伙引起的变化在企业登记机关进行变更登记后，该退伙才会对合伙企业以外的人产生效力。也就是说，在本条规定的退伙生效日至登记事项变更日之间，退伙人不能以其已经退伙来对抗第三人主张权利的请求。

第四十九条　合伙人有下列情形之一的，经其他合伙人一致同意，可以决议将其除名：

（一）未履行出资义务；

（二）因故意或者重大过失给合伙企业造成损失；

（三）执行合伙事务时有不正当行为；

（四）发生合伙协议约定的事由。

对合伙人的除名决议应当书面通知被除名人。被除名人接到除名通知之日，除名生效，被除名人退伙。

被除名人对除名决议有异议的，可以自接到除名通知之日起三十日内，向人民法院起诉。

【释义】　本条是对除名退伙的规定。

除名退伙，是指在合伙企业存续期间，当某一合伙人出现法定事由或者合伙协议约定的事由时，其他合伙人一致同意将该合伙人开除出合伙企业，而使其丧失合伙人资格。

在合伙企业中，所有的合伙人都是平等的，在退伙这一问题上也是如此。某一合伙人有权利选择不与其他合伙人合作，而进行自愿退伙；其他合伙人当然也有权利选择不与某一合伙人合作，而进行除名退伙。但是，除名退伙毕竟是多数合伙人强制剥夺个别合伙人的合伙人资格的行为，应当慎重，否则就有可能产生多数合伙人联合起来排挤少数合伙人的情况，损害少数合伙人的利益。因此，本条第一款对除名退伙的事由进行了规范，只有在出现法定事由时，其他合伙人才能以除名退伙的方式让某一合伙人退出合伙企业；同时，本条第一款明确规定，作出将某一合伙人除名的决议，必须经其他合伙人一致同意。

根据本条第一款的规定，合伙人有下列情形之一的，经其他合伙人一致同意，可以将其除名：

(1)合伙人未履行出资义务。合伙企业由全体合伙人共同出资设立，每一个合伙人都应当按照合伙协议约定的出资方式、出资数额履行出资义务。只有全体合伙人都履行了出资义务，合伙企业才能正常设立和运行。如果某一合伙人未履行出资义务，通常会使其他合伙人失去对其的信任而不愿意再与其进行合作。此时，其他合伙人一致同意而将该合伙人开除出合伙企业，应当是允许的。

(2)合伙人因故意或者重大过失给合伙企业造成损失。如果某一个合伙人不是因为一般疏忽，而是因为故意或者重大过失给合伙企业造成损失，会影响其他合伙人对其的信任，同时也会增加其他合伙人与其继续合作时的风险。这个时候，其他合伙人一致同意将其除名，以避免再因为该合伙人的过错承担更大的损失，是理所当然的。

(3)合伙人执行合伙事务时有不正当行为。合伙企业的所有合伙人都有平等执行合伙事务的权利，每个合伙人在执行合伙事务时都要遵守法律的规定和合伙协议的约定,注意维护合伙企业的利益。如果合伙人在执行合伙事务时有不正当的行为,将影响合伙企业的健康运行,并可能损害合伙企业和其他合伙人的利益。将执行合伙事务时有不正当行为的合伙人除名,也应当是允许的。

(4)发生合伙协议约定的事由。合伙企业的管理和运行,应尊重合伙人的意思自治。除上述三项除名退伙情形外,合伙协议可以对除名退伙的其他情形进行约定;当发生合伙协议约定的除名退伙事由时,经其他合伙人一致同意,可以将某一合伙人除名。

本条第二款对除名退伙的程序进行了规定。除名退伙,实际上是某一合伙人的合伙人资格被其他合伙人强制剥夺的过程。在这一过程中,对被除名人的权利也要给予适当保护。因此,本条第二款规定,对合伙人的除名决议应当以书面的形式通知被除名人。同时明确,被除名人接到除名通知之日起,除名生效。

除名退伙,对被除名人的利益影响重大。同时,除名决议是由其他合伙人作出的,被除名人在此过程中处于被动的状态。为防止其他合伙人利用除名退伙的形式排挤某一合伙人,损害合伙人的合法权益,法律应当给被除名合伙人提供一定的救济措施。因此,本条第三款规定,被除名人对除名决议有异议的,可以向人民法院起诉;如果法院判决被除名人胜诉,则除名决议无效,被除名人自判决生效之日起恢复合伙人资格,并可以请求其他合伙人赔偿其因被除名退伙而受到的损失。

被除名人的异议权应在法定时间内行使,以避免影响合伙企业的稳定和正常运行。依据本条第三款的规定,这一时间是被除名人接到除名通知之日起 30 日;超过这一期限,被除名人不能再以对除名决议有异议而向法院起诉。

第五十条　合伙人死亡或者被依法宣告死亡的,对该合伙人在合伙企业中的财产份额享有合法继承权的继承人,按照合伙协

议的约定或者经全体合伙人一致同意，从继承开始之日起，取得该合伙企业的合伙人资格。

有下列情形之一的，合伙企业应当向合伙人的继承人退还被继承合伙人的财产份额：

（一）继承人不愿意成为合伙人；

（二）法律规定或者合伙协议约定合伙人必须具有相关资格，而该继承人未取得该资格；

（三）合伙协议约定不能成为合伙人的其他情形。

合伙人的继承人为无民事行为能力人或者限制民事行为能力人的，经全体合伙人一致同意，可以依法成为有限合伙人，普通合伙企业依法转为有限合伙企业。全体合伙人未能一致同意的，合伙企业应当将被继承合伙人的财产份额退还该继承人。

【释义】 本条是对合伙人死亡或者被宣告死亡后其财产份额的处理规定。

依据本法第四十八条的规定，作为合伙人的自然人死亡或者被宣告死亡是法定退伙的情形。在这种情况下，依据本法的有关规定，应当依据该合伙人在合伙企业中的财产份额为其办理退伙结算，将退还的货币或者实物归入该合伙人的遗产，由其继承人依法进行继承。但是，在这一问题上也应允许其他合伙人有其他的选择。例如，其他合伙人基于特定原因，如死亡的合伙人对合伙企业的贡献很大，或者是合伙企业的主要创始人，愿意接纳死亡合伙人的继承人进入合伙企业成为新合伙人，让其分享以后合伙企业的收益，此时就不需要办理退伙结算，死亡合伙人在合伙企业中的财产份额直接由其继承人受让。因此，本条专门对这一问题进行了规定。

本条规定包括三层意思：

（1）经其他合伙人一致同意或者按照合伙协议的约定，合伙人死亡或者被依法宣告死亡后，对该合伙人在合伙企业中的财产份额享有合法继承权的继承人,直接取得该合伙企业的合伙人资格。这实际上就是其他合伙人接纳了该继承人成为合伙企业的新合伙人。死亡合伙人的财产份额不用退还,而是由继承人直接受让。如果继承人为一人,则该继承人在合伙企业中的财产份额就是死亡合伙人死亡时所享有的财产份额;如果继承人为数人,则这些继承人在合伙企业中财产份额之和为死亡合伙人死亡时所享有的财产份额,而每个继承人的具体财产份额则要根据其继承时的比例计算。

(2)合伙人的继承人经其他合伙人一致同意或者按照合伙协议的约定成为合伙企业的新合伙人是一般原则,但也存在例外情况。当出现例外情形时,合伙企业直接办理退伙结算,向合伙人的继承人退还死亡合伙人的财产份额。按照本条第二款的规定,这些情形包括:①继承人不愿意成为合伙人。依法成为合伙企业的新合伙人是继承人的权利,如果继承人放弃这一权利,法律应当允许。②法律规定或者合伙协议约定合伙人必须具有相关资格,而该继承人未取得该资格。如果合伙企业依照法律规定或者合伙协议约定,以合伙人具有相关资格为基础,继承人不具有该资格当然不能成为新合伙人。③合伙协议约定不能成为合伙人的其他情形。合伙企业的事项应尊重合伙人的意思自治,如果合伙协议约定了不能成为合伙人的情形,而继承人符合约定情形的规定,也不能成为合伙企业的新合伙人。

(3)合伙企业的合伙人为自然人的,应当具有完全民事行为能力,这是由合伙企业的性质决定的。因此,当合伙人的继承人为无民事行为能力人或者限制民事行为能力人,从逻辑上说是不能成为合伙企业的合伙人的。但在某些特殊情况下,不让无民事行为能力或者限制民事行为能力的继承人成为合伙人,将导致必须为死亡合伙人办理法定退伙,而该死亡合伙人的退伙可能导致合伙企业的解体;此外,不让死亡合伙人的继承人分享合伙企业的收益，也不利于对该继承人的保护。同时，这次修改合伙企业法，创设了有限合伙制度，其中的有限合伙人不执行合伙事务，在合伙企业存续期间对其行为能力的要求不像普通合伙人那么严格。在这一问题上，可以在现有法律制度的框架内，作出更加灵活的安排。因此，本条第三款对这一问题的处理作出了专门的规定。

根据该款规定，合伙人的继承人为无民事行为能力人或者限制民事行为能力人的，不能成为合伙企业的普通合伙人，但经过全体合伙人一致同意，可以依法成为合伙企业的有限合伙人，同时普通合伙企业依法转为有限合伙企业。如果全体合伙人未能一致同意的，合伙企业应当办理退伙结算，将死亡合伙人的财产份额退还给继承人。

第五十一条　合伙人退伙，其他合伙人应当与该退伙人按照退伙时的合伙企业财产状况进行结算，退还退伙人的财产份额。退伙人对给合伙企业造成的损失负有赔偿责任的，相应扣减其应当赔偿的数额。

退伙时有未了结的合伙企业事务的，待该事务了结后进行结算。

【释义】　本条是对退伙结算的规定。

合伙企业是全体合伙人共同出资设立的，如果在合伙企业存续期间发生了退伙，不论是基于什么原因，退伙人都有权要求对合伙企业的财产进行结算，并从中取回其在合伙企业中应有的财产份额。合伙人退伙，合伙企业应当按照本条规定为退伙人办理退伙结算。

本条对合伙人的退伙结算主要规定了以下内容：

(1)合伙人退伙时，其他合伙人应当与退伙人一起对合伙企业的财产状况进行结算。不论退伙人是因为什么原因退伙，都应有权参与退伙结算，以保证退伙结算公平、公正地进行。如果退伙人不存在了，如死亡或者被宣告死亡，可以由其继承人参与退伙结算。

（2）在进行退伙结算时，以退伙人退伙时的合伙企业财产状况为准。合伙企业运营期间，其财产状况是不断变化的，而退伙结算需要以确定的财产情况为依据。因此，在发生退伙时，合伙企业要进行结算，清理债权债务，并按照法律规定以退伙生效的时间为准，计算合伙企业的财产状况。对于退伙时间的确定，应按照法律或者合伙协议的约定执行。如按照本法的有关规定，法定退伙的生效时间是法定退伙事由实际发生之日，除名退伙的生效时间是被除名人接到除名通知之日。至于自愿退伙的生效时间，法律没有作出明确规定，可以由合伙协议约定；如果合伙协议没有约定，可以由合伙人协商确定。

（3）在对合伙企业财产进行结算的基础上，根据退伙人在合伙企业中应享有的财产份额的比例，计算出应退还的财产份额。退伙人在合伙企业中应享有的财产份额的计算，可以参照本法第八十九条关于合伙企业解散清算时返还合伙人财产的做法，即首先应当依据合伙协议的约定执行；如果合伙协议没有约定或者约定不明确，由合伙人协商决定；协商不成的，按照合伙人的实缴出资比例确定；无法确定出资比例的，则按照合伙人人数平均，确定其财产份额。

（4）在退伙结算时，退伙人对合伙企业负有赔偿责任的，相应扣减其应当赔偿的数额。如果合伙人在作为合伙人期间因不当执行合伙事务或其他原因给合伙企业造成损失，依法对合伙企业负有赔偿责任，或者合伙人未按照本法规定退伙给合伙企业造成损失而对合伙企业负有赔偿责任的，在退伙结算时，应从退还的财产份额中进行扣减，只将剩余的财产退还该退伙人。这是从方便操作的角度作出的规定，若不如此，则就需要在退伙人退伙后，再由合伙企业向退伙人索赔，而增加退伙人和合伙企业的负担。

(5)退伙时有未了结的合伙企业事务的,待该事务了结后进行结算。退伙结算原则上以退伙生效时合伙企业的财产状况为准,但在退伙生效时,合伙企业可能还有未了结的企业事务,对于该事务所产生的收益,退伙人有权享有,所产生的亏损,退伙人也有责任承担。如果以退伙生效时的合伙企业财产状况为依据进行退伙结算,那么在该事务了结后,就需要根据损益情况,重新对退伙人进行该笔事务的结算,从而增加合伙企业和退伙人的负担。因此,本条第二款作出了例外规定,即在退伙时有未了结的合伙企业事务的,待该事务了结后进行结算,以事务了结后的合伙企业财产状况为准计算应退还的财产份额。

第五十二条　退伙人在合伙企业中财产份额的退还办法,由合伙协议约定或者由全体合伙人决定,可以退还货币,也可以退还实物。

【释义】 本条是对财产份额退还办法的规定。

合伙人退伙时,在依法进行退伙结算确定应退还的财产份额后,就面临着如何将该财产份额退还的问题。实践中合伙人的出资是多种多样的,可以用货币出资,也可以用实物出资,还可以用土地使用权、知识产权等财产权利出资,甚至用劳务出资。采用不同出资方式的合伙人,在退伙时所希望的财产份额退还办法是不一样的,如以实物出资的往往希望能够返还原物,以财产权利出资的希望能够返还作为出资的财产权利,以货币出资的希望能够退还货币,等等。

同时,实践中合伙企业的情况是复杂多样的,由法律笼统规定单一的财产份额退还办法是不合适的;如果法律规定财产份额退还办法以退还原物为原则,那对于依靠某一实物或者财产权利才能存在的合伙企业来说,实物或者财产权利出资人的退伙将直接导致合伙企业的解散,同时对于以劳务出资的合伙人来说原物返还根本不可能；如果法律规定财产份额的退还办法以返还货币为原则，当退伙人是以非货币财产特别是知识产权出资时，不允许其取回其知识产权，也可能是不公平的。

因此，本法对退伙时的财产份额退还办法采取了灵活的处理方式，规定由合伙协议约定或者全体合伙人决定，即由合伙人协商选择最适合的办法。全体合伙人可以选择退还货币的方法，也可以选择退还实物的方法。

有一点值得注意，依据本条规定，退伙时财产份额的退还办法完全由合伙人意思自治决定，法律没有任何限制性规定。虽然本条列举了退还货币和退还实物两种方法，但不是强制性规定，如果合伙协议约定或者全体合伙人共同决定采用上述两种方法以外的财产份额退还办法，如退还财产权利，也应当是允许的。

第五十三条　退伙人对基于其退伙前的原因发生的合伙企业债务，承担无限连带责任。

【释义】　本条是对退伙人分担合伙企业债务的规定。

退伙发生后，退伙人退出了合伙企业，丧失了合伙人资格，与合伙企业不再有任何联系。同时，退伙人在退出合伙企业时，办理了退伙结算，已经对其权利义务进行了清理。因此，从逻辑上来说，退伙人退伙后，合伙企业发生的债务与其没有什么关系。但是，合伙企业的运行是连续性的，有些合伙企业债务虽然发生在合伙人退伙后，但是基于其退伙前的原因发生的，当时退伙人仍然是合伙企业的合伙人，对该笔债务的产生是有责任的。如果不让退伙人对该笔债务承担责任，对其他合伙人来说是不公平的。同时，如果退伙人对退伙后的所有合伙企业债务都不承担责任，可能会产生一定的道德风险，产生利用退伙逃避合伙企业债务，损害债权人利益的情况。因此，本条规定，退伙人退伙后，对基于退伙前的原因发生的合伙企业债务承担无限连带责任。

对于本条规定，有两点值得注意：

（1）退伙人对合伙企业债务承担责任的范围，仅限于基于其退伙前的原因发生的合伙企业债务，即产生该笔债务的原因应发生在退伙生效日之前。对基于退伙人退伙后的原因发生的合伙企业债务，退伙人不承担任何责任。

（2）本条规定属于法律的强制性规定，合伙人不能以合伙协议约定或者以其他形式加以排除。即使其他合伙人与退伙人约定退伙后不再对合伙企业债务承担任何责任，也不能对抗基于退伙前的原因产生的合伙企业债务的债权人，合伙企业的债权人仍然可以要求退伙人承担无限连带责任；退伙人在承担完责任后，可以依据约定向其他合伙人追索。

第五十四条　合伙人退伙时，合伙企业财产少于合伙企业债务的，退伙人应当依照本法第三十三条第一款的规定分担亏损。

【释义】　本条是对退伙人分担合伙企业亏损的规定。

本条实际上是对退伙结算的补充规定。退伙结算时，依照退伙时合伙企业的财产状况确定应退还给退伙人的财产份额。而合伙企业的财产情况是多种多样的，既包括企业的正资产如固定资产、库存货物、存款、应收账款等，也包括企业的负资产如贷款、应付货款等，合伙企业的正负资产之和为企业的净资产额。如果退伙时合伙企业的净资产额大于零，用该净资产的数额乘以退伙人应占的财产份额比例，即得到应当退还给退伙人的财产数额。如果退伙时合伙企业的净资产额小于零，就表明合伙企业的财产少于合伙企业的债务，合伙企业处于亏损状态，此时退伙人不但不能得到财产份额的返还，还要依据本条规定弥补合伙企业的亏损，按照其应分担的部分向合伙企业交付财产。这是由合伙企业由全体合伙人共担风险的性质决定的。

依据本条规定，合伙人退伙时，合伙企业财产少于合伙企业债务的,退伙人应当依照本法第三十三条第一款的规定分担亏损,即:其亏损分担比例,按照合伙协议的约定办理;合伙协议未约定或者约定不明确的,由合伙人协商决定;协商不成的,由合伙人按照实缴出资比例分担;无法确定出资比例的,由合伙人平均分担。

第六节 特殊的普通合伙企业

第五十五条 以专业知识和专门技能为客户提供有偿服务的专业服务机构,可以设立为特殊的普通合伙企业。

特殊的普通合伙企业是指合伙人依照本法第五十七条的规定承担责任的普通合伙企业。

特殊的普通合伙企业适用本节规定;本节未作规定的,适用本章第一节至第五节的规定。

【释义】 本条是对特殊的普通合伙企业的定义、适用范围及适用法律的规定。

合伙作为一种传统的组织形式,已有几百年的历史。其基本特点是合伙人共同出资、共同经营、共享收益、共担风险,合伙人对合伙债务负无限连带责任。在国外,会计师事务所、律师事务所等专业服务机构基本都采用这种组织形式。这种合伙在学理上被称为普通合伙,是最传统的合伙形式。随着社会对各项专业服务需求的迅速增长,专业服务机构的规模扩大,合伙人数目大增,以至于合伙人之间并不熟悉甚至不认识,各自的业务也不重合,与传统合伙中合伙人人数较少,共同经营的模式已有不同,因而让合伙人对其并不熟悉的其他合伙人的过错引起的合伙债务承担无限连带责任,有失公平。自 20 世纪 60 年代以后,针对专业服务机构的诉讼显著增加,其合伙人要求合理规范合伙人责任的呼声也越来越高。1991 年,美国得克萨斯州颁布了世界上第一个有限责任合伙法,规定这类合伙的合伙人仅在一定范围内承担无限责任。此后,有限责任合伙陆续在美国的许多州，以及英国、加拿大等国被承认。有限责任合伙迅速成为专业人士的一致选择。目前，国际知名的大会计师行、大律师行以及一些投资银行，都重新注册为有限责任合伙。

考虑到专业服务机构的特点，在合伙企业法修订草案中增加了“有限责任合伙的特殊规定”，并作为一章内容。修订草案提交常委会审议后，委员们认为，有限责任合伙本质上属于普通合伙，是普通合伙企业的一种特殊责任形式，其合伙人在执行合伙事务、与第三人关系、入伙、退伙等方面，与普通合伙企业是一样的。此外，考虑到本法还规定了有限合伙企业，同时出现“有限合伙”与“有限责任合伙”，二者容易混淆，公众难以区分。既然有限责任合伙实质上是一种特殊的普通合伙，把它称为“特殊的普通合伙企业”，公众会更明白。因此，新修订的合伙企业法将国外规定的有限责任合伙（LLP）称为“特殊的普通合伙企业”，并将其作为第二章普通合伙企业中的一节内容进行规定。

关于特殊的普通合伙企业的定义，本条规定，特殊的普通合伙企业是指合伙人依照本法第五十七条的规定承担责任的普通合伙企业。首先，本条强调特殊的普通合伙企业属于普通合伙企业，是普通合伙企业的一种特殊形式。其次，特殊的普通合伙企业其特殊性体现在合伙人承担责任方面，即合伙人依照本法第五十七条的规定对合伙企业债务承担责任。本法第五十七条对特殊的普通合伙企业的合伙人承担责任的规定是：一个合伙人或者数个合伙人在执业活动中因故意或者重大过失造成合伙企业债务的，应当承担无限责任或者无限连带责任，其他合伙人以其在合伙企业中的财产份额为限承担责任。合伙人在执业活动中非因故意或者重大过失造成的合伙企业债务以及合伙企业的其他债务，由全体合伙人承担无限连带责任。

关于特殊的普通合伙企业的适用范围，本条规定，特殊的普通合伙企业适用于以专业知识和专门技能为客户提供有偿服务的专业服务机构，如会计师事务所、评估师事务所、建筑师事务所等，即非专业服务机构不能采取特殊的普通合伙企业形式。之所以限定专业服务机构才能采取特殊的普通合伙企业形式，主要是由于其执业的特殊性所决定的。专业服务机构的每项业务之间比较独立，一项业务主要由一个或若干个合伙人完成，其他合伙人不参与，合伙人之间的责任划分得很清楚。

关于特殊的普通合伙企业的法律适用，本条第三款作了规定。由于特殊的普通合伙企业在本质上是普通合伙企业，其特殊性只是体现在合伙人承担责任方面。因此，特殊的普通合伙企业在设立、企业财产、合伙事务的执行、与第三人的关系、入伙、退伙等方面都与普通合伙企业相同，可以适用本法对普通合伙企业的相关规定，没有必要再对这些内容作出专门规定。为此，本节只是对特殊的普通合伙企业与一般的普通合伙企业的不同之处作了规定。所以，本条规定，特殊的普通合伙企业适用本节规定；本节未作规定的，适用本章第一节至第五节的规定。

第五十六条　特殊的普通合伙企业名称中应当标明“特殊普通合伙”字样。

【释义】　本条是对特殊的普通合伙企业名称中应当标明“特殊普通合伙”字样的规定。

企业名称是企业作为市场主体从事生产经营活动的必备条件。企业名称主要由企业字号、所在区域、所属行业、责任形式等部分构成。市场主体主要包括有限责任公司、股份有限公司、个人独资企业、合伙企业等，为了让交易相对人能够从名称中直接了解企业的性质、责任形式，就需要在企业名称中标明相应内容。比如公司法规定，依照公司法设立的有限责任公司，必须在公司名称中标明有限责任公司或者有限公司字样。依照公司法设立的股份有限公司，必须在公司名称中标明股份有限公司或者股份公司字样。这样规定，可以使交易相对人从公司名称中很直接地了解一个公司是有限责任公司还是股份有限公司。

根据本法规定，合伙企业包括普通合伙企业和有限合伙企业，在普通合伙企业中，还有特殊的普通合伙企业，不同性质的合伙企业，其合伙人的责任形式是不相同的。比如普通合伙企业的全体合伙人对合伙企业债务承担无限连带责任；有限合伙企业的普通合伙人对合伙企业债务承担无限连带责任，有限合伙人仅以其出资额为限承担责任；在特殊的普通合伙企业中，因故意或重大过失造成合伙企业债务的合伙人承担无限连带责任，其他合伙人以其在合伙企业中的财产份额为限承担责任。为了让交易相对人能从合伙企业的名称中直接了解合伙人承担责任的形式，保护交易安全，本法要求普通合伙企业应当在其名称中标明“普通合伙”字样；有限合伙企业应当在其名称中标明“有限合伙”字样；本条则要求特殊的普通合伙企业在其名称中标明“特殊普通合伙”字样。对违反本条规定的，本法规定了处罚措施。

第五十七条　一个合伙人或者数个合伙人在执业活动中因故意或者重大过失造成合伙企业债务的，应当承担无限责任或者无限连带责任，其他合伙人以其在合伙企业中的财产份额为限承担责任。

合伙人在执业活动中非因故意或者重大过失造成的合伙企业债务以及合伙企业的其他债务，由全体合伙人承担无限连带责任。

【释义】　本条是对特殊的普通合伙企业合伙人责任的规定。

美国对有限责任合伙中合伙人有限责任的规定有一个演变过程。得克萨斯州 1991 年有限责任合伙法对合伙人有限责任的规定，仅限于合伙的侵权行为给他人造成损失的债务分担，其具体规定是：“一个专业合伙中的合伙人对另一个合伙人、雇员或合伙代表在提供专业服务时的错误、不作为、疏忽、不合格或渎职的行为，除其在合伙中的利益外，不承担个人责任。”即合伙人对其他合伙人执业中的侵权行为引起的债务，仅以其对合伙的出资为限承担责任。以后得克萨斯州又对该法作了修改，将合伙人承担有限责任的范围从侵权之债扩大到合同之债。同时还规定，合伙人对另一个合伙人或未在其监督、控制下的合伙代表人在从事合伙业务过程中的错误、不作为、疏忽或渎职的行为引起的合伙债务或责任不负个人责任，除非他直接参与了该行为，或在知道该行为时未采取适当措施防止该行为的发生。特拉华州把合伙人承担有限责任的范围规定为侵权、合同或其他行为引起的债务，并规定合伙人仅对受其直接控制或监管的合伙代表人的行为负无限责任。明尼苏达州把有限责任的保护范围扩大到合伙的所有债务，包括合伙人直接控制的人的行为引起的债务，并把“揭开公司面纱”的原则适用于有限责任合伙。

从美国的有关立法看，对有限责任合伙的合伙人如何确定责任，有三个原则：一是在执业中有过错的合伙人要对合伙债务承担无限责任，具体包括：(1)合伙人对因自己的不当行为或渎职行为引起的合伙债务（包括侵权之债和合同之债），承担无限责任；(2)受该合伙人监管的合伙代表人因不当行为引起的合伙债务，或者该合伙人参与了该不当行为、渎职行为，或者该合伙人明知该不当行为而未能采取适当措施，则该合伙人承担无限责任。二是在上述情况下，其他合伙人对合伙债务承担有限责任，其责任限额是他们在合伙中的财产份额。三是对以合伙名义从事的行为而产生的债务，如合伙企业的借款、合伙企业应支付的租金或者其他合同义务，合伙人仍应当按照普通合伙承担无限连带责任。

本条对特殊的普通合伙企业的合伙人承担责任的规定主要包括以下内容：

(1)合伙人在执业活动中因故意或者重大过失造成合伙企业

债务的，合伙人为一人时，应当对该债务承担无限责任。即合伙人不仅以其对合伙的出资承担责任，还要以其全部财产承担责任；合伙人为数人时，应当对该债务承担无限连带责任。即合伙人不仅承担无限责任，而且合伙人之间是互相连带的，债权人可以向任何一个合伙人要求实现其全部债权。

（2）其他合伙人以其在合伙企业中的财产份额为限承担责任。即对于其他没有故意或者重大过失的合伙人，其对有责任的合伙人行为造成的该项合伙企业的债务，仅以其在合伙企业中的财产份额为限承担责任。从本条规定看，本法对合伙人有限责任的规定仅限于侵权行为，不包括合同行为。

（3）合伙人在执业活动中非因故意或者重大过失造成的合伙企业债务以及合伙企业的其他债务，比如因一般过失造成的侵权之债，以及合同之债，由全体合伙人承担无限连带责任。与美国对有限责任合伙合伙人责任的规定相比，本条关于合伙人承担有限责任的范围要比美国规定的范围窄，仅限于故意或重大过失引起的侵权之债，不包括一般过失引起的侵权之债及合同之债。这样规定的主要考虑是，这种责任形式在我国刚刚引进，应当慎重，合伙人承担有限责任的范围不宜规定过宽，以保护债权人利益。

第五十八条　合伙人执业活动中因故意或者重大过失造成的合伙企业债务，以合伙企业财产对外承担责任后，该合伙人应当按照合伙协议的约定对给合伙企业造成的损失承担赔偿责任。

【释义】　本条是对因故意或重大过失引起合伙企业债务的合伙人按照合伙协议的约定，对由此给合伙企业造成的损失承担赔偿责任的规定。

根据本法第三十八条、第三十九条的规定，合伙企业对其债务，应先以其全部财产进行清偿。合伙企业不能清偿到期债务的，再由合伙人依法承担清偿责任。这是对合伙企业及其合伙人对外清偿合伙企业债务顺序的规定，即对于合伙企业债务，第一债务人是合伙企业，合伙企业应当以其全部财产进行清偿。在合伙企业全部财产不足清偿时，再由合伙人依法承担清偿责任。具体来讲，对于普通合伙企业，全体合伙人承担无限连带责任；对于有限合伙企业，普通合伙人之间承担无限连带责任；对于特殊的普通合伙企业，因故意或重大过失造成合伙企业债务的合伙人承担无限连带责任。由于有限合伙人仅以其出资额为限对合伙企业债务承担责任，由于特殊的普通合伙企业中对合伙债务的产生没有故意或重大过失的合伙人仅以其在合伙企业中的财产份额为限承担责任，所以在合伙企业财产不能清偿债务时，这两种合伙人则不再对合伙债务承担责任。另一方面，本法在规范合伙企业及其合伙人对外偿还合伙企业债务顺序的同时，还对合伙企业内部的债务分担作了规定，即本法第四十条规定，合伙人由于承担无限连带责任，清偿数额超过按照本法第三十三条第一款规定的合伙人承担亏损的比例的，有权向其他合伙人追偿。根据本法第五十五条关于“特殊的普通合伙企业适用本节规定；本节未作规定的，适用本章第一节至第五节的规定”要求，本法第四十四条的规定当然适用于特殊的普通合伙企业依法承担无限连带责任的合伙人。

本条的规定也是针对合伙企业内部债务分担问题，但与本法第四十条的规定不同。本法第四十条规定合伙人之间承担无限连带责任后，对超过按合伙协议约定自己应当支付的部分，其可以向其他合伙人追偿。而本条则是对因故意或重大过失引起合伙企业债务的合伙人按照合伙协议的约定对内赔偿合伙企业损失的规定。

国外创立有限责任合伙的目的，就是让合伙人对自己过错引起的合伙企业债务承担无限连带责任，其他合伙人只以其对合伙企业中的财产份额为限承担责任，即阻断合伙人之间的无限连带责任，强调自负其责。在这种理念下，有观点认为，虽然有过错的合伙人承担无限连带责任,其他合伙人仅以其在合伙企业中的财产份额为限承担责任,但正是由于合伙人的过错,合伙企业首先要依照本法的规定以合伙企业的财产承担责任,只有在合伙企业财产不足清偿其债务时,有过错的合伙人才承担无限连带责任,如果合伙企业财产足以赔偿,有过错的合伙人则无须承担无限连带责任。这对于其他合伙人是不公平的。因此,有过错的合伙人应当赔偿因其行为给合伙企业造成的损失。考虑到合伙企业的人合性很强,新修订的合伙企业法非常强调协议优先。因此,本条对因故意或重大过失造成合伙企业债务的合伙人是否赔偿因其行为给合伙企业造成的损失,交由合伙协议进行约定。

第五十九条　特殊的普通合伙企业应当建立执业风险基金、办理职业保险。

执业风险基金用于偿付合伙人执业活动造成的债务。执业风险基金应当单独立户管理。具体管理办法由国务院规定。

【释义】　本条是对特殊的普通合伙企业替代赔偿措施的规定。

根据本法规定,合伙企业对其债务,应先以其全部财产进行清偿。合伙企业不能清偿到期债务的,合伙人依照本法规定承担无限连带责任。普通合伙企业的全体合伙人对合伙企业债务承担无限连带责任。而特殊的普通合伙企业的合伙人在特定情况下,对合伙企业债务承担无限连带责任的范围,限于在执业活动中因故意或重大过失造成合伙企业债务的合伙人,而对该债务,其他合伙人仅以其在合伙企业中的财产份额为限承担责任。在这一点上,与普通合伙企业相比,特殊的普通合伙企业对债务的清偿保障可能相对弱些。另一方面,本法对合伙企业没有最低注册资本的要求,因此,如何保护特殊的普通合伙企业的债权人的利益,是一个重要问题。

为了保护有限责任合伙的债权人的利益,美国各州及英国在有限责任合伙立法中规定了替代性赔偿、限制合伙分配等措施,具体规定是:(1)强制保险。美国得克萨斯州规定,有限责任合伙必须投保10万元保险。其后各州的立法对投保的金额要求逐步提高,特拉华州规定为100万美元,个别州甚至达到1500万美元。也有的州规定按每个合伙人或单项业务进行保险。(2)设立独立财产或基金。美国得克萨斯州规定,如果有限责任合伙无法购买到保险,应当设立10万美元的独立基金,以偿付经法院判决的赔偿。(3)限制合伙收益的分配。美国有些州的立法对有限责任合伙收益的分配作了限制性规定。如加利福尼亚州规定合伙不能偿付到期债务时,不得进行收益分配。(4)资产的取回。英国规定,有限责任合伙清算时,如果合伙财产不够偿付合伙债务,合伙人在合伙丧失清偿能力前的5年内从合伙的提款,可以由合伙清算人取回。同时英国规定,如果提款系支付合理的家庭支出,合伙人无须将等额资产退还合伙清算人。

参考国外立法规定,并结合我国实践需要,本条规定的替代赔偿措施是建立执业风险基金、办理职业保险。执业风险基金用于偿付合伙人执业活动造成的债务。为了防止流于形式,本条特别规定执业风险基金应当单独立户管理。至于执业风险基金的提取、运用等具体事项,本条授权由国务院规定。国务院应当尽快制定执业风险基金的具体管理办法。

第三章　有限合伙企业

第六十条　有限合伙企业及其合伙人适用本章规定；本章未作规定的，适用本法第二章第一节至第五节关于普通合伙企业及其合伙人的规定。

【释义】　本条是对有限合伙企业及其合伙人适用法律的一般规定。

有限合伙是由普通合伙发展而来的一种合伙形式。二者的主要区别是，普通合伙的全体合伙人（普通合伙人）负责合伙的经营管理，并对合伙债务承担无限连带责任。有限合伙由两种合伙人组成，一是普通合伙人，负责合伙的经营管理，并对合伙债务承担无限连带责任；二是有限合伙人，通常不负责合伙的经营管理，并仅以其出资额为限对合伙债务承担有限责任。有限合伙主要在英美法系国家存在，在大陆法系国家，与之相类似的组织是两合公司。

有限合伙融合了普通合伙和有限公司的优点。与有限公司相比，普通合伙人直接从事合伙的经营管理，使合伙的组织结构简单，节省管理费用和运营成本；普通合伙人对合伙要承担无限责任，可以促使其对合伙的管理尽职尽责。同时，对有限合伙本身不征所得税，直接对合伙人征收所得税，避免了公司的双重税负。与普通合伙相比，允许投资者以承担有限责任的方式参加合伙成为有限合伙人，解除了投资者承担无限责任的后顾之忧，有利于吸引投资。

由于有限合伙的上述特点，实践中为资本与智力的结合提供了一种便利的组织形式。即拥有财力者作为有限合伙人，拥有专业知识和技能者作为普通合伙人，二者共同组成以有限合伙为组织形式的风险投资机构，从事高科技项目的投资。国外这种做法较为普遍。

我国原来的合伙企业法没有规定有限合伙制度，而且有的条文对设立有限合伙形成直接限制，使我国的风险投资行业难以采用这一制度。修订后的合伙企业法，为适应风险投资行业的发展，鼓励创新，同时为市场主体提供更多的企业组织形式，引进了有限合伙企业制度，并以专章的形式对其进行规定。

有限合伙企业虽然是从普通合伙企业发展而来的，但由于在有限合伙企业中有限合伙人只对合伙企业债务承担有限责任，因此，在制度设计上同普通合伙企业制度有很多不同的地方：如对有限合伙企业的合伙人的人数的限制、对有限合伙人执行合伙事务的限制，等等。本章对有限合伙企业不同于普通合伙企业的内容进行了详细的规定，在具体的法律适用上，有限合伙企业首先应当适用本章的特别规定。因此，本条明确规定有限合伙企业及其合伙人适用本章规定。

同时，有限合伙企业也是合伙企业的一种，法律对普通合伙企业及其合伙人的规定，也同样适用于有限合伙企业及其合伙人。因此，本章对有限合伙企业和普通合伙企业的共性要求没有加以规定，而是在本条通过指引性的条款进行衔接，即对于有限合伙企业及其合伙人，本章没有规定的，适用本法第二章第一节至第五节关于普通合伙企业及其合伙人的规定。对这一规定的理解应注意以下几点：(1)有限合伙企业及其合伙人适用本法关于普通合伙企业及其合伙人的规定的事项，应仅限于本章没有规定的内容；本章已经作出规定的，应当适用本章的规定；如果本章的有关规定与本法关于普通合伙企业及其合伙人的规定不一致，也应适用本章的规定。(2)对本法关于普通合伙人的规定，在本章没有特别规定的情况下,不仅有限合伙企业中的普通合伙人应当适用,有限合伙人也同样应当适用。(3)有限合伙企业及其合伙人对本法关于普通合伙企业及其合伙人的规定的适用,仅限于本法第二章第一节至第五节的规定。本法第二章第六节虽然也是关于普通合伙企业的规定,但只适用于采用特殊的普通合伙企业形式的专业服务机构,对于有限合伙企业是不适用的。也就是说,有限合伙企业的普通合伙人承担责任的形式是不能适用本法第二章第六节关于特殊的普通合伙企业合伙人承担责任的规定的。

第六十一条　有限合伙企业由二个以上五十个以下合伙人设立;但是,法律另有规定的除外。

有限合伙企业至少应当有一个普通合伙人。

【释义】　本条是对有限合伙企业合伙人人数的规定。

本法对普通合伙企业合伙人的人数上限没有进行限制。这是因为:普通合伙企业的全体合伙人对合伙企业债务承担无限连带责任,合伙人之间相互信任、互为代表,合伙企业由全体合伙人共同经营,合伙人相互承担彼此行为所带来的风险,这就使得合伙人的人数不可能过多,否则合伙企业就无法正常运行下去。普通合伙企业自身的特点就限制了企业的规模及参加的人数,因此,法律不需要对合伙人的人数上限进行规定。

但是,有限合伙企业与普通合伙企业不同。有限合伙企业中的有限合伙人不参加合伙事务的执行,同时对合伙企业的债务仅以其出资额为限承担有限责任,有限合伙人的人数多少对合伙企业的运行并没有多大的影响,因此,有限合伙企业的合伙人人数可以是很庞大的,实际上在国外也确实存在着合伙人成千上万的有限合伙企业。如果有限合伙企业合伙人的人数过于庞大,会带来两个问题:第一,有限合伙企业也是合伙企业的一种形式,属于人合性的组织,如果合伙人人数过多,彼此之间可能根本就不认识,人合性也就无从谈起;第二,有限合伙人仅以出资额为限对合伙企业债务承担有限责任,类似于公司的股东。有限合伙企业吸纳大量的投资者成为有限合伙人,向公众投资者募集资金,实际上就类似于证券的公开发行,如果不加以控制就可能产生非法集资的现象。有的国家和地区针对有限合伙企业这一特点,对合伙人的人数进行了一定的限制。如英国和我国香港地区规定,有限合伙企业全体合伙人的人数不得超过20人。有的国家如美国,虽然没有在法律里明确限制有限合伙企业的合伙人人数,但规定合伙人人数超过一定数额就要适用证券法关于证券公开发行的规定,履行信息披露等义务,实际上也是对有限合伙企业合伙人人数的限制。

有限合伙制度作为一项新引进的制度,国内没有经验,在制度设计上应当慎重,既要鼓励投资者采用有限合伙企业的形式,又要防止有人利用有限合伙的形式进行非法集资,损害广大投资者的利益。因此,本条第一款规定,有限合伙企业由2个以上50个以下合伙人设立。同时,为了给今后有限合伙企业制度的发展留有余地,本条第一款又规定,法律另有规定的除外。也就是说,如果有关法律根据某个特定行业或者领域有限合伙企业的特点,规定在该行业或者领域设立的有限合伙企业的合伙人人数可以超过50个,即应按照该法律的规定执行。

合伙企业从设立到运行都比公司灵活,如没有最低出资比例限制、组织设置更加灵活等,这也是合伙企业制度的优势所在。但是,权利义务都是对等的,享有一定优势,也要加重一定的负担,对于合伙企业来说,这一负担就是合伙人要为合伙企业债务承担无限连带责任,这也是保护合伙企业债权人利益的需要。有限合伙企业作为合伙企业的一种形式,也应有上述负担;法律允许部分合伙人(有限合伙人)承担有限责任,仅属于特别规定。因此本条第二款明确规定,有限合伙企业至少应当有一个普通合伙人,不允许设立全体合伙人均为有限合伙人的合伙企业。

第六十二条　有限合伙企业名称中应当标明“有限合伙”字样。

【释义】 本条是对有限合伙企业名称的规定。

作为市场活动主体的企业，应当有自己的名称，以标明主体及权利义务的归属。同时，通过对企业名称中关于企业责任形式的表述，交易相对人可以了解企业的性质和责任形式，评价企业的信用，形成判断、做出选择，借以达到避免风险，维护交易安全的目的。因此，关于市场主体的法律一般都要对企业的名称进行规范，要求企业在名称中对其责任形式加以明确。如公司法第八条明确规定，依法设立的有限责任公司，必须在公司名称中标明有限责任公司或者有限公司字样；依法设立的股份有限公司，必须在公司名称中标明股份有限公司或者股份公司字样。

本法对普通合伙企业的名称也作了类似的规定，本法第十五条明确规定，普通合伙企业的名称中应当标明“普通合伙”字样。以表明该企业是普通合伙企业，由全体合伙人对合伙企业债务承担无限连带责任。有限合伙企业同普通合伙企业不同，企业中的有限合伙人只对合伙企业债务承担有限责任；当合伙企业的全部财产都不能够清偿合伙企业债务时，合伙企业的债权人只能向企业中的普通合伙人主张权利，要求其承担无限连带责任，此时企业中的有限合伙人不承担责任。正是基于这一特点，有限合伙企业必须在交易前就让交易相对人对其责任形式有所了解，使交易相对人能够正确评价其企业信用，以保护交易相对人的利益。因此，本条明确要求有限合伙企业的名称中应当标明“有限合伙”字样。

第六十三条　合伙协议除符合本法第十八条的规定外，还应当载明下列事项：

（一）普通合伙人和有限合伙人的姓名或者名称、住所；

（二）执行事务合伙人应具备的条件和选择程序；

（三）执行事务合伙人权限与违约处理办法；

（四）执行事务合伙人的除名条件和更换程序；

（五）有限合伙人入伙、退伙的条件、程序以及相关责任；

（六）有限合伙人和普通合伙人相互转变程序。

【释义】 本条是对有限合伙企业合伙协议的特别规定。

有限合伙企业同普通合伙企业一样，也要由全体合伙人通过订立合伙协议而设立。对有限合伙企业合伙协议内容的要求，许多是与对普通合伙企业的要求一样的，如要求合伙协议中应当有合伙企业的名称和主要经营场所的地点、应当有合伙目的和合伙经营范围的规定、应当规定企业的利润分配和亏损分担方式，等等。但是，有限合伙企业毕竟不同于普通合伙企业，由于其中的有限合伙人只对合伙企业债务承担有限责任，在合伙企业的运行和合伙事务的决定上，都有不同于普通合伙企业的地方。体现在合伙协议上，对有限合伙企业也应有一些特别的规定。因此，本条规定，有限合伙企业合伙协议的内容除符合本法第十八条的规定，还应当载明本条规定的其他事项。

本条规定的有限合伙企业合伙协议应当载明的特别事项，包括以下内容：

（1）普通合伙人和有限合伙人的姓名或者名称、住所。有限合伙企业中的合伙人分为普通合伙人和有限合伙人，其权利义务及承担的责任是不同的，在合伙协议中应当对这两类合伙人加以明确区分，分类载明其姓名或者名称、住所。

（2）执行事务合伙人应具备的条件和选择程序。有限合伙人作为投资者加入有限合伙企业，将其出资交于普通合伙人进行管理和经营，自己并不参加合伙事务的执行。执行合伙事务的普通合伙人的行为，将直接决定着有限合伙人的投资收益，对其利益影响重大。因此，为保护有限合伙人的利益，有限合伙企业可以事先在合伙协议中对执行事务合伙人应具备的条件和选择程序进行明确规定。这也是实践中很多采用有限合伙形式的风险投资企业的普遍做法。

(3)执行事务合伙人的权限与违约处理办法。有限合伙人不参加合伙事务的执行,为了维护自己的利益,减少风险,有限合伙人可以和普通合伙人协商在合伙协议中对执行事务合伙人的权利加以限制,并规定对执行事务合伙人违约的处理办法。

(4)执行事务合伙人的除名条件和更换程序。有限合伙企业的合伙事务由普通合伙人执行,执行事务合伙人的行为,直接决定着合伙企业是赢利还是亏损,直接决定着有限合伙人的投资是否能够得到回报。为加强对执行事务合伙人的监督,合伙协议可以对执行事务合伙人的除名条件和更换程序作出规定;对出现约定条件的执行事务合伙人予以除名,以更好地维护合伙企业及合伙人的利益。

(5)有限合伙人入伙、退伙的条件、程序以及相关责任。有限合伙企业是有限合伙人财力和普通合伙人人力的结合,有限合伙人的入伙、退伙,同普通合伙企业相比,对企业的影响更大。特别是在一些风险投资领域,一般在企业设立后经过若干年才会有投资回报,如果允许有限合伙人在企业成立后不久就可以退伙,将可能影响有限合伙企业合伙目的的实现,甚至直接导致合伙企业的解散,损害其他合伙人的利益。因此,国外很多采用有限合伙形式的风险投资企业,都在合伙协议中规定一个“封闭期”,在该期限内限制有限合伙人退伙。本项规定正是基于有限合伙企业的这一特点作出的,有限合伙企业的合伙人可以依据这一规定在合伙协议中对有限合伙人入伙、退伙的条件和程序作出规定,并对违反约定的有限合伙人的责任加以明确。

(6)有限合伙人和普通合伙人相互转变程序。依据本法有关规定,有限合伙企业中有限合伙人和普通合伙人可以相互转变。

为对合伙人身份的转变加以规范,减少纠纷,合伙协议可以对转变程序作出明确规定,如转变是否应由全体合伙人一致同意等。

第六十四条　有限合伙人可以用货币、实物、知识产权、土地使用权或者其他财产权利作价出资。

有限合伙人不得以劳务出资。

【释义】 本条是对有限合伙人出资形式的规定。

合伙企业是由全体合伙人出资设立的,合伙人对合伙企业的出资是合伙企业成立和运行的经济基础。特别是在有限合伙企业中,有限合伙人以其出资额为限承担合伙企业债务,因此,对有限合伙人的出资进行规范是很重要的。

依据本条规定,有限合伙人可以用下列方式出资:

(1)货币出资。即有限合伙人以一定数额的货币作为对合伙企业的出资,这是最普遍的一种出资方式。这里的货币既包括我国的法定货币——人民币,也包括外币。

(2)实物出资。即有限合伙人以各种动产、不动产等实物作为对合伙企业的出资。有限合伙人作为出资的实物应当是可以依法转让的,法律禁止转让的实物以及依照其性质不能转让的实物,不能作为出资。同时,有限合伙人作为出资的实物必须是对合伙企业的设立和运行有用的,对合伙企业无用的实物也不得作为出资。

(3)知识产权出资。我国法律所认可的专利权、商标权、著作权、专有技术等知识产权均可以作为有限合伙人的出资。

(4)土地使用权出资。我国实行土地公有制,土地归国家或者集体所有,企业和个人只能享有土地的使用权。土地使用权作为一项财产权利,是可以依法转让的,因此,也可以作为有限合伙人的出资。

(5)其他财产权利出资。有限合伙人拥有的除土地使用权和知识产权以外的其他财产权利如债权等,也可以作为对合伙企业的出资。

有限合伙人以非货币财产出资的,应当作价。有限合伙企业中的有限合伙人仅以其出资额为限对合伙企业债务承担责任,其地位类似于公司的股东。有限合伙人的具体出资数额,对交易相对人判断合伙企业的经营规模和经济实力是很重要的。因此,有限合伙人的出资应当以货币的形式表现出来,以有利于交易相对人的判断,保护合伙企业债权人的利益。当有限合伙人以实物、知识产权、土地使用权以及其他财产权利出资的,其出资表现为物质形式或者权利形式,为了确定这些出资的真实货币价格,就需要对其进行评估作价。这是有限合伙人的出资在法律要求上不同于普通合伙人的地方,有限合伙企业中的普通合伙人以非货币财产出资的,法律不强制其进行作价。

有限合伙人不得以劳务出资。所谓劳务出资,是指合伙人以自己的劳动作为向合伙企业的出资方式。本法不允许有限合伙人以劳务出资,是由有限合伙企业的特点、有限合伙人在合伙企业中的作用、承担责任的方式等决定的。有限合伙企业是在普通合伙企业人合性的基础上由有限合伙人参与投资而形成的人合和资合相结合的企业形式。其中,有限合伙人一般只进行投资并依协议获取收益,不执行合伙事务,不参加企业的经营管理,对合伙企业承担有限责任。根据这些特点,一是有限合伙人以劳务出资的必要性不大。二是有限合伙人将其财产出资到合伙企业后,其财产变为了企业的财产,有限合伙人对该财产不再有支配权。而劳务出资则无法转移支配权。三是有限合伙人以其认缴的出资额为限对合伙企业承担责任。有限合伙人若以劳务出资,则使其出资处于不确定的状态,难以体现其对外承担责任的特点。因此,本法禁止有限合伙人采用劳务出资方式。有些国家对此也有类似规定,如法国商事公司法第二十三条规定,两合公司中的有限责任股东不得以技艺出资。日本公司法第五百七十六条规定,包括两合公司在内的股权式公司的有限责任股东只能以金钱的形式出资。

第六十五条　有限合伙人应当按照合伙协议的约定按期足额缴纳出资;未按期足额缴纳的,应当承担补缴义务,并对其他合伙人承担违约责任。

【释义】　本条是对有限合伙人按期缴纳出资的规定。

有限合伙人应当按照合伙协议的约定按期足额缴纳出资。这是因为:首先,合伙协议是全体合伙人协商一致的结果,一经成立即在全体合伙人之间产生约束力,全体合伙人按照合伙协议的约定享有权利、履行义务。对于合伙协议约定的出资数额和出资期限,既是有限合伙人的承诺,也是对其的约束。其次,有限合伙企业作为有限合伙人财力和普通合伙人人力的结合,兼具人合性和资合性的特点。交易相对人对有限合伙企业经济实力和履约能力的判断,除了依据普通合伙人的信用外,还要依据企业中有限合伙人的出资数额。因此,有限合伙人不按照合伙协议约定的出资数额和出资期限缴纳出资的,将构成对交易相对人的欺骗,可能损害交易相对人的利益。最后,合伙人的出资是合伙企业成立和运行的基础,特别是在有限合伙企业中,由其性质决定,普通合伙人的出资往往很少,合伙企业能否正常运营并达到合伙的目的,很大程度上依赖于有限合伙人的出资。有限合伙人不按照合伙协议的约定按期足额缴纳出资的,将会影响合伙企业的经营和其他合伙人的合法权益,甚至会直接导致合伙企业经营活动的中止。因此,本条明确规定,有限合伙人应当按照合伙协议约定的期限足额缴纳出资。

对有限合伙人未按期足额缴纳出资的,本条规定了处理措施,包括:

(1)承担补缴义务。本法对普通合伙企业的合伙人未规定应当承担补缴义务，主要是因为：普通合伙企业的全体合伙人未按期足额缴纳出资的，直接影响的是合伙企业的经营条件，对外承担债务责任并不受影响，全体合伙人都必须以个人财产承担无限连带责任。因此，法律不需强制其承担补缴义务，可以通过削减该合伙人的财产份额、追究该合伙人的违约责任或者将该合伙人除名等方式加以解决。

有限合伙人同普通合伙企业的合伙人不同。由有限合伙企业的性质决定，有限合伙人的出资不仅是合伙企业能否正常经营、合伙目的能否达到的经济基础，更重要的是构成有限合伙人的责任界限，有限合伙人未能按期足额缴纳出资，将直接影响企业的运行，并影响到有限合伙企业债权人的利益。为了避免给各利害关系人造成更大的损失，对于没有按期足额缴纳出资的有限合伙人，不能用对待普通合伙人的方式处理，而是首先应要求其承担补缴义务。

(2)对其他合伙人承担违约责任。有限合伙人不按照合伙协议的约定按期足额缴纳出资，违反了全体合伙人协商订立的合伙协议，属于违约行为，应当对其他合伙人承担违约责任。对因此而受到损失的合伙人，有限合伙人应负赔偿责任。

第六十六条　有限合伙企业登记事项中应当载明有限合伙人的姓名或者名称及认缴的出资数额。

【释义】　本条是对有限合伙企业登记事项的规定。

依据本法的有关规定，设立合伙企业，应当向企业登记机关申请；企业登记机关认为符合法律规定的，予以登记并发给营业执照。合伙企业应当按照有关法律、行政法规的规定，将企业的有关情况在企业登记机关进行登记；企业登记事项发生变更的，应当及时到企业登记机关办理变更登记。企业的有关情况在企业登记机关登记注册后，即具有法律效力，交易相对人以企业登记事项为准，对企业情况进行判断，并依据企业登记事项向合伙企业及合伙人主张权利。例如，某公司不是合伙企业的合伙人，但在合伙企业登记事项中将其登记为合伙人，合伙企业的债权人就可以据此要求其对合伙企业债务承担无限连带责任，该公司不得拒绝。这是从维护交易安全角度出发作出的规定。

有限合伙企业，按照本法的有关规定，其有限合伙人以其认缴的出资额为限对合伙企业债务承担有限责任。在对外承担债务时，是以合伙协议内部约定的认缴出资额为准，还是以在企业登记机关登记的认缴出资额为准，对交易相对人来说是一个重要问题。由于内部约定，第三人难以了解，具有不确定性，因此，本法规定有限合伙企业登记时，必须对有限合伙人的认缴出资额进行登记，这样，有利于维护交易安全，保护交易相对人的利益，使交易相对人可以清楚地了解有限合伙人应当承担的责任界限，使有限合伙人的出资额有一个客观的判断标准。由于企业登记事项具有法定的对外效力，以此作为判断标准是适当的。

第六十七条　有限合伙企业由普通合伙人执行合伙事务。执行事务合伙人可以要求在合伙协议中确定执行事务的报酬及报酬提取方式。

【释义】　本条是对有限合伙企业事务执行的规定。

依据本条规定，有限合伙企业由普通合伙人执行合伙事务。这是由有限合伙企业的性质决定的。从有限合伙的制度设计上看，有限合伙人对合伙债务承担有限责任的对价就是其不参与合伙的经营管理，有限合伙的经营管理由承担无限责任的普通合伙人负责。这是各国法律关于有限合伙制度的一项基本原则。比如，美国统一有限合伙法第四条第三款规定，有限合伙中的普通合伙人享有普通合伙中合伙人的权利，即直接负责合伙的经营管理。

有限合伙企业的普通合伙人在执行合伙事务时，应遵守本法关于普通合伙企业合伙人执行事务的规定，如全体普通合伙人对执行合伙事务享有同等的权利；作为合伙人的法人、其他组织执行合伙事务，由其委派的代表执行；按照合伙协议的约定或者经全体普通合伙人决定，可以委托一个或者数个普通合伙人对外代表合伙企业，执行合伙事务，其他普通合伙人不再执行合伙事务但有权监督执行事务合伙人执行合伙事务的情况；由一人或者数个普通合伙人执行合伙事务的，执行事务合伙人应当定期向其他合伙人报告事务执行情况以及合伙企业的经营和财务状况；普通合伙人分别执行合伙事务的，执行事务合伙人可以对其他合伙人执行的事务提出异议，暂停该项事务的执行，等等。

有限合伙企业中有限合伙人不参与合伙事务的执行，其义务是向合伙企业出资，将出资作为合伙企业财产交给普通合伙人进行经营和管理；有限合伙企业中的普通合伙人出资很少或者不出资，其主要义务是利用自己的能力执行合伙事务，管理合伙企业财产。这是有限合伙企业与普通合伙企业的一个重要区别。为了更好地激励执行合伙事务的普通合伙人努力工作，为有限合伙人赢得更大利益，国外规定有限合伙企业可以约定给予执行事务的普通合伙人一定的报酬，这一做法有利于促进有限合伙企业的发展。因此，本条对这一做法给予肯定，并交由合伙人协商确定。

根据本条规定，执行合伙事务的普通合伙人可以提出给予报酬的要求，经全体合伙人同意，由合伙协议对执行事务的报酬及报酬提取方式加以确定。

第六十八条　有限合伙人不执行合伙事务，不得对外代表有限合伙企业。

有限合伙人的下列行为，不视为执行合伙事务：

（一）参与决定普通合伙人入伙、退伙；

（二）对企业的经营管理提出建议；

（三）参与选择承办有限合伙企业审计业务的会计师事务所；

（四）获取经审计的有限合伙企业财务会计报告；

（五）对涉及自身利益的情况，查阅有限合伙企业财务会计账簿等财务资料；

（六）在有限合伙企业中的利益受到侵害时，向有责任的合伙人主张权利或者提起诉讼；

（七）执行事务合伙人怠于行使权利时，督促其行使权利或者为了本企业的利益以自己的名义提起诉讼；

（八）依法为本企业提供担保。

【释义】 本条是对有限合伙人执行合伙事务的限制规定。

合伙事务的执行，是指为了实现合伙目的而进行的合伙企业的经营管理及对企业内外事务的处理。合伙事务的执行，不仅包括企业对外的法律行为，还包括企业内部的各项实际的事务性工作，如组织生产、会计与财务管理，等等。在普通合伙企业，全体合伙人都享有平等执行合伙事务的权利。但有限合伙企业则不同：从有限合伙企业的制度设计上看，有限合伙人对合伙企业债务承担有限责任，作为对价就是其不参与合伙的经营管理，有限合伙的经营管理由承担无限责任的普通合伙人负责，这是法律上权利义务对等原则的体现，也是各地法律关于有限合伙企业制度的一项基本原则。比如，美国统一有限合伙法第三条第三款明确规定，有限合伙人不得参与对企业的控制。我国香港地区有限责任合伙条例第五条规定，有限合伙人不得参与管理合伙业务，并且没有约束商号的权力。德国商法典第一百六十四条规定，有限合伙中的有限合伙人不得执行合伙业务；同时该法第一百七十条规定，有限合伙人无权代表合伙事务。法国商事公司法第二十八条规定，两合公司（有限合伙）的有限责任股东不得直接或接受委托从事任何对外的经营活动。正是基于有限合伙企业的特点，本条第一款明确规定：有限合伙人不执行合伙事务，不得对外代表有限合伙企业。

有限合伙人也是合伙企业的合伙人,在合伙企业也应享有相应的权利;有限合伙人正当行使权利的行为,不应视为执行合伙事务。本条第二款对这些行为进行了列举,包括:

(1)参与决定普通合伙人入伙、退伙。有限合伙企业是由有限合伙人和普通合伙人共同设立的,普通合伙人作为合伙企业事务的执行者,其人选对有限合伙人的利益影响重大,因此,有限合伙人应有权参与决定普通合伙人的入伙和退伙。有限合伙人行使这一权利不应视为执行合伙事务。

(2)对企业的经营管理提出建议。有限合伙人虽然不能直接参与合伙事务的执行,但对合伙运营中的问题应该可以发表意见,提供咨询。有关国家和地区立法例也有类似规定,如美国统一有限合伙法第三条第三款规定,有限合伙人可以就有限合伙的业务与普通合伙人进行磋商或提供咨询。德国商法典第一百六十四条规定,有限合伙中的有限合伙人对普通合伙人执行合伙企业业务时超过企业通常营业范围以外的行为可以提出异议。法国商法典第二十九条规定,两合公司的有限责任股东有权对公司的经营情况提出书面质疑,公司的执行人应书面予以答复。我国香港地区有限责任合伙条例第五条规定,有限合伙人可以对合伙业务的状况及前景提出意见。

(3)参与选择承办有限合伙企业审计业务的会计师事务所。实践中有的有限合伙企业的规模很大,有限合伙人的出资规模巨大。有限合伙人为了维护自己的利益,了解真实的企业经营情况,参与选择自己信赖的会计师事务所来对企业进行审计,也应当是允许的。这是采用有限合伙企业形式的风险投资机构的普遍做法。

(4)获取经审计的有限合伙企业财务会计报告。这也是为了保护有限合伙人的利益,而赋予其的权利。

(5)对涉及自身利益的情况,查阅有限合伙企业财务会计账簿等财务资料。这属于有限合伙人的知情权,也是有关国家和地区法律均赋予有限合伙人的一项权利。如美国统一有限合伙法第三条第五款规定,有限合伙人有权查阅合伙依法应当保存的任何记录,并经合理请求后从普通合伙人处获取有限合伙业务和财务情况的真实和全面的信息、有限合伙的税务申报表副本以及其他关于有限合伙事务的正当和合理的信息。德国商法典第一百六十五条规定,有限合伙中的有限合伙人有权请求交付年终决算的副本和在查阅账簿和文件的基础上审查年终决算的正确性,并在有重大事由的情况下,向法院申请命令交付资产负债表和年终决算或其他相关的账簿、文件等资料。法国商事公司法第二十九条规定,两合公司的有限责任股东有权每年两次获取公司的账册和文件。我国香港地区有限责任合伙条例第五条规定,有限合伙人可随时亲自或由代理人查阅商号的簿册。

(6)在有限合伙企业中的利益受到侵害时,向有责任的合伙人主张权利或者提起诉讼。这是有限合伙人正常维护自己利益的行为,法律理应允许。

(7)执行事务合伙人怠于行使权利时,督促其行使权利或者为了本企业的利益以自己的名义提起诉讼。这是有限合伙人行使监督权和为了企业利益而提起代表诉讼的权利,国外立法例也有类似规定,如美国统一有限合伙法第三条第三款就明确规定,有限合伙人为有限合伙的利益而提起代理诉讼,不构成参与对企业的控制。

(8)依法为本企业提供担保。有限合伙人依法为本企业提供担保,增加了企业的偿债能力,有利于对债权人的保护,减轻了普通合伙人的负担,法律也不应禁止。

第六十九条　有限合伙企业不得将全部利润分配给部分合伙

人;但是,合伙协议另有约定的除外。

【释义】 本条是对有限合伙企业利润分配的特别规定。

合伙企业由全体合伙人协商一致设立,合伙人按照合伙协议的约定行使权利、履行义务。合伙企业的利润分配和亏损分担,由全体合伙人在合伙协议中约定,这是合伙人意思自治的体现。但是,在普通合伙企业中,合伙人在利润分配和亏损分担方面的意思自治是受到一定限制的,本法第三十三条第二款规定,普通合伙企业的合伙协议不得约定将全部利润分配给部分合伙人或者由部分合伙人承担全部亏损。这一规定的理由在于:

(1)普通合伙企业由全体合伙人共同出资设立,合伙人的权利和义务是平等的,合伙人共同经营、共享收益、共担风险,这是普通合伙企业的基本特征。如果允许合伙人在合伙协议中约定将全部利润分配给部分合伙人或者由部分合伙人承担全部亏损,则违反了普通合伙企业的这一特征。

(2)实践中,各合伙人的财力、人力情况不尽相同,虽然在法律上所有合伙人的地位都是平等的,但实际上不同合伙人在合伙企业中的地位和影响是不一样的。如果允许合伙人在合伙协议中约定将全部利润分配给部分合伙人或者由部分合伙人承担全部亏损,则可能导致部分合伙人利用优势地位进行不公平的约定,排除部分合伙人享受合伙收益的权利或者免除部分合伙人承担合伙风险的责任,损害其他合伙人的利益。

有限合伙企业的情况与普通合伙企业有所不同。有限合伙企业的有限合伙人不执行合伙事务,只对合伙企业投资,并分享合伙收益、承担合伙风险。在有的有限合伙企业中,特别是在风险投资领域,企业的投资回报期很长,企业设立后的很长一段时间是没有任何利润的,有限合伙人在较长的一段时间内不能从合伙企业获得任何收益;普通合伙人虽然也没有利润分配,但可以依照合伙协议的约定获得事务执行报酬,部分从合伙企业获得收益。因此,当有限合伙企业有利润可供分配时，应当适当地照顾有限合伙人，使其能够较快地收回投资，这也是风险投资的特点决定的。实践中，国外很多采取有限合伙企业形式的风险投资机构，都在合伙协议中约定，从企业有利润可供分配时起，若干年的利润全部分配给有限合伙人。这种约定是适应风险投资行业发展需要的，有一定的合理性，法律应当允许。因此，本条专门对这一问题作了规定，即原则上不允许有限合伙企业将全部利润分配给部分合伙人，但如果全体合伙人协商一致同意并在合伙协议中约定将全部利润分配给部分合伙人的，则按照合伙协议的约定执行。

值得注意的是，本条仅允许有限合伙企业对法律关于利润分配的限制作出例外规定，在亏损分担问题上，有限合伙企业还是要执行本法第三十三条第二款的规定，不得约定由部分合伙人承担全部亏损。如果合伙协议中有这样的约定，该约定无效。

第七十条　有限合伙人可以同本有限合伙企业进行交易；但是，合伙协议另有约定的除外。

【释义】　本条是对有限合伙人同本企业进行交易的规定。

在普通合伙企业，全体合伙人都享有平等执行合伙事务的权利，除非合伙协议约定或者全体合伙人决定委托一个或者数个合伙人对外代表合伙企业、执行合伙事务，每个合伙人都可以单独地对外代表合伙企业、执行合伙事务，这是由普通合伙企业由全体合伙人共同出资、共同经营、共担风险、共享收益的性质决定的。基于普通合伙企业的这一特点，如果合伙人在执行合伙事务时，可以同自己进行交易，则不可避免地带来道德风险：普通合伙人在交易时同时代表着合伙企业和自己的利益，在两种利益不能兼顾的情况下，合伙人必然首先维护自己的利益，这就可能损害合伙企业和其他合伙人的利益。因此除非其他合伙人均同意，普通合伙企业的合伙人在一般情况下是不得同本企业进行交易的。因此，本法对普通合伙企业的合伙人同本企业进行交易进行了限制,本法第三十二条第二款明确规定:除合伙协议另有约定或者经全体合伙人一致同意外,普通合伙企业的合伙人不得同本合伙企业进行交易。

有限合伙企业的情况有所不同,企业中的有限合伙人依照法律规定不得对外代表合伙企业,不执行合伙事务,有限合伙企业的合伙事务由普通合伙人执行。因此,从理论上说,在有限合伙企业中不会出现有限合伙人同时代表着合伙企业和自己进行交易的情况。有限合伙人同本合伙企业进行交易,不会产生普通合伙企业中存在的道德风险,也不会损害合伙企业及其他合伙人的利益,法律对此是应当允许的。因此,本条明确规定,有限合伙人可以同本合伙企业进行交易。同时,如果其他合伙人认为有限合伙人同本合伙企业进行交易存在风险,经全体合伙人协商一致同意后在合伙协议中明确予以禁止的,属于当事人的意思自治,也是可以的。

本条规定仅针对有限合伙人,有限合伙企业中的普通合伙人仍要受本法第三十二条第二款的限制,除合伙协议另有约定或者经全体合伙人一致同意外,不得同本合伙企业进行交易。

第七十一条 有限合伙人可以自营或者同他人合作经营与本有限合伙企业相竞争的业务;但是,合伙协议另有约定的除外。

【释义】 本条是对有限合伙人竞业的规定。

本法对普通合伙企业的合伙人有竞业禁止的规定,本法第三十二条第一款明确规定:普通合伙企业的合伙人不得自营或者同他人合作经营与本合伙企业相竞争的业务。这主要是因为:在商业社会中,竞争非常激烈,商业机会的获得对于企业来说是非常重要的。普通合伙企业,除非合伙协议约定或者全体合伙人决定委托一个或者数个合伙人对外代表合伙企业、执行合伙事务,每个合伙人都可以单独地对外代表合伙企业、执行合伙事务。如果允许合伙人自营或者同他人合作经营与本企业相竞争的业务,就会使合伙企业与合伙人自营或合作经营的企业处于竞争状态,两个企业的利益是对立的。当合伙人遇到某一个商业机会时,是交由合伙企业负责,还是交由其自营或者与他人合作经营的企业负责,必然会有所选择,产生道德风险,并可能损害合伙企业和其他合伙人的利益。因此,必须限制普通合伙企业合伙人的行为,使其不与合伙企业在同一业务范围内竞争。

有限合伙企业中的有限合伙人不执行合伙事务,也就不会发生代表合伙企业与其自营或者同他人合作经营的企业争夺商业机会的情况。因此,本法对有限合伙人不做竞业禁止的限制,本条明确规定:有限合伙人可以自营或者同他人合作经营与有限合伙企业相竞争的业务。

法律允许有限合伙人同本合伙企业竞业,只是赋予了有限合伙人一项权利,如果有限合伙人将该权利放弃,也应当是允许的。因此本条规定,如果包括有限合伙人在内的全体合伙人协商一致禁止有限合伙人自营或者同他人合作经营与本有限合伙企业相竞争的业务,并在合伙协议中明确约定,则按照该约定执行。在实践中,国外采用有限合伙企业形式的风险投资机构,为了减少竞争,降低企业风险,有些在合伙协议中约定有限合伙人不得再参与设立与本企业位于同一领域、处于竞争关系的风险投资企业,这样的约定是有利于风险投资行业发展的。

本条规定仅针对有限合伙人,有限合伙企业中的普通合伙人仍要受本法第三十二条第一款竞业禁止的约束。

第七十二条　有限合伙人可以将其在有限合伙企业中的财产份额出质;但是,合伙协议另有约定的除外。

【释义】 本条是对有限合伙人出质财产份额的规定。

所谓出质,也就是设立质押,使债权人依法享有质权。质押,属于法律规定的担保方式的一种,是指债务人或者第三人转移特定财产或者财产权利为债权人占有，作为债权的担保，当债务人不履行债务时，债权人有权依法以该财产或者财产权利折价或者以拍卖、变卖该财产或者财产权利的价款优先受偿。质押包括动产质押和权利质押两类，依照我国担保法的规定，下列权利可以作为质押的标的：(1)汇票、本票、支票、债券、存款单、仓单、提单；(2)依法可以转让的股份、股票；(3)依法可以转让的商标专用权、专利权、著作权中的财产权；(4)依法可以质押的其他权利。合伙人在合伙企业中的财产份额依法可以转让，属于可以质押的权利。

合伙人以其在合伙企业中的财产份额出质的，当其不能清偿债务时，债权人就可以依法行使质权，将该财产份额折价或者进行拍卖、变卖。如果合伙人是以全部财产份额出质的，不论债权人以何种方式行使质权，最终的结果都是对合伙人全部财产份额的强制转让，并可能导致新的合伙人加入合伙企业。普通合伙企业强调人合性，所有合伙人是基于相互信赖走到一起的，若随便允许合伙人个人的债权人通过行使质权进入合伙企业成为合伙人，不仅对合伙企业不利，也违背其他合伙人的意愿。因此，本法对普通合伙企业的合伙人出质财产份额是限制的。本法第二十五条规定，普通合伙企业的合伙人以其在合伙企业中的财产份额出质的，必须经其他合伙人一致同意；未经其他合伙人一致同意的，其行为无效，由此给善意第三人造成损失的，由行为人依法承担赔偿责任。

有限合伙企业的情况有所不同，企业中的有限合伙人不执行合伙事务，对合伙企业出资后，仅以其出资额为限对合伙企业债务承担有限责任。对于有限合伙企业来说，重要的不是有限合伙人的经营能力、信用等个人情况，而是有限合伙人的出资；只要有限合伙人的出资仍然存在于企业，严格意义上说，具体的有限合伙人是谁对有限合伙企业来说影响不是很大。本法对有限合伙人财产份额的转让限制不是很严格，对有限合伙人出质财产份额也不应进行严格的限制。因此，本条规定，有限合伙人可以将其在有限合伙企业中的财产份额出质。但是,有限合伙企业毕竟还是合伙企业的一种,具有人合性的特征,对有限合伙人的选择也应尊重其他合伙人的意愿,如果合伙协议对有限合伙人出质财产份额进行限制,防止外人任意进入合伙企业成为有限合伙人,也是可以的。为此,本条专门规定,合伙协议对有限合伙人出质财产份额另有约定的,从其约定。

有限合伙企业中的普通合伙人出质财产份额的,仍要受本法第二十五条的约束。

第七十三条　有限合伙人可以按照合伙协议的约定向合伙人以外的人转让其在有限合伙企业中的财产份额,但应当提前三十日通知其他合伙人。

【释义】 本条是对有限合伙人向合伙人以外的人转让财产份额的规定。

合伙人向合伙人以外的人转让其在合伙企业中的财产份额,将导致该合伙人退伙或者新合伙人入伙,会影响合伙企业的稳定。而合伙企业的设立是以合伙人之间的相互信任关系为基础的,具有很强的人合性的色彩。合伙人的相对稳定是合伙企业经营业务顺利进行的重要前提。特别是在普通合伙企业,全体合伙人都要对合伙企业债务承担无限连带责任,每个合伙人都要对其他合伙人的行为负责,对合伙人人选更加重视。因此,本法对普通合伙企业中的合伙人向合伙人以外的人转让财产份额进行了严格的限制,本法第二十二条明确规定:除合伙协议另有约定外,合伙人向合伙人以外的人转让其在合伙企业中的全部或者部分财产份额时,必须经其他合伙人一致同意。

有限合伙企业中的有限合伙人不执行合伙事务,在按照约定的认缴出资额对合伙企业出资后,仅以其出资额为限对合伙企业债务承担责任。有限合伙人的个人情况对合伙企业的影响不像普通合伙人那么大。有限合伙人向合伙人以外的人转让其财产份额的,虽然也会影响合伙企业的稳定和运行,但不会太严重。因此,本法对有限合伙人向合伙人以外的人转让其财产份额的限制,不像对普通合伙人那么严格。

本条关于有限合伙人转让财产份额的规定包括三方面的内容:

(1)有限合伙人可以向合伙人以外的人转让其在合伙企业中的财产份额,法律对此是允许的。

(2)有限合伙人向合伙人以外的人转让其在合伙企业中的财产份额,应当按照合伙协议的约定执行。合伙协议可以对有限合伙人的转让程序进行规定,例如,约定需全体合伙人一致同意,或者约定需全体普通合伙人一致同意,或者约定受让人的资格条件,或者约定其他合伙人有优先购买权,等等。合伙协议的这些约定是合伙人意思自治的结果,有限合伙人理应遵守。

(3)有限合伙人向合伙人以外的人转让其在合伙企业中的财产份额时,应当提前30日通知其他合伙人,以使其他合伙人有所准备,防止对合伙企业的经营产生不利影响。如果合伙协议约定其他合伙人有优先购买权的,也给其他合伙人考虑是否购买的时间。

第七十四条 有限合伙人的自有财产不足清偿其与合伙企业无关的债务的,该合伙人可以以其从有限合伙企业中分取的收益用于清偿;债权人也可以依法请求人民法院强制执行该合伙人在有限合伙企业中的财产份额用于清偿。

人民法院强制执行有限合伙人的财产份额时,应当通知全体合伙人。在同等条件下,其他合伙人有优先购买权。

【释义】 本条是对有限合伙人的自有财产不足清偿个人债务时,以其从合伙企业中分取的收益或者以其在合伙企业中的财产份额进行清偿的规定。

按照本法的有关规定,有限合伙人可以是自然人、法人或者其他组织。有限合伙人除了参加有限合伙企业,还可能从事其他的经营活动或者民事活动,并在活动中产生债务。这些债务是与合伙企业无关的,应用有限合伙人的自有财产进行清偿,而不能用合伙企业的财产进行清偿,这一点在法律上是很明确的。但是,有限合伙人在合伙企业中的财产份额,作为一项财产权利,也属于有限合伙人自有财产的范围。因此,当有限合伙人清偿与合伙企业无关的个人债务时,不可避免地会对合伙企业造成影响。对这一问题应当如何处理,本条专门作出规定。

本条规定包括以下三方面的内容:

(1)有限合伙人出现以合伙企业的财产份额以外的其他个人财产不足以清偿其与合伙企业无关的债务时,该合伙人可以以其从有限合伙企业中分取的收益用于清偿。有限合伙企业在经营过程中产生利润的,应当按照合伙协议的约定向合伙人进行分配;分配给有限合伙人的利润属于其个人财产,可以由有限合伙人自由支配,其将该收益用于清偿与合伙企业无关的债务,当然是可以的。

(2)有限合伙人的债权人也可以请求人民法院强制执行该合伙人在企业中的财产份额进行清偿。有限合伙人在合伙企业中的财产份额也属于其个人财产,债权人要求用这部分财产来进行清偿并要求人民法院强制执行,也是应当允许的。但是,人民法院强制执行有限合伙人的财产份额,将导致有限合伙人的退伙或者财产份额的受让人作为新合伙人加入合伙企业,使有限合伙企业的合伙人构成发生变化,影响合伙企业的稳定。因此,在具体操作时,有限合伙人的财产份额应当为最后执行的财产。也就是说,只有在有限合伙人的其他个人财产包括从合伙企业中分取的收益都不足以清偿其与合伙企业无关的债务,该有限合伙人除了在合伙企业中财产份额外，没有其他可供执行的财产时，人民法院才应允许强制执行有限合伙人在合伙企业中的财产份额。

(3)人民法院在强制执行有限合伙人的财产份额时，应当通知全体合伙人。在同等条件下，其他合伙人有优先购买权。虽然法律允许强制执行有限合伙人的财产份额用于清偿其与合伙企业无关的债务，但是从维护有限合伙企业的稳定出发，还是应当允许其他合伙人优先购买该财产份额，以防止合伙人以外的人通过购买该财产份额而进入合伙企业成为合伙人。因此，本条第二款规定了其他合伙人的优先购买权。对于这一规定有两点需要注意：

第一，本款规定的优先购买权利人，不仅限于合伙企业的其他有限合伙人，合伙企业的普通合伙人同样享有优先购买权。

第二，其他合伙人的优先购买权，只有在同等条件下才能行使。其他合伙人不能以低于合伙人以外的人的购买价格，优先购买该财产份额。这是为了防止发生有限合伙人将其财产份额廉价出卖给其他合伙人，而损害其债权人利益的情况。

第七十五条　有限合伙企业仅剩有限合伙人的，应当解散；有限合伙企业仅剩普通合伙人的，转为普通合伙企业。

【释义】　本条是对有限合伙企业仅剩有限合伙人或者仅剩普通合伙人的处理规定。

在有限合伙企业的运行过程中，可能因为种种原因而使合伙人的构成发生变化，如出现法定退伙情形而使合伙人退伙、合伙人依法自愿退出合伙企业、合伙人被除名等。当因各种原因而使有限合伙企业仅剩有限合伙人或者普通合伙人的，应当如何处理，需要法律加以明确。本条专门对这一问题进行了规定：

(1)有限合伙企业仅剩有限合伙人的，应当解散。有限合伙企业的基本特征就是有合伙人对合伙企业债务承担无限连带责任，也就是要求合伙企业中必须有普通合伙人。因此，本法六十一条明确规定，有限合伙企业至少应当有一个普通合伙人，不允许设立全体合伙人均为有限合伙人的合伙企业。当有限合伙企业只剩下有限合伙人，没有普通合伙人的，该企业已经失去了合伙企业的基本特征，不应再作为合伙企业存在。所以本条规定，这时的有限合伙企业应当解散。

（2）有限合伙企业仅剩普通合伙人的，转为普通合伙企业。有限合伙企业的最大特点就是存在着仅以其出资额为限对合伙企业债务承担有限责任的有限合伙人，这也是规定有限合伙企业制度、设立有限合伙企业的目的所在。当有限合伙企业没有了有限合伙人，只剩下普通合伙人的，作为有限合伙企业存在已经没有意义。因此，本条规定这时的有限合伙企业转为普通合伙企业，原有限合伙企业中的普通合伙人作为新的普通合伙企业的合伙人。

有一点值得注意，有的有限合伙企业只有一个普通合伙人，当所有的有限合伙人都退出合伙，只剩下该普通合伙人时，由于本法要求普通合伙企业必须由两个以上的合伙人设立，这时的有限合伙企业不能转为普通合伙企业，而是应当解散。同时，当有限合伙企业剩下的普通合伙人为二人以上，但这些普通合伙人不愿意再继续合作下去的，有限合伙企业也可以直接解散。

第七十六条　第三人有理由相信有限合伙人为普通合伙人并与其交易的，该有限合伙人对该笔交易承担与普通合伙人同样的责任。

有限合伙人未经授权以有限合伙企业名义与他人进行交易，给有限合伙企业或者其他合伙人造成损失的，该有限合伙人应当承担赔偿责任。

【释义】　本条是对有限合伙人在特定情况下对合伙企业债务承担无限连带责任的特别规定。

在有限合伙企业中，有限合伙人仅以其认缴的出资额为限对合伙企业债务承担有限责任,这是有限合伙制度的一项基本原则。但是,这一原则的前提是有限合伙人不执行合伙事务,如果有限合伙人参与了合伙的经营管理,执行了合伙事务,从理论上讲该有限合伙人就不应再享有有限责任的保护,而应当与普通合伙人一样对合伙企业债务承担无限连带责任。这也是多数国家和地区对于这一问题的处理原则。例如,美国统一有限合伙法第三条第三款规定,有限合伙人不得参与对合伙的控制,否则就不受有限责任的保护;法国商事公司法第二十八条规定,两合公司的有限责任股东不得从事任何对外经营活动,否则就要和全体无限责任股东一起,对公司债务和义务负连带责任;我国香港地区有限责任合伙条例第五条规定,如有限合伙人参与管理合伙业务,其必须对参与管理期内所招致的一切债务及义务负法律责任,犹如他是普通合伙人一样。

本法在这一问题上也采取了国际上的普遍做法。同时考虑到,让有限合伙人在特定情况下对合伙企业债务承担无限责任,主要目的在于对合伙企业债权人的保护,因此,应当从合伙企业债权人的角度进行判断。只有在企业债权人误认为有限合伙人是作为合伙企业的普通合伙人执行合伙事务,并与该有限合伙人进行交易的,才可以让该有限合伙人对因此产生的合伙企业债务承担无限连带责任。因此本条第一款明确规定,第三人有理由相信有限合伙人为普通合伙人并与之交易的,该有限合伙人对该笔交易承担与普通合伙人同样的责任。

对该款规定的理解,应注意两点:

(1)第三人要求有限合伙人对合伙企业债务承担无限连带责任的,应当负有举证责任。即第三人应当证明:有理由相信有限合伙人为普通合伙人;相信该有限合伙人是在代表合伙企业同自己进行交易;基于这一判断同执行合伙事务的有限合伙人发生了交易。对于使第三人产生误认的理由,应当是合理的,并且应当有证据证明。

（2）有限合伙人仅对因误认产生的合伙企业债务承担无限连带责任，即第三人有理由相信有限合伙人为普通合伙人并与之交易的，该有限合伙人对该笔交易承担无限连带责任。对于有限合伙企业的其他债务，有限合伙人仍然以其认缴的出资额为限承担有限责任。

有限合伙人不代表合伙企业，不执行合伙事务，这既是法律规定的原则，也是设立有限合伙企业时，有限合伙人对其他合伙人的承诺。当有限合伙人违反了这一承诺时，除了要对因此产生的合伙企业债务承担无限责任，给企业或者其他合伙人造成损失的，还要承担赔偿责任。本条第二款明确规定，有限合伙人未经授权以有限合伙企业名义与他人进行交易，给有限合伙企业或者其他合伙人造成损失的，该合伙人应当承担赔偿责任。

如果有限合伙人以有限合伙企业名义与他人进行交易，是经过其他合伙人授权的，则表明其他合伙人对有限合伙人违反承诺的行为予以同意，即使给合伙企业或者其他合伙人造成了损失，该有限合伙人也不承担赔偿责任。但其他合伙人的授权并不能免除有限合伙人对合伙企业债权人的责任，即使有限合伙人以有限合伙企业名义与他人进行交易是经过授权的，如果第三人有理由相信有限合伙人为普通合伙人并与之交易的，该有限合伙人仍然要对因此产生的合伙企业债务承担无限连带责任。

第七十七条　新入伙的有限合伙人对入伙前有限合伙企业的债务，以其认缴的出资额为限承担责任。

【释义】　本条是对新入伙的有限合伙人责任承担的规定。

新入伙的有限合伙人加入合伙企业以后，对入伙后产生的合伙企业债务应当以其认缴的出资额为限承担有限责任，这是由有限合伙企业的性质决定的。至于入伙前的合伙企业债务，由于其产生时新入伙的有限合伙人还未入伙，对债务的产生没有责任，从道理上说有限合伙人似乎不应承担责任；但从另一方面讲，有限合伙人是用向合伙企业的出资对合伙企业债务承担责任的,如果新入伙的有限合伙人对入伙前的合伙企业债务不承担任何责任,其出资额就不能作为合伙企业债务的责任基础,那么在用合伙企业财产对债务清偿时,首先应当扣除有限合伙人的出资额,这在操作上很麻烦,对合伙企业的债权人也不公平。对此应当如何处理,需要法律加以明确。

本条专门对这一问题进行了规定。根据本条规定,新入伙的有限合伙人加入合伙企业后,对入伙前有限合伙企业的债务,以其认缴的出资额为限承担责任。这一规定的理由在于:第一,新有限合伙人入伙后,同原有限合伙人享有同等权利,承担同等义务,那么在对合伙企业债务的承担上也不应该同原有限合伙人有所区别;第二,依照本法的有关规定,新有限合伙人入伙时,原合伙人应当如实告知合伙企业的经营状况和财务状况,新合伙人是在对合伙企业了解的基础上加入的,法律规定其对入伙前的合伙企业债务承担责任,并不会加重其负担,增加其风险;第三,有限合伙人对合伙企业债务以其认缴的出资额为限承担有限责任,是有限合伙企业制度的基本原则,对有限合伙人承担责任的合伙企业债务范围不应再作区分,实际上也是很难区分的;第四,新有限合伙人加入合伙企业后,应当按照合伙协议的约定按期足额缴纳出资,其缴纳的出资成为合伙企业财产的一部分,是合伙企业进行经营活动的物质基础和责任保障。合伙企业的债务包括新有限合伙人入伙前的合伙企业债务,按照本法规定都要先用合伙企业财产进行清偿,而合伙企业财产包括所有合伙人的出资和合伙企业的收益。所以不能扣除新入伙的有限合伙人的出资对合伙企业债务进行清偿,否则对合伙企业债权人的保护不利。

本条规定属于法律的强制性规定,即使入伙协议中约定新有限合伙人对入伙前合伙企业债务不承担责任,也不能对抗合伙企业的债权人。在这种情况下,在合伙企业用全部企业财产包括新有限合伙人的出资向合伙企业的债权人清偿债务后，新有限合伙人有权依据入伙协议的约定要求合伙企业的原合伙人承担相应责任。

第七十八条　有限合伙人有本法第四十八条第一款第一项、第三项至第五项所列情形之一的，当然退伙。

【释义】　本条是关于有限合伙人法定退伙的规定。

在合伙企业存续期间，发生合伙人退伙的情况是不可避免的，其中包括有限合伙人退伙。在退伙问题上，有限合伙人同普通合伙人基本一样，也会发生自愿退伙、法定退伙和除名退伙。对有限合伙人的自愿退伙和除名退伙，本法没有作出特别规定，应遵守本法关于普通合伙人自愿退伙和除名退伙的规定。在关于有限合伙人法定退伙问题上，由于有限合伙企业自身的特点，本条作出了不同于普通合伙人的规定。

根据本条和本法有关条文的规定，有限合伙人的法定退伙情形包括以下四种：

(1)作为有限合伙人的自然人死亡或者被依法宣告死亡。按照我国民法通则的规定，公民的民事权利能力从出生时起，到死亡时止。作为自然人的有限合伙人死亡的，就丧失了民事权利能力，不再具有法律人格，当然也就同时丧失了合伙人资格，退出合伙企业。

(2)作为有限合伙人的法人或者其他组织依法被吊销营业执照、责令关闭、撤销，或者被宣告破产。作为有限合伙人的法人或者其他组织出现上述情形，即意味着该合伙人被注销而丧失法律人格，相当于自然人合伙人死亡，自然也应当丧失合伙人资格。

(3)法律规定或者合伙协议约定有限合伙人必须具有相关资格而丧失该资格。如果有限合伙人的资格依照法律规定或者合伙协议约定是以合伙人具有相关资格为基础的，当合伙人丧失了相关资格，该基础不复存在，有限合伙人当然就同时丧失了合伙人资格。

（4）有限合伙人在合伙企业中的全部财产份额被人民法院强制执行。按照本法第七十四条的规定，有限合伙人的自有财产不足清偿其与合伙企业无关的债务的，其债权人可以依法请求人民法院强制执行该合伙人在合伙企业中的财产份额用于清偿。人民法院强制执行该合伙人在合伙企业中的全部财产份额的，其结果就是该有限合伙人非因自己的意愿而丧失合伙人资格，因此，这也属于有限合伙人法定退伙的情形。

同本法第四十八条关于普通合伙人法定退伙情形的规定相比，本条没有将“个人丧失偿债能力”作为有限合伙人的法定退伙情形，这是由有限合伙企业的特点决定的：在有限合伙企业中，有限合伙人仅以其认缴的出资额为限对合伙企业债务承担责任，在按期足额缴纳出资后，对有限合伙企业债务不再承担任何责任。因此，在合伙企业存续期间，有限合伙人个人的偿债能力对于合伙企业的正常运营是没有影响的，法律也不应因为有限合伙人个人丧失偿债能力而强制剥夺其合伙人资格。

第七十九条　作为有限合伙人的自然人在有限合伙企业存续期间丧失民事行为能力的，其他合伙人不得因此要求其退伙。

【释义】　本条是对作为有限合伙人的自然人丧失民事行为能力，其他合伙人不得要求其退伙的规定。

本法第十四条明确规定，设立合伙企业时，合伙人为自然人的，应当具有完全民事行为能力。这一规定对于有限合伙人也同样适用，这是因为：设立有限合伙企业，需要有限合伙人和普通合伙人在协商一致的基础上订立合伙协议。无民事行为能力人或者限制民事行为能力人，没有缔约能力或者缔约能力不完全，无法参与有限合伙企业的设立。

在有限合伙企业存续期间,有限合伙人不执行合伙事务,不对外代表合伙企业,其有无行为能力对合伙企业的经营不会产生实质性影响。同时,有限合伙企业是有限合伙人财力和普通合伙人人力的结合,有限合伙人的出资是合伙企业存在和运营的基础,也是合伙企业承担债务的基础。如果作为有限合伙人的自然人在有限合伙企业存续期间丧失民事行为能力,而其他合伙人因此要求其退伙,则可能影响合伙企业的正常经营,甚至会导致合伙企业的解散,对有限合伙企业债权人利益的保护也是不利的。此外,在使用有限合伙企业制度最广泛的风险投资领域,投资回报期很长,有限合伙人需要经过很长时间才能获得投资回报。如果其他合伙人仅因为有限合伙人丧失民事行为能力就要求其退伙,使其不能获得合伙企业的收益,对该有限合伙人也是不公平的。因此,本条规定:作为有限合伙人的自然人在有限合伙企业存续期间丧失民事行为能力的,其他合伙人不得因此要求其退伙。

应注意的是,本条只限制其他合伙人单方要求丧失民事行为能力的有限合伙人退伙。如果在合伙协议中将有限合伙人丧失民事行为能力作为退伙的事由,其他合伙人在有限合伙人丧失民事行为能力时以此为依据要求其退伙,法律是允许的。

第八十条　作为有限合伙人的自然人死亡、被依法宣告死亡或者作为有限合伙人的法人及其他组织终止时,其继承人或者权利承受人可以依法取得该有限合伙人在有限合伙企业中的资格。

【释义】 本条是对有限合伙人死亡、被依法宣告死亡或者终止时,其合伙人资格的处理规定。

依据本条第四十八条的规定,作为普通合伙人的自然人死亡或者被依法宣告死亡,作为普通合伙人的法人及其他组织依法被吊销营业执照、责令关闭、撤销或者被宣告破产,是法定退伙的情形。在这种情况下,依据本法的有关规定,应当依据该合伙人在合伙企业中的财产份额为其办理退伙结算，退还的货币或者实物由该合伙人的继承人依法进行继承或者由该合伙人的权利承受人承受。

但是，按照上述方法处理有限合伙人死亡或者终止的问题，不太适应有限合伙企业的情况。有限合伙企业的最大特点是有限合伙人仅以出资为限对合伙企业债务承担责任，有限合伙人不执行合伙事务。在有限合伙人按期足额履行出资义务后，有限合伙人即使将其出资全额转让给合伙人以外的人，对有限合伙企业的存在和正常运营也不会产生实质性的影响。同时，有限合伙人的出资是合伙企业存在和运营的基础，也是合伙企业承担债务的基础，有限合伙人的退伙结算，将可能影响合伙企业的正常经营，甚至会导致合伙企业的解散，对有限合伙企业债权人利益的保护也是不利的。对有限合伙企业存续期间，有限合伙人死亡或者终止的问题，法律应当规定更适应有限合伙企业自身特点的处理办法。

正是基于以上原因，本条明确规定：作为有限合伙人的自然人死亡、被依法宣告死亡或者作为有限合伙人的法人及其他组织终止时，其继承人或者权利承受人可以依法取得该有限合伙人在有限合伙企业中的资格。这样的处理办法既不会对有限合伙企业的正常经营产生实质性影响，又能够维护有限合伙企业财产的稳定，有利于保护其他合伙人以及合伙企业债权人的利益。

按照本条规定，作为有限合伙人的自然人死亡、被依法宣告死亡或者作为有限合伙人的法人及其他组织终止时，其继承人或者权利承受人可以依法取得该有限合伙人在有限合伙企业中的资格，成为新的有限合伙人。如果继承人或者权利承受人为一人，则该继承人或者权利承受人在合伙企业中的财产份额就是死亡合伙人死亡时所享有的财产份额；如果继承人或者权利承受人为数人，则这些继承人或者权利承受人在合伙企业中财产份额之和为合伙人死亡或者终止时所享有的财产份额，而每个继承人或者权利承受人的具体财产份额则要根据其继承或者权利承受时的比例计算。

第八十一条　有限合伙人退伙后,对基于其退伙前的原因发生的有限合伙企业债务,以其退伙时从有限合伙企业中取回的财产承担责任。

【释义】 本条是对有限合伙人退伙后对基于其退伙前的原因产生的合伙企业债务承担责任的规定。

有限合伙人退伙后,就退出了有限合伙企业,丧失了合伙人资格,与有限合伙企业不再有任何联系。同时,有限合伙人在退出合伙企业时,办理了退伙结算,已经对其权利义务进行了清理。因此,从逻辑上来说,有限合伙人退伙后,有限合伙企业发生的债务与其没有什么关系。但是,有限合伙企业的运行是连续性的,有些合伙企业债务虽然发生在有限合伙人退伙后,但是基于其退伙前的原因发生的,当时退伙的有限合伙人仍然是有限合伙企业的合伙人,从法律上讲其对该笔债务是应当承担责任的。同时,如果有限合伙人退伙后,对退伙后的所有合伙企业债务都不承担责任,可能会产生一定的道德风险,产生利用退伙逃避合伙企业债务,损害债权人利益的情况。例如,在有限合伙企业因某种原因可能产生巨额债务时,让有限合伙人退伙,有限合伙企业的财产大量减少,而普通合伙人承担责任的能力有限,退伙的有限合伙人又不承担任何责任,当该笔债务产生时,有限合伙企业债权人的债权将很难得以清偿,将会严重损害债权人的利益。

因此,本条规定,有限合伙人退伙后对合伙企业债务应当承担责任,但这一责任是受到一定限制的:

第一,有限合伙人退伙后对有限合伙企业债务承担责任的范围,仅限于基于其退伙前的原因发生的合伙企业债务,即产生该笔债务的原因应发生在退伙生效日之前。对基于有限合伙人退伙后的原因发生的有限合伙企业债务，有限合伙人不承担任何责任。

第二，有限合伙人对其退伙前产生的有限合伙企业债务承担责任，仅以其退伙时从有限合伙企业中取回的财产为限。有限合伙人退伙时取回的财产，在其退伙前属于合伙企业财产，也是退伙前合伙企业债务的物质保障。让有限合伙人仅以这部分财产对退伙前的合伙企业债务承担责任，不会加重有限合伙人的负担，也符合有限合伙人以其全部出资对合伙企业债务承担责任的法律原则。同时，合伙企业债权人在同有限合伙企业进行交易时，也是根据合伙企业现有的全部财产来判断企业的偿债能力的，让有限合伙人仅以其退伙时从有限合伙企业中取回的财产为限承担责任，不会损害债权人的利益。

第八十二条　除合伙协议另有约定外，普通合伙人转变为有限合伙人，或者有限合伙人转变为普通合伙人，应当经全体合伙人一致同意。

【释义】　本条是对普通合伙人与有限合伙人相互转变程序的规定。

有限合伙企业是在全体合伙人协商一致的基础上设立的，拥有有限合伙人身份还是普通合伙人身份，是合伙人自主的选择；在有限合伙企业存续期间，有限合伙人或者普通合伙人出于真实的意思表示，通过全体合伙人的协商，改变自己的合伙人身份，属于合伙人意思自治的范畴，法律上应该是允许的。本法第六十三条依据这一原则，要求有限合伙企业的合伙协议应当载明有限合伙人和普通合伙人相互转变程序。

但是，有限合伙人和普通合伙人在有限合伙企业中的地位以及权利义务都是不一样的：

(1)普通合伙人。普通合伙人享有平等执行合伙事务的权利，可以对外代表有限合伙企业，要对有限合伙企业的债务承担无限连带责任。同时,普通合伙人在竞业方面、与本企业交易方面、转让或者出质财产份额等方面都受到较为严格的限制。

(2)有限合伙人。有限合伙人不执行合伙事务,不得对外代表有限合伙企业,对有限合伙企业债务仅以其认缴的出资额为限承担有限责任。法律对有限合伙人行为的限制不像普通合伙人那么严格。

由于有限合伙人与普通合伙人在法律地位上存在着较大差异,有限合伙企业中合伙人身份的转变必然会对合伙企业以及其他合伙人产生影响。如有限合伙人转变为普通合伙人以后,就可以执行合伙事务了,其他合伙人要对其行为负责,必然要重新评估其能力和个人情况;普通合伙人转变为有限合伙人以后,对合伙企业债务只承担有限责任,必然要加重其他普通合伙人的责任。

基于以上原因,本条对有限合伙企业合伙人身份的转变进行适当的规范。根据本条规定,有限合伙企业中普通合伙人转变为有限合伙人,或者有限合伙人转变为普通合伙人,由于会影响全体合伙人的利益,原则上应当经全体合伙人一致同意。同时,合伙人身份的转变毕竟属于有限合伙企业内部的事情,应该允许全体合伙人在平等协商的基础上自主决定。如果合伙协议对合伙人身份的转变另外规定了表决程序,依据本条的规定,也是允许的。

第八十三条　有限合伙人转变为普通合伙人的,对其作为有限合伙人期间有限合伙企业发生的债务承担无限连带责任。

【释义】 本条是对有限合伙人转变为普通合伙人后责任承担的规定。

在有限合伙企业中,有限合伙人对合伙企业债务仅以其认缴的出资额为限承担有限责任,普通合伙人对合伙企业债务承担无限连带责任,这在法律上是很明确的。当有限合伙人通过身份转变成为普通合伙人时,实际上就产生了同一合伙人在合伙企业存续期间先后具有有限合伙人身份和普通合伙人身份，该合伙人对于有限合伙企业的债务应当如何承担责任，需要法律予以明确。

有限合伙人转变为普通合伙人后，作为有限合伙企业的普通合伙人，应对身份转变后的合伙企业债务承担无限连带责任，这是由普通合伙人的性质决定的，法律虽然没有明确，也是理所当然的。对于身份转变前的合伙企业债务，有限合伙人依据本条规定，也应承担无限连带责任。本条之所以这样规定，基于以下理由：第一，有限合伙人转变为普通合伙人，实际上相当于新普通合伙人入伙，依照法律规定，新入伙的普通合伙人应该对入伙前的合伙企业债务承担无限连带责任的；第二，全体普通合伙人对有限合伙企业债务承担无限连带责任是有限合伙企业法律制度的基本原则，对普通合伙人承担无限连带责任的企业债务范围按时间标准进行区分很难操作，也没有必要；第三，有限合伙人本来就是有限合伙企业的合伙人，对有限合伙企业的经营状况和财务状况是了解的，法律规定其对身份转变前的合伙企业债务承担无限连带责任，并不会增加其风险。

本条规定属于法律的强制性规定，有限合伙企业的合伙人不能通过合伙协议约定或者以其他方式加以排除。即使有限合伙企业的合伙人约定有限合伙人转变为普通合伙人后对身份转变前的合伙企业债务仅以其出资为限承担有限责任，也不能对抗有限合伙企业的债权人。

从本条的规定看，有限合伙人转变为普通合伙人后，实际上就应对合伙企业的所有债务承担无限连带责任。

第八十四条　普通合伙人转变为有限合伙人的，对其作为普通合伙人期间合伙企业发生的债务承担无限连带责任。

【释义】　本条是对普通合伙人转变为有限合伙人后责任承担的规定。

同有限合伙人转变为普通合伙人的情况类似,普通合伙人转变为有限合伙人,也会产生在有限合伙企业存续期间某一合伙人在不同时间分别具有有限合伙人身份和普通合伙人身份的现象。同样需要法律对该合伙人对有限合伙企业债务的承担问题作出规定。

普通合伙人转变为有限合伙人,按照退伙处理,对基于其退伙前的合伙企业债务承担无限连带责任。这是因为,如果允许普通合伙人转变为有限合伙人后,对身份转变前的合伙企业债务只承担有限责任,可能会产生一定的道德风险,诱使普通合伙人利用身份转变逃避合伙企业债务,减轻自己的责任负担,从而损害债权人利益的情况。因此,本条规定,普通合伙人转变为有限合伙人的,对其作为普通合伙人期间合伙企业发生的债务承担无限连带责任。

普通合伙人转变为有限合伙人后,就具有了有限合伙人的身份,对转变后的合伙企业债务只以其出资为限承担有限责任,这是理所当然的,也可能是普通合伙人进行身份转变的目的所在。因此,在有限合伙企业存续期间,发生普通合伙人转变为有限合伙人情况的,该合伙人对合伙企业债务的承担根据债务产生阶段的不同是不一样的:对于身份转变前的合伙企业债务承担无限连带责任;对于身份转变后的合伙企业债务仅以其出资额为限承担有限责任。

第四章 合伙企业解散、清算

第八十五条 合伙企业有下列情形之一的，应当解散：

（一）合伙期限届满，合伙人决定不再经营；

（二）合伙协议约定的解散事由出现；

（三）全体合伙人决定解散；

（四）合伙人已不具备法定人数满三十天；

（五）合伙协议约定的合伙目的已经实现或者无法实现；

（六）依法被吊销营业执照、责令关闭或者被撤销；

（七）法律、行政法规规定的其他原因。

【释义】 本条是对合伙企业解散情形的规定。

合伙企业解散是指由于法律规定的原因或者当事人约定的原因，而使合伙人之间的合伙协议终止，合伙企业的事业终结，全体合伙人的合伙关系归于消灭。合伙企业从宣布解散到最终消灭是一个过程，在合伙企业清算期间，合伙企业的性质、职能发生一定的变化。此时合伙企业的法律地位，本法采用人格存续说，即合伙企业虽已宣布解散，但其独立的民事主体资格至清算结束前依然存在；只是合伙企业的权利能力受到一定的限制，合伙企业的活动范围限于与清算有关的事务，不得从事积极营业活动。

合伙企业解散的事由，是指致使合伙企业解散的法律事实。合伙企业的解散事由分为两类：一类是任意解散事由，即合伙企业基于合伙人的自愿而解散，本条前三项属于此类；另一类是强制解散事由，即合伙企业基于法律或行政法规的规定而被迫解散，本条后四项属于此类。

根据本条的规定，合伙企业的解散事由主要包括以下七种：

（1）合伙期限届满，合伙人决定不再经营。合伙人在订立合伙协议时约定了经营期限，且该期限已经届满时，合伙人有权决定是否继续经营。如果合伙人不愿意继续经营，合伙企业存续的基础已不复存在，合伙企业应当按照合伙人的意思表示解散。

（2）合伙协议约定的解散事由出现。合伙协议是全体合伙人意思表示一致的产物，只要不违反法律规定，合伙人有权在合伙协议中自由约定合伙企业的解散事由。当合伙协议约定的解散事由出现时，合伙企业应当解散。

（3）全体合伙人决定解散。全体合伙人可以基于合意成立合伙企业，自然也就可以基于合意解散它。这是民事权利自治的题中之意。

（4）合伙人已不具备法定人数满 30 天。根据本法第十四条、第六十一条的规定，普通合伙企业应当有两个以上合伙人，合伙人为自然人的，应当具有完全民事行为能力；除法律另有规定外，有限合伙企业应当有 2 个以上 50 个以下合伙人，且其中至少有一个普通合伙人。合伙企业存续期间，因合伙人退伙等原因导致合伙人的人数不再符合上述要求的，剩余的合伙人应当在 30 天内寻找新的合伙人入伙或者变更合伙形式，否则，合伙企业应当解散。

（5）合伙协议约定的合伙目的已经实现或者无法实现。合伙企业是合伙人实现某种目的的手段。当合伙的目的已经实现或者已经确定无法实现时，合伙企业没有必要继续存在。

（6）依法被吊销营业执照、责令关闭或者被撤销。合伙企业被依法吊销营业执照、责令关闭或者被撤销，都是合伙企业因为存在违法事由被主管机关行政处罚，剥夺了其继续经营的权利。此后，合伙企业作为独立民事主体的资格已经不存在，应当解散。

（7）法律、行政法规规定的其他原因。为了顺应经济社会的发展，其他法律、行政法规可能根据需要对合伙企业解散原因作出规定。设定这个兜底条款，有利于和其他法律、行政法规相协调。

第八十六条　合伙企业解散，应当由清算人进行清算。

清算人由全体合伙人担任；经全体合伙人过半数同意，可以自合伙企业解散事由出现后十五日内指定一个或者数个合伙人，或者委托第三人，担任清算人。

自合伙企业解散事由出现之日起十五日内未确定清算人的，合伙人或者其他利害关系人可以申请人民法院指定清算人。

【释义】　本条是对合伙企业解散时如何确定清算人的规定。

合伙企业清算，是指合伙企业解散后，依照法定程序清理合伙企业债权债务，处理合伙企业剩余财产，待了结合伙企业各种法律关系后，向企业登记机关申请注销登记，使合伙企业资格归于消灭的程序。合伙企业清算的目的是为了保护合伙人和合伙企业债权人的利益，清算是合伙企业终止的必经程序。

清算人是指在合伙企业解散过程中依法产生的专门负责合伙企业清算事务的执行人。需要强调的是，清算人应当作为整体行使职权，而非每个清算人可以单独行使职权。

清算人的产生办法如下：

(1) 如果合伙人无特别约定，由全体合伙人担任清算人。合伙人是合伙企业的财产所有者，合伙人有权在法律允许的范围内对合伙企业的财产和债权债务关系作出最后的安排。由全体合伙人担任清算人，具有如下优点：一是对合伙人而言，能够使对合伙企业的清算比较客观、公正、全面，从而避免个别合伙人的利益受到损害；二是对合伙企业而言，可以减少清算纠纷，提高清算效率，降低清算成本。

(2) 经全体合伙人过半数同意，可以自合伙企业解散事由出现后 15 日内指定一个或者数个合伙人，或者委托第三人担任清算人。此类清算人的产生必须满足三个条件：一是全体合伙人不担任合伙企业的清算人;二是经全体合伙人过半数同意;三是在合伙企业解散事由出现后15日内指定或者委托。在此种情形,清算人是基于全体合伙人的信任而执行清算事务的,必须忠实履行职责。

(3)自合伙企业解散事由出现之日起15日内未确定清算人的,合伙人或者其他利害关系人可以申请人民法院指定清算人。合伙人怠于行使职权,未在法定期间内确定清算人时,法律为其他合伙人和利害关系人提供了一条救济途径,即可以申请法院指定清算人。法院指定清算人时,必须综合考虑合伙企业、全体合伙人和其他利害关系人的合法权益。

上述清算人,无论其产生方式如何,在合伙企业清算期间,都是合伙企业的代表,主持合伙企业的一切清算事务,并对外代表合伙企业参加民事诉讼、仲裁等活动。

第八十七条　清算人在清算期间执行下列事务:

(一)清理合伙企业财产,分别编制资产负债表和财产清单;

(二)处理与清算有关的合伙企业未了结事务;

(三)清缴所欠税款;

(四)清理债权、债务;

(五)处理合伙企业清偿债务后的剩余财产;

(六)代表合伙企业参加诉讼或者仲裁活动。

【释义】　本条是对合伙企业清算人职责的规定。

合伙企业的清算,在经济上要公正地处分合伙企业的财产,在法律上要消灭合伙企业的资格,是一项量大且复杂的工作。为保证清算活动的顺利进行,提高清算效率,减少清算损失,维护债权人、合伙人及其他利益相关人的合法权益,有必要明确清算人的职责。根据本条的规定,合伙企业清算人的职责包括以下六个方面:

(1)清理合伙企业财产,分别编制资产负债表和财产清单。本条所称合伙企业财产是指合伙企业的全部资产,包括固定资产、流动资产、无形资产、递延资产和其他资产。资产负债表是全面反映合伙企业资产、负债和所有者权益的会计报表。财产清单是指合伙企业全部资产的明细表。清理合伙企业财产,就要依照有关财务规则,对合伙企业的财产、债权、债务进行全面清查,分别编制资产负债表和财产清单,提出财产作价的依据,确定财产的清算价值。这是清算人完成其他清算任务的基础。

(2)处理与清算有关的合伙企业未了结事务。与清算有关的合伙企业未了结事务,主要是指合伙企业宣布解散之前已经订立但尚未履行的合同事宜。清算人可以根据实际情况决定继续履行或者终止履行。终止履行构成违约的,应当承担相应的民事责任,有关违约金、赔偿金应从合伙企业的财产中支付。处理与清算有关的未了结事务,一要有利于尽快了结该事务,二要保护合伙企业债权人的合法利益。

(3)清缴所欠税款。税收是国家财政的重要来源,依法及时足额缴纳税款是合伙企业应尽的义务。合伙企业解散,清算人应当查清合伙企业的纳税事项,发现应当缴纳的税款未缴纳的,应当报请税务机关查实,并依法缴纳所欠的税款。合伙企业在清算过程中产生的税款,清算人也应当依法缴纳。

(4)清理债权、债务。这里所说的债权、债务,既包括约定债权、债务,也包括法定债权、债务。清理债权,主要是受领债务人的清偿,也可以是为收取债权而实行和解、抵销或者转让债权等。清理债务,主要是指以合伙企业的财产清偿债务。

(5)处理合伙企业清偿债务后的剩余财产。剩余财产是指合伙企业的财产在支付清算费用、职工的工资、社会保险费用和法定补偿金、缴纳合伙企业所欠税款、清偿合伙企业的债务后所剩余的财产。剩余财产应当依照本法第三十三条的规定分配:首先按照合伙协议的约定办理;合伙协议未约定或者约定不明确的,由合伙人协商解决;协商不成的,由合伙人按照实缴的出资比例分配;无法确定出资比例的,由合伙人平均分配。合伙协议不得约定将全部剩余财产分配给部分所有人。

(6)代表合伙企业参加诉讼或者仲裁活动。清算人确定以后,有权就合伙企业的民事权利义务到法院起诉或应诉,到约定的仲裁机构申请仲裁或者参加仲裁活动。清算人在其职权范围内代表合伙企业参加民事诉讼或者仲裁活动受法律保护。

第八十八条　清算人自被确定之日起十日内将合伙企业解散事项通知债权人,并于六十日内在报纸上公告。债权人应当自接到通知书之日起三十日内,未接到通知书的自公告之日起四十五日内,向清算人申报债权。

债权人申报债权,应当说明债权的有关事项,并提供证明材料。清算人应当对债权进行登记。

清算期间,合伙企业存续,但不得开展与清算无关的经营活动。

【释义】 本条是对合伙企业债权申报程序的规定。

合伙企业清算的目的和重要内容之一,是清理和了结合伙企业的对外债务,因此,清算人确定后,应当通知合伙企业的债权人尽快申报债权,以便顺利清偿债务。清算人应当自被确定之日起的10日内以书面方式通知债权人申报债权,并应当在60日内在报纸公告合伙企业解散事项和债权申报期限,催促债权人及时申报债权。公告的载体应该是合伙企业债权人可能居住的地域范围内可能见到的媒体或者其他传播方式。

合伙企业的债权人应当自接到通知书之日起30日内,未接到通知书的应当自公告之日起45日内,向合伙企业的清算人申报债权。合伙企业的债权人向清算人申报债权时,应当说明债权的有关事项,特别应当说明债权产生的日期、性质、数额和到期日等事项,并提供诸如合同、借据和其他债权凭证之类的证明材料。清算人应当对申报的债权逐项登记。债权人未提供合法、有效的证明材料的,清算人有权不予登记。

合伙企业的解散并不等于合伙企业立即消灭。合伙企业在清算期间,仍然具有民事主体资格,只是它从事经营活动的权利已经被剥夺,其行为能力限缩为只能在清算目的的范围内活动。在合伙企业解散后,清算人的任务就是尽快结束合伙企业相关的权利义务关系,消灭其民事主体资格。所以,清算人必须依照本法第八十七条的规定履行清算职务,不得从事积极营业活动。否则,如果合伙企业能够在清算人的管理下订立新的合同、发生新的权利义务关系,则与清算的根本目的相违背,不利于社会经济秩序的安定。

第八十九条　合伙企业财产在支付清算费用和职工工资、社会保险费用、法定补偿金以及缴纳所欠税款、清偿债务后的剩余财产,依照本法第三十三条第一款的规定进行分配。

【释义】　本条是对合伙企业财产支付各项费用、缴纳税款和清偿债务后剩余财产分配顺序的规定。

合伙企业通过清理合伙企业财产、编制资产负债表和财产清单后,确认合伙企业现有的财产大于合伙企业所欠的债务,并能够清偿全部债务的时候,应当按照本条规定的清偿顺序进行清偿:

(1)支付清算费用。清算费用包括合伙企业财产的评估、保管、变卖和分配等所需要的费用,发布合伙企业解散公告所需费用,清算人的报酬,委托注册会计师、律师的费用以及诉讼费用、仲裁费用等。

(2)支付职工工资、劳动保险费用和法定补偿金。

(3)缴纳税款。合伙企业在解散之前可能存在未及时缴纳的税款,在清算过程中也可能产生新的纳税项目。税收是国家财政的重要来源,依法及时足额缴纳税款是合伙企业应尽的义务。

（4）偿还合伙企业的其他债务。合伙企业的其他债务，包括有担保债务和无担保债务。对于有担保债权，债权人对担保物享有优先受偿权；对于无担保债权，只能在合伙企业财产清偿了前述所有的债务后，始得清偿。

（5）将合伙企业的剩余财产分配给合伙人。剩余财产是指合伙企业的财产在清偿前述各项后所剩余的财产。对此剩余财产，应按照本法第三十三条的规定进行分配，即首先按照合伙协议的约定办理；合伙协议未约定或者约定不明确的，由合伙人协商解决；协商不成的，由合伙人按照实缴的出资比例分配；无法确定出资比例的，由合伙人平均分配。

需要强调的是，本条规范的是合伙企业总资产大于合伙企业所欠的债务时的清偿顺序。在此种情形，清算费用、职工工资、社会保险费用、法定补偿金、所欠税款、普通债务都能得到完全、有效的清偿，这些项目的清偿顺序清算人可以自由决定。所以，本条规范的并非上述前四项的清偿顺序，而是前四项债权与合伙人分配合伙企业财产的顺序问题，即合伙企业的一切债权都应当优先于合伙人的分配财产请求权，只有上述所有债权都得到清偿后，才可以分配合伙企业的财产。虽然合伙企业的普通合伙人要对合伙企业的债务承担无限连带责任，即使经过注销登记，甚至经过破产程序之后也不免责；但是，合伙人在清偿合伙企业债务之前分配合伙企业财产，是严重违背效率原则的。从实际情况来看，如允许合伙人先分配合伙企业财产，更便利了合伙人分配完合伙企业财产后潜逃，使债权人无从追索。因此，本条规定了“先偿债，后分配”的原则。

第九十条　清算结束，清算人应当编制清算报告，经全体合伙人签名、盖章后，在十五日内向企业登记机关报送清算报告，申请办理合伙企业注销登记。

【释义】 本条是对合伙企业解散后编制清算报告和办理注销登记的规定。

清算报告是清算人对清算事务的总结和汇报，清算报告的内容包括清算人对合伙企业资产的认定，对解散事由出现前未了结事务的处理以及债权债务的结算、剩余财产的分配情况，等等。

合伙企业解散时，清算报告是否真实、可靠，直接关系到各类债权能否得到有效清偿、合伙企业的剩余财产能否确实分配到全体合伙人的手中。因此，本条规定了两道防线，即清算报告要经过全体合伙人的确认（即签名、盖章）和企业登记机关的认可。

清算人制作的清算报告，应当经全体合伙人签名、盖章。清算人或者由全体合伙人担任，或者受全体合伙人的委托产生，其执行清算事务的结果，都将归于全体合伙人。因此，其工作成果有必要经全体合伙人确认。全体合伙人确认清算报告的具体方式是签名、盖章。

清算报告经全体合伙人签名、盖章后，清算人应当在 15 日内报送企业登记机关，申请办理合伙企业注销登记。合伙企业可能有众多的债权人，法律如果赋予每个债权人审核清算报告的权利，那将导致清算成本过高，不符合商业活动的经济效益原则。但是，这些债权人的利益又必须得到充分保护，为此，法律将审核清算报告规定为企业登记机关的职权，并在本法第一百条规定了相应的行政措施。该条规定，清算人未依照本法规定向企业登记机关报送清算报告，或者报送清算报告隐瞒重要事实，或者有重大遗漏的，由企业登记机关责令改正。由此产生的费用和损失，由清算人承担和赔偿。

清算人申请注销登记时，应当提交下列文件：（1）合伙企业清算人签署的注销登记申请书；（2）依照本法做出的合伙企业解散决议或决定，或者合伙企业被行政机关责令关闭、被撤销、被吊销营业执照的文件；（3）经合伙企业合伙人签名、盖章的清算报告；

(4)合伙企业营业执照;(5)法律、行政法规规定应当提交的其他文件。

第九十一条　合伙企业注销后,原普通合伙人对合伙企业存续期间的债务仍应承担无限连带责任。

【释义】　本条是对合伙企业注销后,原普通合伙人对合伙企业存续期间的债务仍应承担无限连带责任的规定。

合伙企业是人合性的组织,其信用基础主要是合伙人的偿债能力,而非合伙企业的自有财产。相对人与合伙企业发生交易行为,关注的也是合伙人的资信状况。如果合伙企业在注销之后就可以不再履行债务,那注销将成为合伙人逃避债务的首选,很多债权人的预期必将落空。这将影响到与合伙企业交易的安全性,影响到社会经济秩序的安定性。

根据本法第二条和第五十七条的规定,普通合伙企业全体合伙人对合伙企业债务承担无限连带责任;特殊的普通合伙企业的基本责任形式仍然是无限连带责任,仅在部分合伙人在执业活动中因故意或重大过失造成合伙企业债务时,免除其他合伙人的无限责任,改为承担有限责任;有限合伙企业中,普通合伙人对合伙企业债务承担无限连带责任,有限合伙人仅以其出资额为限对合伙企业债务承担责任。所以,本法规定的在合伙企业注销后承担无限连带责任的主体仅限于普通合伙人,而不包括有限合伙人。合伙企业存续期间,有限合伙人不参与经营管理活动,对合伙企业债务承担有限责任,当然不可能在合伙企业注销之后要求其承担无限连带责任。至于特殊普通合伙企业合伙人在合伙企业注销后的责任承担除遵守本条规定外,还应遵守第五十七条的规定。

1997 年的合伙企业法第六十三条规定,合伙企业解散后,原合伙人对合伙企业存续期间的债务仍应承担连带责任,但债权人在 5 年内未向债务人提出偿债请求的,该责任消灭。本条虽然取消了5年的最长期间限制，但是并不意味着债权人可以无限期的追索。本条的立法本意是，考虑到合伙企业的债务和其他主体的债务并无实际不同，原立法限定债权人的最长追诉期间，实际上赋予了合伙人额外的利益，而对债权人造成了不利益。本法取消合伙企业债务清偿的特殊时间限制，即令合伙企业存续期间的债务适用民法通则第七章及相关法律中关于诉讼时效的规定。例如，依照民法通则规定，普通诉讼时效期间为2年；短期诉讼时效为1年；诉讼时效期间从知道或者应当知道权利被侵害时起计算，但是，从权利被侵害之日起超过20年的，人民法院不予保护；有特殊情况的，人民法院可以延长诉讼时效期间。

第九十二条　合伙企业不能清偿到期债务的，债权人可以依法向人民法院提出破产清算申请，也可以要求普通合伙人清偿。

合伙企业依法被宣告破产的，普通合伙人对合伙企业债务仍应承担无限连带责任。

【释义】　本条是对合伙企业不能清偿到期债务时债权人权利和合伙企业依法被宣告破产时普通合伙人责任的规定。

合伙企业不能清偿到期债务，说明其经营活动陷入困境，债权人的利益得不到有效保障。这时，本条赋予债权人两条可选的救济途径：

(1)债权人可以依法向人民法院提出破产清算申请。本法和新企业破产法将于2007年6月1日同步施行，但是合伙企业不属于企业破产法规定的"企业法人"的范围，所以，合伙企业破产，应当按照该法第一百三十五条的规定，参照适用其关于破产清算程序的规定，不适用其关于重整和和解的规定；而且，此种参照允许对合伙企业破产清算程序作适当简化，因为如果完全按照企业法人破产程序的规定办理，对合伙企业而言将过于繁琐，费用也太高。因此，在债权人依法向法院提出破产申请后，对合伙企业的破产清算程序应参照企业破产法的有关规定办理。

（2）债权人可以要求普通合伙人清偿。本法第三十八条规定，合伙企业对其债务，应当以其全部财产进行清偿。第三十九条规定，合伙企业不能清偿到期债务的，合伙人承担无限连带责任。因此，偿还合伙企业不能清偿的到期债务是合伙人的法定义务，债权人在合伙企业不能清偿其到期债务时有权直接向合伙人追偿。但是，并非所有合伙人都负有清偿义务。根据本法第二条和第五十七条的规定，普通合伙企业全体合伙人对合伙企业债务承担无限连带责任；特殊的普通合伙企业合伙人的基本责任形式仍然是无限连带责任，但是对于合伙人在执业活动中因故意或重大过失造成合伙企业债务的，该合伙人承担无限连带责任，其他合伙人以其在合伙企业中的财产份额为限承担责任；有限合伙企业中的普通合伙人对合伙企业债务承担无限连带责任，有限合伙人仅以其出资额为限对合伙企业债务承担责任。因此，合伙企业不能清偿到期债务的，债权人可以依法向普通合伙人追偿，不能向有限合伙人追偿。

有观点认为，根据本法第三十八条、第三十九条的规定，普通合伙人依法对合伙企业债务承担无限连带责任，合伙企业财产不足以清偿债务时，债权人可以依法向普通合伙人追偿，合伙企业破产并不能免除普通合伙人的债务责任，因而规定合伙企业破产的意义不大。本条对合伙企业破产进行规定的主要考虑是：应允许合伙企业的债权人根据不同情况作出选择，可以依法提出破产申请，也可以直接向合伙人追偿。而且规定合伙企业的破产对债权人有利，一是可以使所有债权人按比例受偿，有利于兼顾各债权人的利益；二是可以对企业宣告破产前1年违法转移财产的行为予以撤销，追回所转移的财产，增加破产财产，有利于保护债权人利益。

根据本条第二款的规定，合伙企业依法被宣告破产的，普通合伙人对合伙企业债务仍应承担无限连带责任，即合伙企业的普通合伙人不能因合伙企业的破产而免除清偿债务的责任。这和企业法人破产后出资人免责的规定相反。二者的区别在于其责任基础不同：企业法人的出资人以其出资额为限对企业债务承担责任，所以企业法人破产后，其出资人不再承担责任；而合伙企业的普通合伙人依法对合伙企业债务承担无限连带责任，当合伙企业因其财产不足清偿债务而破产的，普通合伙人的责任并不能免除，对合伙企业债务仍应承担无限连带责任。

第五章　法律责任

第九十三条　违反本法规定，提交虚假文件或者采取其他欺骗手段，取得合伙企业登记的，由企业登记机关责令改正，处以五千元以上五万元以下的罚款；情节严重的，撤销企业登记，并处以五万元以上二十万元以下的罚款。

【释义】 本条是对提交虚假文件或采取其他欺骗手段取得企业登记应承担的法律责任的规定。

本条所涉违法行为，其实质是一种欺诈行为。所谓“欺诈”，是指当事人在办理合伙企业登记时，故意隐瞒有关的重要事实，提交虚假文件或者采取其他欺骗手段，骗取企业登记。

构成本条所指的具有欺诈性质的违法行为，具有以下三个特点：(1) 欺诈行为应当出自当事人的故意；(2) 当事人实施欺诈行为有明确的骗取合伙企业登记的目的；(3) 企业登记机关准予登记，完全是由于其提交虚假材料而“符合”登记条件，如果企业登记机关了解事实真相，就不会对该虚假申请进行登记。

本条所涉及的违法行为包括以下两种：

(1) 提交虚假文件，取得企业登记。本法第九条规定，申请设立合伙企业，应当向企业登记机关提交登记申请书、合伙协议书、合伙人身份证明等文件。合伙企业的经营范围中有属于法律、行政法规规定在登记前须经批准的项目的，该项经营业务应当依法经过批准，并在登记时提交批准文件。上述文件均必须真实、合法、有效。如果合伙人或其代理人提交不真实、合法、有效的上述文件，即属于本条所规定的“提交虚假文件”，比如说设立申请书中合伙人身份证明是虚构的,或者从事特种行业所提交的监管机关的批准文件是伪造的,等等。

(2)采取其他欺骗手段,取得企业登记。本条中所谓“其他欺骗手段”,是指采用其他隐瞒事实真相的方法欺骗登记机关的行为。

违反本条规定所应承担的法律责任主要是行政处罚,实施本条规定的行政处罚的主体为企业登记机关,即国家工商行政管理总局和地方各级工商行政管理局。

违法骗取企业登记的行为,不仅严重危害交易安全、损害交易相对人的利益,而且严重损害了工商行政管理秩序和整个社会秩序,必须施以较为严厉的处罚,所以本条设定了较高的处罚额度。按照本条的规定,违反本法规定,提交虚假文件或采取其他欺骗手段,取得企业登记的,应当承担的法律责任分两种情形:

(1)对于一般违法行为,既要由企业登记机关责令改正,又要处以5000元以上5万元以下的罚款。所谓责令改正,是指合伙企业登记机关依据本法和其他有关规定,要求行为人提供合法有效的申请文件等。需要指出的是,对任何一种违法行为,违法者均应当改正;责令改正不是一种行政处罚,但是行政机关实施行政处罚时,应当责令当事人当场改正违法行为或者限期改正违法行为。

(2)对于违法情节严重的,不但撤销企业登记,而且处以5万元以上20万元以下的罚款。至于什么样的违法行为属于情节严重,本条没有具体规定,这主要是考虑实际发生的提交虚假文件或采取其他欺骗手段的情况较为复杂,现在还难以在法律上对这种行为作出具体规定,有待在今后的执法实践中不断总结经验,所以这里只是作了原则性规定。

第九十四条 违反本法规定,合伙企业未在其名称中标明“普通合伙”、“特殊普通合伙”或者“有限合伙”字样的,由企业登

记机关责令限期改正，处以二千元以上一万元以下的罚款。

【释义】 本条是对合伙企业未在其名称中标明组织形式应承担的法律责任的规定。

合伙企业名称是合伙企业存在的重要标志。企业的名称一般由字号（或者商号）、行业或者经营特点、组织形式构成，并冠以企业所在地省（包括自治区、直辖市）或者市（包括州）或者县（包括市辖区）的行政区划名称。从法律上讲，一个企业的名称不但可以使选用该名称的企业与其他企业相区别，防止误导和欺骗，而且可以明示该企业对外承担责任的形式，便于交易相对人对与该企业交易的安全性作出基本判断。

企业组织形式的类型名称正是承担了后者的功能，具有极为重要的意义：本法规定的三种合伙企业组织形式中，根据本法第二条和第五十七条的规定，普通合伙企业全体合伙人对合伙企业债务承担无限连带责任；特殊的普通合伙企业的基本责任形式仍然是无限连带责任，仅在部分合伙人在执业活动中因故意或重大过失造成合伙企业债务时，免除其他合伙人的无限责任，改为承担有限责任；有限合伙企业中，普通合伙人对合伙企业债务承担无限连带责任，有限合伙人仅以其出资额为限对合伙企业债务承担责任。合伙企业采用不同的责任形式，无疑将对合伙企业的偿债能力产生重大影响。为了防止交易相对人误解，同时也为了防止极少数人通过隐瞒责任形式达到逃避债务的目的，即为了保障交易安全，本法第十五条、第五十六条、第六十二条分别规定，普通合伙企业名称中应当标明“普通合伙”字样，特殊的普通合伙企业名称中应当标明“特殊普通合伙”字样，有限合伙企业名称中应当标明“有限合伙”字样。本条是对合伙企业违反上述三条规定，未在其名称中标明组织形式的法律责任的规定。

违反本条规定所应承担的法律责任主要是行政处罚：实施该行政处罚的主体为企业登记机关，即指国家工商行政管理总局和地方各级工商行政管理局,处罚方式是 2000 元以上 1 万元以下的罚款。至于责令限期改正不是一种处罚。行政机关在处理行政处罚案件时,无论准备对违法行为人处以何种行政处罚,都应首先要求违法行为人及时纠正违法行为,如果对违法行为只罚不管、以罚代管,就会使一些违法行为得不到及时制止,甚至发展为犯罪。所以行政处罚法第二十三条规定,行政机关实施行政处罚,应当责令当事人改正或者限期改正违法行为。

第九十五条　违反本法规定,未领取营业执照,而以合伙企业或者合伙企业分支机构名义从事合伙业务的,由企业登记机关责令停止,处以五千元以上五万元以下的罚款。

合伙企业登记事项发生变更时,未依照本法规定办理变更登记的,由企业登记机关责令限期登记;逾期不登记的,处以二千元以上二万元以下的罚款。

合伙企业登记事项发生变更,执行合伙事务的合伙人未按期申请办理变更登记的,应当赔偿由此给合伙企业、其他合伙人或者善意第三人造成的损失。

【释义】 本条是对合伙企业或者合伙企业的分支机构无照经营、合伙企业未依法办理变更登记行为应承担的法律责任的规定。

本条第一款所涉违法行为,是指合伙企业或者合伙企业的分支机构违反本法规定,在未领取营业执照的情况下,以合伙企业或者合伙企业分支机构的名义从事合伙业务。具体表现为根本没有经过设立申请就擅自开业从事经营活动,或者虽经申请但尚未获得批准就擅自开业从事生产经营活动。

营业执照是指企业登记机关核准颁发的,证明合伙企业具有合法经营资格的法律文书。合伙企业营业执照是合伙企业享有民事主体资格的合法凭证。通过登记发照,国家从法律上确认了合伙企业在法律上取得一定主体资格,即合伙企业具备了以自己名义从事生产经营活动的权利能力和行为能力,有权正式营业,并凭营业执照刻制公章、开立银行账户、签订合同、刊登广告,等等。同时,登记发照也意味着合伙企业法律责任的产生,合伙企业完成设立登记并取得营业执照后,就成为因设立行为和生产经营活动而发生的有关民事责任、行政责任乃至刑事责任的承担者。合伙企业的分支机构虽然没有独立的权利能力和行为能力,但其营业执照是该分支机构代表该合伙企业开展营业活动的基本依据,也是要求该合伙企业承担该分支机构经营过程中产生的法律责任的基本依据。

本条第一款所涉及的违法行为,不仅破坏了社会正常的经济秩序,而且也违反了企业登记管理制度,应当由工商行政管理部门对合伙企业或者合伙企业的分支机构处以罚款,罚款额度是 5000 元以上 5 万元以下。需要强调的是,由于无照经营的合伙企业或者合伙企业的分支机构未取得有效的工商登记,即不具有合法的民事主体资格,所以,对无照经营的合伙企业,工商行政管理部门处罚的对象是它的全体“合伙人”,由这些无照经营的人对该处罚承担无限连带责任;对无照经营的合伙企业的分支机构,处罚的对象是开办该分支机构的合伙企业。

本条第二款所涉违法行为,是指违反本法第十三条的规定,合伙企业登记事项发生变更时,执行合伙事务的合伙人未在法定期限内向企业登记机关申请办理变更登记。实践中具体表现为有些合伙企业在领取了营业执照后,随意改变核定的经营场所或企业名称,超出核定的经营范围,等等。

企业的设立是经登记而生效的,企业要变更登记事项也只能采取相同的法律程序,才能发生法律效力。企业变更登记一方面适应了企业变化发展的需要,另一方面也便于国家对企业实行监督管理。因此,法律既要赋予合伙企业适时变更的权利,又要对发生变更而不及时登记的企业予以必要制裁。

对于违反本条第二款规定的行为的处理，分两个步骤进行。首先是由工商行政管理机关责令限期登记；对于逾期仍不登记的，才处以2000元以上2万元以下的罚款。这一规定赋予了合伙企业自我纠正的机会，主要是考虑到对合伙企业的一些细小变更，合伙企业可能会有所疏忽，这种原因造成的违法行为主观恶性较小，社会危害性也不大，如果合伙企业能够及时纠正错误，办理变更登记，就不必予以处罚。但对于经工商行政主管部门责令限期登记仍不登记的，就有必要对其进行行政处罚，处以2000元以上2万元以下罚款。

本条第三款规定的是执行事务合伙人在合伙企业登记事项发生变更时未按期申请办理变更登记，给合伙企业、其他合伙人或者善意第三人造成损失时应承担的法律责任的规定。按照合伙协议约定或者全体合伙人决定执行合伙事务的合伙人，基于其他合伙人的信任，被授予了广泛的经营管理合伙事务和合伙企业财产的权利，就应当在遵守法律和合伙协议的基础上，为合伙企业的利益最大化服务。但在本条第三款规定的情形中，执行事务合伙人违背其他合伙人的信任，怠于履行职务，不按期申请办理登记，给合伙企业、其他合伙人或者善意第三人造成损失的，就应当承担相应的赔偿责任。比如，甲、乙、丙共同创办一合伙企业A，约定甲为合伙事务执行人，合伙企业登记事项发生变更，甲未按期申请办理变更登记，致使合伙企业被工商行政管理部门罚款的，甲应当承担赔偿责任；有限合伙人丙办理削减财产份额的结算时，甲未办理变更登记，合伙企业因此后的经营行为负巨额债务，债权人丁要求丙在登记的财产份额范围内清偿债务，丙清偿后，不但有权向甲、乙追偿多付的债款，而且有权向甲追偿多付的债款所产生的利息。

第九十六条　合伙人执行合伙事务，或者合伙企业从业人员

利用职务上的便利，将应当归合伙企业的利益据为己有的，或者采取其他手段侵占合伙企业财产的，应当将该利益和财产退还合伙企业；给合伙企业或者其他合伙人造成损失的，依法承担赔偿责任。

【释义】 本条是对执行合伙事务的合伙人以及合伙企业从业人员将应当归合伙企业的利益据为己有或者采取其他手段侵占合伙企业财产应承担的法律责任的规定。

本条所称“合伙人执行合伙事务”，不仅包括执行事务合伙人在代表合伙企业对外进行交易活动中侵占合伙企业的财产，而且包括执行事务合伙人在对内管理合伙企业过程中侵占合伙企业的财产。本条所称“合伙企业从业人员”包括本法三十五条规定的被聘任的合伙企业经营管理人员及其他从业人员。本条所涉及的合伙企业从业人员的违法行为，同样包括对内和对外两种，例如，业务人员私吞其他企业给予合伙企业的优惠；财务人员擅自将企业资金以个人名义开立账户储存；仓库保管人员监守自盗，等等。

本法第二十八条第一款规定，执行事务合伙人执行合伙事务所产生的收益归合伙企业，所产生的费用和亏损由合伙企业承担。合伙企业合伙人执行合伙事务时，是以合伙企业的代表人和管理者的身份出现的，其执行合伙事务过程中产生的权利和义务就是合伙企业的权利和义务。执行事务合伙人基于其他合伙人的信任执行合伙事务，应当为整个合伙企业和所有合伙人的利益最大化服务；不应当牟取私利，将应当归于合伙企业的利益据为己有，或采取其他手段侵占合伙企业财产。合伙企业从业人员也应当忠于职守、诚实守信，为合伙企业生产经营活动的顺利开展服务，为合伙企业的发展壮大服务；而不能利用职权谋取不正当利益，影响合伙企业的经营和发展。

本条对执行事务合伙人、合伙企业从业人员的违法行为规定了民事责任，具体包括退还利益和财产、赔偿损失。退还利益和财产,是指将其侵占的应当归合伙企业所有的利益和财产归还给合伙企业。退还所侵占的财产,应当退还原物;如果原物已经灭失,或者退还原物在客观上已不可能,应当折价赔偿。如果侵占合伙企业财产的行为影响到合伙企业的正常经营活动,或者使其他合伙人负担更多义务,给合伙企业或者其他合伙人造成损失的,侵占人对该损失还应当承担赔偿责任。

第九十七条　合伙人对本法规定或者合伙协议约定必须经全体合伙人一致同意始得执行的事务擅自处理,给合伙企业或者其他合伙人造成损失的,依法承担赔偿责任。

【释义】　本条是对合伙企业合伙人擅自处理必须经全体合伙人一致同意始得执行的合伙事务,给合伙企业或者其他合伙人造成损失应承担的法律责任的规定。

本法第三十一条规定了必须经全体合伙人一致同意的事项,包括改变合伙企业名称,改变合伙企业的经营范围、主要营业场所的地点,处分合伙企业的不动产,转让或者处分合伙企业的知识产权和其他财产权利,以合伙企业名义为他人提供担保,聘任合伙人以外的人担任合伙企业的经营管理人员。这些事项,都是涉及合伙企业生产经营乃至生存发展的重大事项。同时,该条又规定合伙协议可以对须经一致同意的事项另行约定。

合伙企业具有很强的人合性,对经全体合伙人一致始得执行的事项的选择,应当最大限度地反映合伙人的共同意志。不同的合伙企业,对企业产生重要影响的事项并不完全相同。合伙人为了追求共同利益而设立合伙企业,法律应当允许其将其认为重要的事项设立为须经全体合伙人一致同意的事项。本法第三十一条所列举的事项,对合伙企业具有普遍性,仅在合伙人未约定时作为补充性规则出现。

本条规定的法律责任是民事责任,具体表现为赔偿损失。民事赔偿责任属于财产责任的一种，它是以补救财产权利损害为目的而以强制责任人承担财产上不利效果的责任形式。合伙企业合伙人擅自处理必须经全体合伙人一致同意始得执行的合伙事务，给合伙企业或者其他合伙人造成损失的，应当承担赔偿损失的法律后果。

第九十八条　不具有事务执行权的合伙人擅自执行合伙事务，给合伙企业或者其他合伙人造成损失的，依法承担赔偿责任。

【释义】　本条是对不具有事务执行权的合伙人擅自执行合伙事务，给合伙企业或者其他合伙人造成损失应承担的法律责任的规定。

本法第二十六条规定，合伙人对执行合伙事务享有同等权利。按照合伙协议的约定或者经全体合伙人决定，可以委托一个或者数个合伙人对外代表合伙企业，执行合伙事务。作为合伙人的法人、其他组织执行合伙事务的，由其委派的代表执行。本法第二十七条规定，合伙企业委托一个或者数个合伙人执行合伙事务的，其他合伙人不再执行合伙事务。本法第六十七条规定，有限合伙企业由普通合伙人执行合伙事务。第六十八条规定，有限合伙人不执行合伙事务，不得对外代表有限合伙企业。

各合伙人出于对某些合伙人经营能力的信任或者出于便利合伙企业经营决策的目的，有限合伙企业出于资本和管理能力相结合的需要，将合伙事务执行权集中到某个或某些合伙人手中，有利于合伙企业的利益最大化。如果不具有事务执行权的合伙人擅自执行合伙事务，势必影响合伙企业生产经营活动的顺利开展，可能给合伙企业或者其他合伙人造成损失。

违反本条规定的情形包括：(1)完全没有事务执行权的合伙人擅自处理合伙事务；(2)具有部分事务执行权的合伙人执行未经授权的合伙事务。比如，甲、乙、丙三个人组成一个合伙企业，授权甲执行 A 事务,乙执行 B 事务,但是乙擅自执行了 A 事务,这也是违反本法规定的行为。

合伙人擅自处理合伙事务,违背了法律规定或者合伙协议约定,构成越权行为,本身存在过错;造成损失的,应当承担相应的赔偿责任。在有限合伙企业,有限合伙人参与执行合伙事务的,法律要求其对执行该事务过程中造成的损失承担无限连带责任,即就该事项取得和普通合伙人相同的地位,同样应该对造成的损失承担赔偿责任。

违反本条规定所应承担的责任是民事责任,具体表现为赔偿损失。

第九十九条　合伙人违反本法规定或者合伙协议的约定,从事与本合伙企业相竞争的业务或者与本合伙企业进行交易的,该收益归合伙企业所有;给合伙企业或者其他合伙人造成损失的,依法承担赔偿责任。

【释义】　本条是对合伙人违反本法规定或者合伙协议的约定,从事与本合伙企业相竞争的业务或者与本合伙企业进行交易应承担的法律责任的规定。

法律规定或者合伙协议约定合伙人不得从事与本合伙企业相竞争的业务或者与本合伙企业进行交易的,合伙人从事该行为即违反了法定或者约定的禁止义务。具体分析如下:

(1) 本法第三十二条第一款规定,合伙人不得自营或者同他人合作经营与本合伙企业相竞争的业务。对普通合伙人而言,两个相竞争的企业之间不可避免地存在利益冲突,参加经营管理的合伙人为了追求自己的利益最大化,很可能会通过对一方施加不利影响来推动另一方的发展。所以法律对普通合伙人自营或者同他人合作经营与本合伙企业相竞争的业务是绝对禁止的。

(2)本法第三十二条第二款规定,除合伙协议另有约定或者经全体合伙人一致同意外，合伙人不得同本企业进行交易。合伙人同本企业进行交易时，双方的利益也是相对立的，如果缺乏监督，合伙人很可能使合伙企业高价买入自己的商品，将合伙企业的商品低价卖给自己，所以法律原则上禁止普通合伙人同本企业进行交易。但是，如果该交易受到其他合伙人的监督，其他合伙人又认可该交易，则可以排除损害合伙企业利益的可能。所以，该禁止可以通过合伙协议约定或者经其他合伙人一致同意排除。

（3）本法第七十条规定，有限合伙人可以同本有限合伙企业进行交易；但是，合伙协议另有约定的除外。本法第七十一条规定，有限合伙人可以自营或者同他人合作经营与本有限合伙企业相竞争的业务；但是，合伙协议另有约定的除外。在有限合伙企业中，有限合伙人不参与合伙企业的经营管理，不能对合伙企业的生产经营活动施加不利影响，所以法律原则上不限制其自营或者同他人合作经营与本合伙企业相竞争的业务，也不限制其同本有限合伙企业进行交易。当然，如果其他合伙人认为有限合伙人从事上述行为可能损及合伙企业的利益的，可以在合伙协议中约定排除，这是民事活动自主性的体现。

因此，违反本条规定的情形包括：

（1）普通合伙人自营或者同他人合作经营与本合伙企业相竞争的业务的；

（2）普通合伙人既未经合伙协议授权又未经全体合伙人一致同意，而同本合伙企业进行交易的；

（3）有限合伙协议约定有限合伙人不得同本有限合伙企业进行交易、自营或者同他人合作经营与本合伙企业相竞争的业务，而有限合伙人为上述行为的。

合伙人违反本条规定取得收益的，该收益建立在违法或违约的基础上，因此，该利益应当返还合伙企业；给合伙企业或者其他合伙人造成损失的，该合伙人应当承担赔偿责任。

第一百条 清算人未依照本法规定向企业登记机关报送清算报告,或者报送清算报告隐瞒重要事实,或者有重大遗漏的,由企业登记机关责令改正。由此产生的费用和损失,由清算人承担和赔偿。

【释义】 本条是对清算人未依法向企业登记机关提交清算报告应承担的法律责任的规定。

本法第八十六条规定,合伙企业解散,应当由清算人进行清算。清算人由全体合伙人担任,经全体合伙人过半数同意,也可以由一个或数个合伙人担任,或者委托第三人担任。"清算人"是指从事本法第八十七条规定的清算事务,处理合伙企业财产和债权债务关系的执行人。清算人在执行职务时,应当遵守法律、行政法规的规定和合伙协议的约定,不得损害合伙企业合伙人和债权人的合法利益。

本法第九十条规定,清算结束后,清算人应当编制清算报告,经全体合伙人签名、盖章后,在15日内向企业登记机关报送清算报告,申请办理合伙企业注销登记。清算报告是清算人对清算事务的总结,是企业登记机关检验清算过程是否合法的根据,是合伙企业注销、不再承担法律责任的前提条件。可见,清算报告在清算过程中占据着非常重要的地位。

清算人未依法提交清算报告的具体情形包括:

(1) 清算人未依照本法规定向企业登记机关报送清算报告。这又可以分为从未提交清算报告和未在法定期限内(清算结束后15日内)提交清算报告。这些行为违反法定的作为义务,使已经解散的合伙企业的权利义务不能最终结束,影响社会经济稳定。

(2)清算人向企业登记机关报送的清算报告隐瞒了重要事实。清算人在清算报告中隐瞒重要事实,一般是隐瞒了合伙企业的债务,这样会导致债权人的财产权利难以实现,因为合伙企业一旦解散,债权人向合伙人进行追索比起向合伙企业直接追索要困难许多。

（3）清算人向企业登记机关报送的清算报告有重大遗漏。

对于清算人的违法行为，本条规定由企业登记机关责令改正。如何责令改正应当具体情况具体分析：清算人未依照本法规定向企业登记机关报送清算报告的，责令其限期向企业登记机关报送；报送的清算报告隐瞒了重要事实或者有重大遗漏的，责令其限期补报或者重新报送。清算人未依法提交清算报告产生的费用、损失，是由于清算人的过错造成的，应当由清算人承担和赔偿。

第一百零一条　清算人执行清算事务，牟取非法收入或者侵占合伙企业财产的，应当将该收入和侵占的财产退还合伙企业；给合伙企业或者其他合伙人造成损失的，依法承担赔偿责任。

【释义】　本条是对清算人执行清算事务时牟取非法收入或者侵占合伙企业财产应承担的法律责任的规定。

本法第八十七条规定了清算人在清算期间的职权范围，即清理合伙企业财产，分别编制资产负债表和财产清单；处理与清算有关的合伙企业未了结事务；清缴所欠税款；清理债权、债务；处理合伙企业清偿债务后的剩余财产；代表合伙企业参加诉讼或者仲裁活动。清算人应当在法律规定的清算事务范围内活动，为合伙企业的合伙人和债权人的利益最大化服务，不得牟取私人利益。

清算人违反本条规定的行为，是一种职务违法行为，与清算人这一特殊身份紧密相连。具体包括：

（1）清算人牟取非法收入，即利用本人职务范围内主管、负责或者承办某些事务的权利所造成的便利条件，谋取不合法的财产或收入。比如，负责变卖剩余财产的清算人利用职权，暗中和第三人串谋，低价出售该财产并暗中收取回扣的行为。

（2）清算人侵占合伙企业财产，即利用职务上的便利，侵吞、窃取、骗取或者以其他手段非法占有合伙企业的财产。比如，负责清点合伙企业剩余财产的清算人利用职务便利，少报合伙企业剩余财产，并将该部分财产据为己有的行为。

上述两种行为的区别在于后者是直接获取了合伙企业的财产，前者是获得了其他利益，但该利益间接来源于合伙企业的财产减损。这些行为不但增加了债权人实现债权的难度，而且最终减损了合伙人的利益，从根本上违背了合伙人对清算人的信任，应当予以规制。

本条规定的法律责任，是返还财产和赔偿损失的民事责任。即合伙人应当将获得的非法收入和侵占的合伙企业财产退还合伙企业；给合伙企业或者其他合伙人造成损失的，应当承担相应的赔偿责任。

第一百零二条　清算人违反本法规定，隐匿、转移合伙企业财产，对资产负债表或者财产清单作虚假记载，或者在未清偿债务前分配财产，损害债权人利益的，依法承担赔偿责任。

【释义】　本条是对清算人违反本法规定，隐匿、转移合伙企业财产，对资产负债表或者财产清单作虚假记载，或者在未清偿债务前分配财产，损害债权人利益的行为应承担的法律责任的规定。

本法第八十六条第二款规定，清算人由全体合伙人担任；经全体合伙人过半数同意，可以指定一个或者数个合伙人，或者委托第三人，担任合伙人。现实生活中，不管是合伙人亲自清算还是委托合伙人信任的第三人清算，其出发点都是为了最大限度的维护合伙人的权益，由此，不可避免地和债权人存在利益冲突，有可能为了合伙人的利益而损害债权人的利益，本法的规制重点即在于此。

清算人应当在本法第八十七条的清算职权范围内活动，即清理合伙企业财产，分别编制资产负债表和财产清单；处理与清算有关的合伙企业未了结事务；清缴所欠税款；清理债权、债务；处理合伙企业清偿债务后的剩余财产；代表合伙企业参加诉讼或者仲裁活动。清算人执行清算事务应当维护合伙企业和合伙人的合法权益，但不得为合伙人牟取非法利益，更不能损害债权人的正当权益。

清算人违反本条规定的行为具体包括：

（1）清算人隐匿、转移合伙企业财产，即隐藏合伙企业财产和改变合伙企业财产的存在地点和存在形式。

（2）清算人对资产负债表或者财产清单作虚假记载，即改变资产负债表和财产清单的形式和数据。

（3）清算人在未清偿债务前分配财产。上述行为的结果是给合伙企业的债权人实现债权造成困难，虽然本法第三十九条、第九十二条规定了普通合伙人对合伙企业债务承担无限连带责任，但是，债权人转向普通合伙人追偿显然不如直接向合伙企业追偿方便，而且追偿的成本也大大增加；此外，在合伙人有意逃避债务的情况下，债权还存在落空的危险。

清算人有上述行为，损害债权人利益的，应承担赔偿损失的民事责任。

第一百零三条　合伙人违反合伙协议的，应当依法承担违约责任。

合伙人履行合伙协议发生争议的，合伙人可以通过协商或者调解解决。不愿通过协商、调解解决或者协商、调解不成的，可以按照合伙协议约定的仲裁条款或者事后达成的书面仲裁协议，向仲裁机构申请仲裁。合伙协议中未订立仲裁条款，事后又没有达成书面仲裁协议的，可以向人民法院起诉。

【释义】　本条是对合伙人的违约责任及合伙人履行合伙协议发生争议的解决方式的规定。

合伙人违反合伙协议的，应当依法承担违约责任。违约责任是指当事人不履行合同义务，或者履行合同义务不符合约定条件所应承担的民事责任。违约责任的具体特征包括：

(1)违约责任是合同当事人违反合同义务所引起的民事法律后果。

(2)违约责任的方式和范围,可以由当事人自由约定。

(3)违约责任主要是一种财产责任。

(4)违约责任的过错形式是无过错责任,只要当事人违反了合同约定,就应当承担相应的法律责任。违约责任的主要形式包括:① 继续履行;② 采取补救措施;③ 赔偿损失;④ 支付违约金。合伙协议也是一种合同,合同当事人应当依法履行,如果不履行或者不当履行,就应当承担相应的违约责任。

合伙人履行合伙协议发生争议的解决途径包括:

(1)合伙人可以通过协商或者调解解决。所谓协商解决,是指由合伙协议的当事人在相互理解和谅解的基础上,自愿解决合伙协议纠纷的一种解决方式。所谓调解解决,是指合伙协议的当事人在第三人的主持下,通过相互理解和谅解,自愿解决合伙协议纠纷的一种解决方式。

(2)不愿通过协商、调解解决或者协商、调解不成的,可以按照合伙协议约定的仲裁条款或者事后达成的书面仲裁协议,向仲裁机构申请仲裁。所谓仲裁,是指根据有关法律的规定或者当事人的约定,由一定的机构居中解决民事争议的一种法律制度。根据本条规定和仲裁法第十六条的规定,申请仲裁必须订有仲裁协议,即通过合同中订立的仲裁条款或者以其他书面方式在纠纷发生前或者纠纷发生后达成的请求仲裁的协议。仲裁协议应当有以下内容:一是请求仲裁的意思表示;二是仲裁事项;三是选定的仲裁委员会。

(3)合伙协议中未订立仲裁条款,事后又没有达成书面仲裁协议的,可以向人民法院起诉。依照法律规定,法院查明双方当事人对合同纠纷自愿达成书面仲裁协议的,应当驳回起诉,告知原告向仲裁机构申请仲裁;但是,双方当事人虽然达成仲裁协议,一方当事人向人民法院起诉时没有声明存在仲裁协议,另一方当事人应诉答辩的，人民法院有权受理。

上述三类纠纷解决方式是一种递进的关系：协商和调解优先，其次是仲裁，最后才是诉讼。合伙协议争议是一种民事纠纷，如果当事人能够自己解决，就不应当动用公共权力和司法资源。通过协商、调解的方式解决纠纷，符合中华民族以和为贵的优良传统，避免使矛盾激化，因此，应当成为纠纷解决方式的首选。通过仲裁的方式解决纠纷，也是当事人自由意志的反映；仲裁比之司法，一般更为高效快捷。民事诉讼是民事权利救济的最后一道防线，最具国家权威性和强制力，适宜作为最后的纠纷解决措施。

第一百零四条　有关行政管理机关的工作人员违反本法规定，滥用职权、徇私舞弊、收受贿赂、侵害合伙企业合法权益的，依法给予行政处分。

【释义】 本条是对有关行政管理机关的工作人员违反本法规定，滥用职权、徇私舞弊、收受贿赂、侵害合伙企业合法权益应承担的法律责任的规定。

有关行政管理机关（比如合伙企业登记机关）的工作人员是依法从事合伙企业监督管理工作的国家机关工作人员，是代表国家执法的特定主体。这些人员肩负着监督、维护社会秩序的重任，必须忠于职守、秉公执法。如果知法犯法，不仅会损害被监管的合伙企业的利益，扰乱社会主义市场经济秩序，而且违背建设服务型政府、廉洁高效政府的大潮流，损害党和国家的威信。因此，对于行政管理机关的工作人员违反本法规定，滥用职权、徇私舞弊、收受贿赂、侵害合伙企业合法权益的行为，必须依法追究责任。

有关行政管理机关的工作人员违反本条规定的行为包括：

（1）滥用职权，即有关行政管理机关的工作人员故意超过职权范围行使职权或者不适当地使用职权，致使公共财产、国家和人民利益遭受损失的行为。具体包括两层含义：一是指行使职权违反法律规定;二是指超越法定权限行使职权。

(2)徇私舞弊,即有关行政管理机关的工作人员在对合伙企业的监督管理工作中,为了私情或者牟取私利,故意违反事实或者法律作出枉法处理或枉法决定。

(3)收受贿赂,即有关行政管理机关的工作人员利用职务上的便利,索取他人财物或者非法收受他人财物,为他人谋取利益的行为。

(4)侵害合伙企业合法权益。

有关行政管理机关的工作人员违反本条规定,应承担的法律责任是行政处分。行政处分是行政责任的一种,它是指国家机关、企事业单位和社会团体依据行政管理法规、规章、纪律等,对其所属人员或者职工所作的处罚。根据公务员法第五十六条的规定,行政处分分为警告、记过、记大过、降级、撤职、开除六种形式。具体划分为三类:

(1)精神惩罚,也称申诫罚或声誉罚,其一般用于严重程度较低的违纪行为,主要是对公务员名誉的贬责,是有关机关向违纪者发出警戒,申明其有违纪行为,通过对其名誉、荣誉、信誉等施加影响,引起其精神上的警惕,使其不再违法违纪的惩罚形式。对公务员处分中的精神惩罚包括警告、记过、记大过。

(2)实质惩罚,我国处分制度中的实质惩罚,包括降级与撤职。降级与撤职都是较为严重的惩罚形式,是对犯有严重违法违纪行为的公务员所给予的惩戒,会使公务员在名誉、地位与经济等方面受到损失。降级是降低级别,根据人事部的有关规定,给予公务员降级处分,一般降低一个级别,如果本人级别为最低级的,可给予记大过处分。撤职是撤销职务,撤职后按降低一级以上职务另行确定职务,根据新任职务确定相应的级别和职务工资档次。本人职务为办事员的,可给予降级处分。

(3)开除,这是对违法违纪公务员最为严重的一种处分形式。

对于严重违法违纪，不适宜继续担任公务员职务的，有关机关应给予其开除处分。给予公务员开除处分，自处分之日起，解除其与机关的人事关系。

第一百零五条　违反本法规定，构成犯罪的，依法追究刑事责任。

【释义】　本条是对违反本法规定，构成犯罪的，依法追究刑事责任的规定。

所谓犯罪行为，依照刑法规定，是指一切危害国家主权、领土完整和安全，危害无产阶级专政制度，破坏社会主义市场经济秩序，破坏社会秩序，侵犯全民所有的财产或者劳动群众集体所有的财产，侵犯公民私人所有的合法财产权，侵犯公民的人身权利、民主权利及其他权利以及其他危害社会、依照法律应当受刑事处罚的行为。所谓刑事责任，是指行为人实施了刑法所禁止的行为即犯罪行为而必须承担的法律后果。本法所涉及的刑事责任，是指合伙企业及其相关人员，或者有关行政管理机关工作人员违反本法规定，构成刑事犯罪，应承担的法律责任。

涉及合伙企业及其相关人员的刑事违法行为主要有下列条款：

（1）清算人进行清算时，隐匿财产，对资产负债表或者财产清单作虚伪记载或者在未清偿债务前分配合伙企业财产，严重损害债权人或者其他人利益的；

（2）合伙企业隐匿或者故意销毁依法应当保存的会计凭证、会计账簿、财务会计报告，情节严重的；

（3）合伙企业通过隐匿财产、承担虚构的债务或者以其他方法转移、处分财产，实施虚假破产，严重损害债权人或者其他人利益的；

（4）合伙企业的工作人员利用职务上的便利，索取他人财物或者非法收受他人财物，为他人谋取利益，数额较大或者巨大的；合伙企业的工作人员在经济往来中，利用职务上的便利，违反国家规定，收受各种名义的回扣、手续费，归个人所有，数额较大或者巨大的；

(5)合伙企业的工作人员利用职务上的便利，将本单位财物非法占为己有，数额较大或者巨大的；

(6)合伙企业的工作人员利用职务上的便利，挪用本单位资金归个人使用或者借贷给他人，数额较大、超过 3 个月未还的，或者虽未超过 3 个月，但数额较大、进行营利活动的，或者进行非法活动的。

涉及有关行政管理机关工作人员的刑事违法行为主要有下列条款：

(1)行政管理机关工作人员利用职务上的便利，索取合伙企业财物的，或者非法收受合伙企业财物，为合伙企业谋取利益的；行政管理机关工作人员在经济往来中，违反国家规定，收受各种名义的回扣、手续费，归个人所有的。

(2)行政管理机关工作人员滥用职权、玩忽职守或者徇私舞弊，致使合伙企业的利益遭受重大损失或者情节特别严重的。

(3)行政管理机关工作人员徇私舞弊，对依法应当移交司法机关追究刑事责任的合伙企业及其相关人员不移交，情节严重或者造成严重后果的。

(4)行政管理机关工作人员徇私舞弊，不征或者少征应征税款，致使国家税收遭受重大或者特别重大损失的。

(5)对生产、销售伪劣商品犯罪行为负有追究责任的行政管理机关工作人员，徇私舞弊，不履行法律规定的追究职责，情节严重的。

第一百零六条　违反本法规定，应当承担民事赔偿责任和缴

纳罚款、罚金，其财产不足以同时支付的，先承担民事赔偿责任。

【释义】 本条是对民事赔偿优先原则的规定。

根据本章相关条文的规定，违反本法规定，应当承担民事赔偿责任和缴纳罚款、罚金的主体包括合伙企业、合伙人、合伙企业从业人员和清算人。本条所谓民事赔偿责任，是指违反本法规定或者违反合伙协议约定，对其他主体所应承担的赔偿损失的民事责任。所谓罚款，是指行为人违反法律、行政法规规定，由具有行政处罚权的行政机关对违法行为人作出的剥夺其一定数额金钱的行政处罚。所谓罚金，是指行为人违反国家刑事法律，构成犯罪，由人民法院强制犯罪分子向国家缴纳一定数额金钱，对罪犯进行经济制裁的一种刑事处罚。

合伙企业、合伙人、合伙企业从业人员、清算人违反本法规定的行为，可能构成犯罪，按照刑法的有关规定被判处罚金、没收财产等财产刑；可能侵犯其他公民、法人或者其他组织的财产权或者人身权，按照民事法律规范，需要承担民事赔偿责任，同时按照本法和有关法律、行政法规的规定可能被处以行政罚款。因此，合伙企业、合伙人、合伙企业从业人员、清算人违反本法规定的行为可能导致民事责任（损害赔偿）、行政责任（罚款）和刑事责任（罚金）的竞合。在这种情况下，可能在执行罚款或罚金外，可支付民事赔偿的财产很少或者没有了，不利于债权人利益的保护。因此，本条采用民事赔偿优先原则，即上述责任人既被处以罚款或者罚金，又负有民事赔偿责任，其财产不足以支付时，应当先行承担民事赔偿责任。

需要注意的是，合伙企业、合伙人、合伙企业从业人员、清算人用以承担民事赔偿责任的财产，应当是其本人的合法财产，对虽由其占有但属于他人的财产以及非法财产，不应当用以承担民事赔偿责任。

第六章 附 则

第一百零七条 非企业专业服务机构依据有关法律采取合伙制的，其合伙人承担责任的形式可以适用本法关于特殊的普通合伙企业合伙人承担责任的规定。

【释义】 本条是对非企业专业服务机构适用本法的规定。

随着我国社会主义市场经济的发展，以专业知识和专门技能为市场主体提供各种类型的有偿服务，并承担相应法律责任的专业服务机构迅速增加，其范围涉及经济、法律、文化、教育、体育、卫生等多个领域。包括会计师（审计师）事务所、财务咨询公司、税务师事务所、律师事务所，各种资产评估、价格鉴证、工程造价审计（审核、咨询）等经济类鉴证社会中介机构以及医疗、教育、科技专业服务机构等数十类。这些专业服务机构有的采取企业化运作模式，在工商部门登记，按照企业进行管理。有的则根据其业务内容担负着一定的社会职能，不在工商管理部门登记，不按企业对待。无论是否按企业模式运作、按企业进行管理，由于这些机构都具有以个人的专业知识和技能向社会提供服务的性质，本法规定的特殊的普通合伙形式是一种较为适合其开展有关服务活动的组织形式。实践中企业型专业服务机构和非企业型专业服务机构均有采用普通合伙形式的情况。本法在第二章第六节关于特殊的普通合伙企业的规定，为企业型专业服务机构采用这种形式提供了法律依据。根据实践的需要，本条规定，依据有关专门的法律规定，非企业专业服务机构采用合伙制的，其合伙人承担责任的形式可以适用第二章第六节的有关规定。第一，非企业专业服务机构采用特殊普通合伙形式应以相应的专门法律规定其可以采取合伙制为前提,有关的法律规定其不采用合伙制的,不适用本法的规定。第二,合伙人承担责任的原则是:一个或者数个合伙人在执业活动中因故意或者重大过失造成合伙企业债务的,应当承担无限责任或者无限连带责任,其他合伙人以其在合伙企业中的财产份额为限承担责任;合伙人在执业活动中非因故意或者重大过失造成的合伙企业债务以及合伙企业的其他债务,由全体合伙人承担无限连带责任。第三,这类服务机构应当建立执业风险基金、办理职业保险,并单独立户管理,用于偿付由执业行为形成的债务。第四,这类服务机构名称中应当标明"特殊普通合伙"字样。

对非企业专业服务机构的其他管理事项按照有关的法律、行政法规执行,不适用本法的其他规定。

在研究特殊普通合伙制度的过程中,对于专业服务机构是否为营利性的企业,争议较大。一些同志提出,有些专业服务机构如律师事务所等,虽然具有一定的社会服务职能,但从其收费及实际提供有偿服务的情况看,实质上已经成为了企业,应当统一到工商部门登记,适用本法的规定。至于对其社会责任的要求,可由有关专门的法律做出规定。对此,有些部门如司法部门提出,律师作为社会法律工作者,以维护法律的正确实施和维护当事人的合法权益为目标,在维护司法公正、尊重和保障人权、实现社会公平和正义方面担负着重要的任务。根据我国律师法的规定,律师的执业机构为非营利性组织,与合伙企业的营利性存在根本区别。律师事务所及律师还依法承担法律援助等社会责任,这些社会责任决定了律师职业的终极目标不是获取利润,决定了律师事务所的非营利性质。同时,合伙制律师事务所在具体管理制度方面与合伙企业也很不相同,因此,对合伙律师事务所,不宜像对待合伙企业一样要求其进行工商登记。从国外的情况看,中介机构适用合伙企业法的问题,也有两种不同的情况。比如,阿根廷有关法律规定，中介机构如律师事务所、会计师事务所不属于企业范畴，故不适用商事类企业立法，包括不适用合伙企业的有关规定。该国的中介机构如律师事务所等主要采用民事合伙的方式，适用合同法律关系。而加拿大等普通法系国家则对中介服务机构不作区分一律适用合伙企业法的有关规定。立法机关经研究认为，我国专业服务机构的情况较为复杂，其是否采用合伙形式，应由有关的专门法律作出规定，本法作为一部规范市场主体的法律，只提供可供市场主体选择的组织形式。因此，无论是企业型专业服务机构还是非企业型专业服务机构，原则上都可以采用这一组织形式。考虑到本法为合伙企业法，主要适用于企业，因此，本法在附则中对非企业型专业服务机构适用特殊普通合伙形式的问题作了专门规定。

第一百零八条　外国企业或者个人在中国境内设立合伙企业的管理办法由国务院规定。

【释义】　本条是对外国企业或个人在我国设立合伙企业的规定。

改革开放以来，我国分别制定了中外合资经营企业法、中外合作经营企业法和外资企业法。多年来，这三部法律成为我国吸引外资的重要法律依据。我国于1988年制定的中外合作经营企业法中允许外国的企业或个人与中国的企业和其他经济组织通过合同方式确立中外双方的权利、义务，开展非法人式的合作经营活动。此后国务院颁布的合作企业法实施细则又进一步明确规定，不具有法人资格的合作企业及其合作各方，其投资或者提供的合作条件，为合作各方分别所有或依约定共有。合作各方依照中国民事法律的有关规定，承担民事责任。1997年的合伙企业法并未对外国企业或个人在中国设立合伙企业作出专门的规定。在我国对外开放的具体实践中，有一些不具有法人资格的中外合作经营企业，其设立依据都是按照中外合作经营企业法及其实施细则，并且实质上是按照我国民法通则关于普通合伙的规定加以规范的。目前还没有外国投资者依据合伙企业法设立含有外资成分的合伙企业。因此，1997 年的合伙企业法实际上并未适用于外国投资者在中国投资设立的合伙。

这次修改合伙企业法，对是否应对外国企业或个人在中国举办合伙企业作出明确规定，也经过了充分地讨论。一种意见认为，允许外国企业或个人在中国境内设立或参与设立合伙企业，实际上是在现行中外合资经营企业、中外合作经营企业、外资企业之外创设了一种新的外商投资企业的形式。由于合伙企业的特征是普通合伙人对合伙企业债务承担无限连带责任，在中国没有商业存在的外国企业或个人因其财产主要在国外，难以追偿，因而这些合伙人承担无限连带责任往往落空，不利于保护债权人的利益。一些同志提出，是否可在经过实践总结经验后再作规定。另一种意见认为，这次修改合伙企业法，增加了法人可以作为合伙人，及专门适用于专业服务机构的特殊普通合伙企业等规定，这些规定给外资在我国举办中外合伙企业创造了较好的条件。我国在加入世贸组织时已经承诺对外国专业服务机构开放，而根据国际惯例，这些机构很多都采取国际通行的合伙企业形式。仅仅适用中外合作经营企业法，已不能适应外资在我国举办企业所需的多种组织形式的需要。明确规定外资可以在中国举办合伙企业符合我国加入世贸组织及进一步吸引外资、扩大对外开放的需要，有利于鼓励投资，发展经济。建议这次修改合伙企业法，对此加以明确。立法机关经过认真研究，在本法附则中增加了这一规定，即允许外国的企业和个人在中国举办外国与外国投资者、外国与中国投资者共同出资的合伙企业。

根据我国有关的外商投资企业法律的规定，长期以来，为了维护国家经济安全，根据产业政策，我国对外商在我国举办企业采取准入制度,并有一系列的管理措施。允许外国企业或个人在中国设立合伙企业,也应遵守我国现行的外商投资企业管理制度。因此,本条授权国务院对外国企业或者个人在中国境内设立合伙企业的具体管理办法作出规定。

第一百零九条　本法自2007年6月1日起施行。

【释义】 本条是关于本法实施日期的规定。

法律效力范围包括对人的效力、对具体事项或法律关系的效力、对地域的效力和对时间的效力等诸多方面,实施日期的规定属于时间效力的范畴,是法律发生效力的一个不可或缺的重要元素。本条规定的法律意义在于:第一,它规定了一个时间点,即本法自2007年6月1日起施行;第二,它设定了一个时间段,即本法自2006年8月27日经第十届全国人民代表大会常务委员会第二十三次会议审议通过并由国家主席颁布后,并不立即实施,而是预留了将近1年的"公布期"。

我国最初的合伙企业法颁布于1997年2月23日,从1997年8月1日起施行(以下简称"旧法"),2006年8月27日经十届人民代表大会常务委员会第二十三次会议审议通过并由国家主席颁布了修订后的合伙企业法(以下简称"新法")。从时间点的角度来看,本条的规定解决了关于法律实施的两个关键问题:其一,2007年6月1日为新法之法律效力的起始时间;其二,2007年6月1日是新法与旧法之法律效力的分界点。按照我国立法及法律实施的惯例,法律规定的实施日期之本日(而非次日)为该法律效力的起始日期。在此日期之前,本法不发生效力。换言之,新法从2007年6月1日开始生效;相应地,旧法在该日之前应继续有效。

从时间段的角度来看,本法从颁布到实施预留将近1年的"公布期"具有如下法律意义:其一,履行《加入WTO议定书》关于"透明度"的承诺。透明度原则是WTO各项协定所共同体现的基本原则之一，该原则的核心内容是成员方应当提前公布其欲实施的与货物贸易、服务贸易、与贸易有关的知识产权以及外汇管制等有关法律法规及其他措施，以便其他成员及其国民能够及时了解这些法律规则的信息并有合理的时间向有关主管机关提出意见，未公布的前述法律规则不得实施。我国在《加入 WTO 议定书》对此也做出了明确的承诺。合伙企业是我国企业组织形式的基本形式之一，尤其适合于从事服务贸易的商事主体，故本法与服务贸易有重要关联。本法规定将近 1 年的公布期，表明我国政府充分履行了"入世"议定书中所做的郑重承诺。其二，给行政机关制定有关管理办法以准备时间。法律的实施不能单纯依靠立法，还有赖于相关行政机关建立起有效的法律运行——执法体制。合伙企业的执法主要涉及企业的登记管理及对其有关虚假行为的监管。1997 年我国颁布合伙企业法后，国务院制定了《合伙企业登记管理办法》，随着新合伙企业法的颁布实施，《合伙企业登记管理办法》需作相应的调整。同时，本法还规定，对外国企业或个人在中国设立合伙企业的管理办法需由国务院制定。这也需要给国务院留出一定的时间制定有关的管理办法，以保证本法在施行之日能够顺利实施。而且，按照"入世"议定书，国务院的具体管理办法也需要提前公布，所以本法将近 1 年的公布期不仅是为了给国务院留出充分的时间制定管理办法，也是为了给其留出必要的公布期间。其三，给社会充分了解本法的时间。法律的实施更依赖于社会各界对法律规范的自觉遵守，其前提应当是公众对法律内容的充分了解。由于本法修订前后的内容差别比较大，这就需要在本法实施前给公众必要的时间了解新法的内容。其实，这也是法制宣传的一种必要形式。

第二部分　附　　录

中华人民共和国合伙企业法

（1997年2月23日第八届全国人民代表大会常务委员会
第二十四次会议通过　2006年8月27日第十届全国
人民代表大会常务委员会第二十三次会议修订
2006年8月27日中华人民共和国主席令第五十五号公布
自2007年6月1日起施行）

目　　录

第一章　总　　则

第一条　为了规范合伙企业的行为,保护合伙企业及其合伙人、债权人的合法权益,维护社会经济秩序,促进社会主义市场经济的发展,制定本法。

第二条　本法所称合伙企业,是指自然人、法人和其他组织依照本法在中国境内设立的普通合伙企业和有限合伙企业。

普通合伙企业由普通合伙人组成,合伙人对合伙企业债务承担无限连带责任。本法对普通合伙人承担责任的形式有特别规定的,从其规定。

有限合伙企业由普通合伙人和有限合伙人组成,普通合伙人对合伙企业债务承担无限连带责任,有限合伙人以其认缴的出资额为限对合伙企业债务承担责任。

第三条　国有独资公司、国有企业、上市公司以及公益性的事业单位、社会团体不得成为普通合伙人。

第四条　合伙协议依法由全体合伙人协商一致、以书面形式订立。

第五条　订立合伙协议、设立合伙企业,应当遵循自愿、平等、公平、诚实信用原则。

第六条　合伙企业的生产经营所得和其他所得,按照国家有关税收规定,由合伙人分别缴纳所得税。

第七条　合伙企业及其合伙人必须遵守法律、行政法规,遵守社会公德、商业道德,承担社会责任。

第八条　合伙企业及其合伙人的合法财产及其权益受法律保护。

第九条　申请设立合伙企业,应当向企业登记机关提交登记申请书、合伙协议书、合伙人身份证明等文件。

合伙企业的经营范围中有属于法律、行政法规规定在登记前须经批准的项目的，该项经营业务应当依法经过批准，并在登记时提交批准文件。

第十条 申请人提交的登记申请材料齐全、符合法定形式，企业登记机关能够当场登记的，应予当场登记，发给营业执照。

除前款规定情形外，企业登记机关应当自受理申请之日起二十日内，作出是否登记的决定。予以登记的，发给营业执照；不予登记的，应当给予书面答复，并说明理由。

第十一条 合伙企业的营业执照签发日期，为合伙企业成立日期。

合伙企业领取营业执照前，合伙人不得以合伙企业名义从事合伙业务。

第十二条 合伙企业设立分支机构，应当向分支机构所在地的企业登记机关申请登记，领取营业执照。

第十三条 合伙企业登记事项发生变更的，执行合伙事务的合伙人应当自作出变更决定或者发生变更事由之日起十五日内，向企业登记机关申请办理变更登记。

第二章 普通合伙企业

第一节 合伙企业设立

第十四条 设立合伙企业，应当具备下列条件：

（一）有二个以上合伙人。合伙人为自然人的，应当具有完全民事行为能力；

（二）有书面合伙协议；

（三）有合伙人认缴或者实际缴付的出资；

（四）有合伙企业的名称和生产经营场所；

（五）法律、行政法规规定的其他条件。

第十五条 合伙企业名称中应当标明“普通合伙”字样。

第十六条 合伙人可以用货币、实物、知识产权、土地使用权或者其他财产权利出资,也可以用劳务出资。

合伙人以实物、知识产权、土地使用权或者其他财产权利出资,需要评估作价的,可以由全体合伙人协商确定,也可以由全体合伙人委托法定评估机构评估。

合伙人以劳务出资的,其评估办法由全体合伙人协商确定,并在合伙协议中载明。

第十七条 合伙人应当按照合伙协议约定的出资方式、数额和缴付期限,履行出资义务。

以非货币财产出资的,依照法律、行政法规的规定,需要办理财产权转移手续的,应当依法办理。

第十八条 合伙协议应当载明下列事项:

(一)合伙企业的名称和主要经营场所的地点;

(二)合伙目的和合伙经营范围;

(三)合伙人的姓名或者名称、住所;

(四)合伙人的出资方式、数额和缴付期限;

(五)利润分配、亏损分担方式;

(六)合伙事务的执行;

(七)入伙与退伙;

(八)争议解决办法;

(九)合伙企业的解散与清算;

(十)违约责任。

第十九条 合伙协议经全体合伙人签名、盖章后生效。合伙人按照合伙协议享有权利,履行义务。

修改或者补充合伙协议,应当经全体合伙人一致同意;但是,合伙协议另有约定的除外。

合伙协议未约定或者约定不明确的事项,由合伙人协商决定;协商不成的,依照本法和其他有关法律、行政法规的规定处理。

第二节 合伙企业财产

第二十条 合伙人的出资、以合伙企业名义取得的收益和依法取得的其他财产，均为合伙企业的财产。

第二十一条 合伙人在合伙企业清算前，不得请求分割合伙企业的财产；但是，本法另有规定的除外。

合伙人在合伙企业清算前私自转移或者处分合伙企业财产的，合伙企业不得以此对抗善意第三人。

第二十二条 除合伙协议另有约定外，合伙人向合伙人以外的人转让其在合伙企业中的全部或者部分财产份额时，须经其他合伙人一致同意。

合伙人之间转让在合伙企业中的全部或者部分财产份额时，应当通知其他合伙人。

第二十三条 合伙人向合伙人以外的人转让其在合伙企业中的财产份额的，在同等条件下，其他合伙人有优先购买权；但是，合伙协议另有约定的除外。

第二十四条 合伙人以外的人依法受让合伙人在合伙企业中的财产份额的，经修改合伙协议即成为合伙企业的合伙人，依照本法和修改后的合伙协议享有权利，履行义务。

第二十五条 合伙人以其在合伙企业中的财产份额出质的，须经其他合伙人一致同意；未经其他合伙人一致同意，其行为无效，由此给善意第三人造成损失的，由行为人依法承担赔偿责任。

第三节 合伙事务执行

第二十六条 合伙人对执行合伙事务享有同等的权利。

按照合伙协议的约定或者经全体合伙人决定，可以委托一个或者数个合伙人对外代表合伙企业，执行合伙事务。

作为合伙人的法人、其他组织执行合伙事务的，由其委派的代表执行。

第二十七条 依照本法第二十六条第二款规定委托一个或者数个合伙人执行合伙事务的,其他合伙人不再执行合伙事务。

不执行合伙事务的合伙人有权监督执行事务合伙人执行合伙事务的情况。

第二十八条 由一个或者数个合伙人执行合伙事务的,执行事务合伙人应当定期向其他合伙人报告事务执行情况以及合伙企业的经营和财务状况,其执行合伙事务所产生的收益归合伙企业,所产生的费用和亏损由合伙企业承担。

合伙人为了解合伙企业的经营状况和财务状况,有权查阅合伙企业会计账簿等财务资料。

第二十九条 合伙人分别执行合伙事务的,执行事务合伙人可以对其他合伙人执行的事务提出异议。提出异议时,应当暂停该项事务的执行。如果发生争议,依照本法第三十条规定作出决定。

受委托执行合伙事务的合伙人不按照合伙协议或者全体合伙人的决定执行事务的,其他合伙人可以决定撤销该委托。

第三十条 合伙人对合伙企业有关事项作出决议,按照合伙协议约定的表决办法办理。合伙协议未约定或者约定不明确的,实行合伙人一人一票并经全体合伙人过半数通过的表决办法。

本法对合伙企业的表决办法另有规定的,从其规定。

第三十一条 除合伙协议另有约定外,合伙企业的下列事项应当经全体合伙人一致同意:

(一)改变合伙企业的名称;

(二)改变合伙企业的经营范围、主要经营场所的地点;

(三)处分合伙企业的不动产;

(四)转让或者处分合伙企业的知识产权和其他财产权利;

(五)以合伙企业名义为他人提供担保;

(六)聘任合伙人以外的人担任合伙企业的经营管理人员。

第三十二条 合伙人不得自营或者同他人合作经营与本合伙企

业相竞争的业务。

除合伙协议另有约定或者经全体合伙人一致同意外，合伙人不得同本合伙企业进行交易。

合伙人不得从事损害本合伙企业利益的活动。

第三十三条　合伙企业的利润分配、亏损分担，按照合伙协议的约定办理；合伙协议未约定或者约定不明确的，由合伙人协商决定；协商不成的，由合伙人按照实缴出资比例分配、分担；无法确定出资比例的，由合伙人平均分配、分担。

合伙协议不得约定将全部利润分配给部分合伙人或者由部分合伙人承担全部亏损。

第三十四条　合伙人按照合伙协议的约定或者经全体合伙人决定，可以增加或者减少对合伙企业的出资。

第三十五条　被聘任的合伙企业的经营管理人员应当在合伙企业授权范围内履行职务。

被聘任的合伙企业的经营管理人员，超越合伙企业授权范围履行职务，或者在履行职务过程中因故意或者重大过失给合伙企业造成损失的，依法承担赔偿责任。

第三十六条　合伙企业应当依照法律、行政法规的规定建立企业财务、会计制度。

第四节　合伙企业与第三人关系

第三十七条　合伙企业对合伙人执行合伙事务以及对外代表合伙企业权利的限制，不得对抗善意第三人。

第三十八条　合伙企业对其债务，应先以其全部财产进行清偿。

第三十九条　合伙企业不能清偿到期债务的，合伙人承担无限连带责任。

第四十条　合伙人由于承担无限连带责任，清偿数额超过本法第三十三条第一款规定的其亏损分担比例的，有权向其他合伙人追偿。

第四十一条 合伙人发生与合伙企业无关的债务，相关债权人不得以其债权抵销其对合伙企业的债务；也不得代位行使合伙人在合伙企业中的权利。

第四十二条 合伙人的自有财产不足清偿其与合伙企业无关的债务的，该合伙人可以以其从合伙企业中分取的收益用于清偿；债权人也可以依法请求人民法院强制执行该合伙人在合伙企业中的财产份额用于清偿。

人民法院强制执行合伙人的财产份额时，应当通知全体合伙人，其他合伙人有优先购买权；其他合伙人未购买，又不同意将该财产份额转让给他人的，依照本法第五十一条的规定为该合伙人办理退伙结算，或者办理削减该合伙人相应财产份额的结算。

第五节 入伙、退伙

第四十三条 新合伙人入伙，除合伙协议另有约定外，应当经全体合伙人一致同意，并依法订立书面入伙协议。

订立入伙协议时，原合伙人应当向新合伙人如实告知原合伙企业的经营状况和财务状况。

第四十四条 入伙的新合伙人与原合伙人享有同等权利，承担同等责任。入伙协议另有约定的，从其约定。

新合伙人对入伙前合伙企业的债务承担无限连带责任。

第四十五条 合伙协议约定合伙期限的，在合伙企业存续期间，有下列情形之一的，合伙人可以退伙：

（一）合伙协议约定的退伙事由出现；

（二）经全体合伙人一致同意；

（三）发生合伙人难以继续参加合伙的事由；

（四）其他合伙人严重违反合伙协议约定的义务。

第四十六条 合伙协议未约定合伙期限的，合伙人在不给合伙企业事务执行造成不利影响的情况下，可以退伙，但应当提前三十日通知其他合伙人。

第四十七条 合伙人违反本法第四十五条、第四十六条的规定退伙的，应当赔偿由此给合伙企业造成的损失。

第四十八条 合伙人有下列情形之一的，当然退伙：

（一）作为合伙人的自然人死亡或者被依法宣告死亡；

（二）个人丧失偿债能力；

（三）作为合伙人的法人或者其他组织依法被吊销营业执照、责令关闭、撤销，或者被宣告破产；

（四）法律规定或者合伙协议约定合伙人必须具有相关资格而丧失该资格；

（五）合伙人在合伙企业中的全部财产份额被人民法院强制执行。

合伙人被依法认定为无民事行为能力人或者限制民事行为能力人的，经其他合伙人一致同意，可以依法转为有限合伙人，普通合伙企业依法转为有限合伙企业。其他合伙人未能一致同意的，该无民事行为能力或者限制民事行为能力的合伙人退伙。

退伙事由实际发生之日为退伙生效日。

第四十九条 合伙人有下列情形之一的，经其他合伙人一致同意，可以决议将其除名：

（一）未履行出资义务；

（二）因故意或者重大过失给合伙企业造成损失；

（三）执行合伙事务时有不正当行为；

（四）发生合伙协议约定的事由。

对合伙人的除名决议应当书面通知被除名人。被除名人接到除名通知之日，除名生效，被除名人退伙。

被除名人对除名决议有异议的，可以自接到除名通知之日起三十日内，向人民法院起诉。

第五十条 合伙人死亡或者被依法宣告死亡的，对该合伙人在合伙企业中的财产份额享有合法继承权的继承人，按照合伙协议的约定或者经全体合伙人一致同意，从继承开始之日起，取得该合伙企业的合伙人资格。

有下列情形之一的，合伙企业应当向合伙人的继承人退还被继承合伙人的财产份额：

（一）继承人不愿意成为合伙人；

（二）法律规定或者合伙协议约定合伙人必须具有相关资格，而该继承人未取得该资格；

（三）合伙协议约定不能成为合伙人的其他情形。

合伙人的继承人为无民事行为能力人或者限制民事行为能力人的，经全体合伙人一致同意，可以依法成为有限合伙人，普通合伙企业依法转为有限合伙企业。全体合伙人未能一致同意的，合伙企业应当将被继承合伙人的财产份额退还该继承人。

第五十一条 合伙人退伙，其他合伙人应当与该退伙人按照退伙时的合伙企业财产状况进行结算，退还退伙人的财产份额。退伙人对给合伙企业造成的损失负有赔偿责任的，相应扣减其应当赔偿的数额。

退伙时有未了结的合伙企业事务的，待该事务了结后进行结算。

第五十二条 退伙人在合伙企业中财产份额的退还办法，由合伙协议约定或者由全体合伙人决定，可以退还货币，也可以退还实物。

第五十三条 退伙人对基于其退伙前的原因发生的合伙企业债务，承担无限连带责任。

第五十四条 合伙人退伙时，合伙企业财产少于合伙企业债务的，退伙人应当依照本法第三十三条第一款的规定分担亏损。

第六节 特殊的普通合伙企业

第五十五条 以专业知识和专门技能为客户提供有偿服务的专业服务机构，可以设立为特殊的普通合伙企业。

特殊的普通合伙企业是指合伙人依照本法第五十七条的规定承担责任的普通合伙企业。

特殊的普通合伙企业适用本节规定;本节未作规定的,适用本章第一节至第五节的规定。

第五十六条 特殊的普通合伙企业名称中应当标明“特殊普通合伙”字样。

第五十七条 一个合伙人或者数个合伙人在执业活动中因故意或者重大过失造成合伙企业债务的,应当承担无限责任或者无限连带责任,其他合伙人以其在合伙企业中的财产份额为限承担责任。

合伙人在执业活动中非因故意或者重大过失造成的合伙企业债务以及合伙企业的其他债务,由全体合伙人承担无限连带责任。

第五十八条 合伙人执业活动中因故意或者重大过失造成的合伙企业债务,以合伙企业财产对外承担责任后,该合伙人应当按照合伙协议的约定对给合伙企业造成的损失承担赔偿责任。

第五十九条 特殊的普通合伙企业应当建立执业风险基金、办理职业保险。

执业风险基金用于偿付合伙人执业活动造成的债务。执业风险基金应当单独立户管理。具体管理办法由国务院规定。

第三章 有限合伙企业

第六十条 有限合伙企业及其合伙人适用本章规定;本章未作规定的,适用本法第二章第一节至第五节关于普通合伙企业及其合伙人的规定。

第六十一条 有限合伙企业由二个以上五十个以下合伙人设立;但是,法律另有规定的除外。

有限合伙企业至少应当有一个普通合伙人。

第六十二条 有限合伙企业名称中应当标明“有限合伙”字样。

第六十三条 合伙协议除符合本法第十八条的规定外,还应当载明下列事项:

(一)普通合伙人和有限合伙人的姓名或者名称、住所;

（二）执行事务合伙人应具备的条件和选择程序；

（三）执行事务合伙人权限与违约处理办法；

（四）执行事务合伙人的除名条件和更换程序；

（五）有限合伙人入伙、退伙的条件、程序以及相关责任；

（六）有限合伙人和普通合伙人相互转变程序。

第六十四条 有限合伙人可以用货币、实物、知识产权、土地使用权或者其他财产权利作价出资。

有限合伙人不得以劳务出资。

第六十五条 有限合伙人应当按照合伙协议的约定按期足额缴纳出资；未按期足额缴纳的，应当承担补缴义务，并对其他合伙人承担违约责任。

第六十六条 有限合伙企业登记事项中应当载明有限合伙人的姓名或者名称及认缴的出资数额。

第六十七条 有限合伙企业由普通合伙人执行合伙事务。执行事务合伙人可以要求在合伙协议中确定执行事务的报酬及报酬提取方式。

第六十八条 有限合伙人不执行合伙事务，不得对外代表有限合伙企业。

有限合伙人的下列行为，不视为执行合伙事务：

（一）参与决定普通合伙人入伙、退伙；

（二）对企业的经营管理提出建议；

（三）参与选择承办有限合伙企业审计业务的会计师事务所；

（四）获取经审计的有限合伙企业财务会计报告；

（五）对涉及自身利益的情况，查阅有限合伙企业财务会计账簿等财务资料；

（六）在有限合伙企业中的利益受到侵害时，向有责任的合伙人主张权利或者提起诉讼；

（七）执行事务合伙人怠于行使权利时，督促其行使权利或者为了本企业的利益以自己的名义提起诉讼；

（八）依法为本企业提供担保。

第六十九条 有限合伙企业不得将全部利润分配给部分合伙人；但是，合伙协议另有约定的除外。

第七十条 有限合伙人可以同本有限合伙企业进行交易；但是，合伙协议另有约定的除外。

第七十一条 有限合伙人可以自营或者同他人合作经营与本有限合伙企业相竞争的业务；但是，合伙协议另有约定的除外。

第七十二条 有限合伙人可以将其在有限合伙企业中的财产份额出质；但是，合伙协议另有约定的除外。

第七十三条 有限合伙人可以按照合伙协议的约定向合伙人以外的人转让其在有限合伙企业中的财产份额，但应当提前三十日通知其他合伙人。

第七十四条 有限合伙人的自有财产不足清偿其与合伙企业无关的债务的，该合伙人可以以其从有限合伙企业中分取的收益用于清偿；债权人也可以依法请求人民法院强制执行该合伙人在有限合伙企业中的财产份额用于清偿。

人民法院强制执行有限合伙人的财产份额时，应当通知全体合伙人。在同等条件下，其他合伙人有优先购买权。

第七十五条 有限合伙企业仅剩有限合伙人的，应当解散；有限合伙企业仅剩普通合伙人的，转为普通合伙企业。

第七十六条 第三人有理由相信有限合伙人为普通合伙人并与其交易的，该有限合伙人对该笔交易承担与普通合伙人同样的责任。

有限合伙人未经授权以有限合伙企业名义与他人进行交易，给有限合伙企业或者其他合伙人造成损失的，该有限合伙人应当承担赔偿责任。

第七十七条 新入伙的有限合伙人对入伙前有限合伙企业的债务，以其认缴的出资额为限承担责任。

第七十八条 有限合伙人有本法第四十八条第一款第一项、第三项至第五项所列情形之一的，当然退伙。

第七十九条 作为有限合伙人的自然人在有限合伙企业存续期间丧失民事行为能力的，其他合伙人不得因此要求其退伙。

第八十条 作为有限合伙人的自然人死亡、被依法宣告死亡或者作为有限合伙人的法人及其他组织终止时，其继承人或者权利承受人可以依法取得该有限合伙人在有限合伙企业中的资格。

第八十一条 有限合伙人退伙后，对基于其退伙前的原因发生的有限合伙企业债务，以其退伙时从有限合伙企业中取回的财产承担责任。

第八十二条 除合伙协议另有约定外，普通合伙人转变为有限合伙人，或者有限合伙人转变为普通合伙人，应当经全体合伙人一致同意。

第八十三条 有限合伙人转变为普通合伙人的，对其作为有限合伙人期间有限合伙企业发生的债务承担无限连带责任。

第八十四条 普通合伙人转变为有限合伙人的，对其作为普通合伙人期间合伙企业发生的债务承担无限连带责任。

第四章 合伙企业解散、清算

第八十五条 合伙企业有下列情形之一的，应当解散：

（一）合伙期限届满，合伙人决定不再经营；

（二）合伙协议约定的解散事由出现；

（三）全体合伙人决定解散；

（四）合伙人已不具备法定人数满三十天；

（五）合伙协议约定的合伙目的已经实现或者无法实现；

（六）依法被吊销营业执照、责令关闭或者被撤销；

（七）法律、行政法规规定的其他原因。

第八十六条 合伙企业解散，应当由清算人进行清算。

清算人由全体合伙人担任；经全体合伙人过半数同意，可以自合伙企业解散事由出现后十五日内指定一个或者数个合伙人，或者委托第三人，担任清算人。

自合伙企业解散事由出现之日起十五日内未确定清算人的，合伙人或者其他利害关系人可以申请人民法院指定清算人。

第八十七条 清算人在清算期间执行下列事务：

（一）清理合伙企业财产，分别编制资产负债表和财产清单；

（二）处理与清算有关的合伙企业未了结事务；

（三）清缴所欠税款；

（四）清理债权、债务；

（五）处理合伙企业清偿债务后的剩余财产；

（六）代表合伙企业参加诉讼或者仲裁活动。

第八十八条 清算人自被确定之日起十日内将合伙企业解散事项通知债权人，并于六十日内在报纸上公告。债权人应当自接到通知书之日起三十日内，未接到通知书的自公告之日起四十五日内，向清算人申报债权。

债权人申报债权，应当说明债权的有关事项，并提供证明材料。清算人应当对债权进行登记。

清算期间，合伙企业存续，但不得开展与清算无关的经营活动。

第八十九条 合伙企业财产在支付清算费用和职工工资、社会保险费用、法定补偿金以及缴纳所欠税款、清偿债务后的剩余财产，依照本法第三十三条第一款的规定进行分配。

第九十条 清算结束，清算人应当编制清算报告，经全体合伙人签名、盖章后，在十五日内向企业登记机关报送清算报告，申请办理合伙企业注销登记。

第九十一条 合伙企业注销后，原普通合伙人对合伙企业存续期间的债务仍应承担无限连带责任。

第九十二条 合伙企业不能清偿到期债务的，债权人可以依法向人民法院提出破产清算申请，也可以要求普通合伙人清偿。

合伙企业依法被宣告破产的，普通合伙人对合伙企业债务仍应承担无限连带责任。

第五章　法 律 责 任

第九十三条　违反本法规定，提交虚假文件或者采取其他欺骗手段，取得合伙企业登记的，由企业登记机关责令改正，处以五千元以上五万元以下的罚款；情节严重的，撤销企业登记，并处以五万元以上二十万元以下的罚款。

第九十四条　违反本法规定，合伙企业未在其名称中标明“普通合伙”、“特殊普通合伙”或者“有限合伙”字样的，由企业登记机关责令限期改正，处以二千元以上一万元以下的罚款。

第九十五条　违反本法规定，未领取营业执照，而以合伙企业或者合伙企业分支机构名义从事合伙业务的，由企业登记机关责令停止，处以五千元以上五万元以下的罚款。

合伙企业登记事项发生变更时，未依照本法规定办理变更登记的，由企业登记机关责令限期登记；逾期不登记的，处以二千元以上二万元以下的罚款。

合伙企业登记事项发生变更，执行合伙事务的合伙人未按期申请办理变更登记的，应当赔偿由此给合伙企业、其他合伙人或者善意第三人造成的损失。

第九十六条　合伙人执行合伙事务，或者合伙企业从业人员利用职务上的便利，将应当归合伙企业的利益据为己有的，或者采取其他手段侵占合伙企业财产的，应当将该利益和财产退还合伙企业；给合伙企业或者其他合伙人造成损失的，依法承担赔偿责任。

第九十七条　合伙人对本法规定或者合伙协议约定必须经全体合伙人一致同意始得执行的事务擅自处理，给合伙企业或者其他合伙人造成损失的，依法承担赔偿责任。

第九十八条　不具有事务执行权的合伙人擅自执行合伙事务，给合伙企业或者其他合伙人造成损失的，依法承担赔偿责任。

第九十九条　合伙人违反本法规定或者合伙协议的约定，从事与本合伙企业相竞争的业务或者与本合伙企业进行交易的，该收益归合伙企业所有；给合伙企业或者其他合伙人造成损失的，依法承担赔偿责任。

第一百条　清算人未依照本法规定向企业登记机关报送清算报告，或者报送清算报告隐瞒重要事实，或者有重大遗漏的，由企业登记机关责令改正。由此产生的费用和损失，由清算人承担和赔偿。

第一百零一条　清算人执行清算事务，牟取非法收入或者侵占合伙企业财产的，应当将该收入和侵占的财产退还合伙企业；给合伙企业或者其他合伙人造成损失的，依法承担赔偿责任。

第一百零二条　清算人违反本法规定，隐匿、转移合伙企业财产，对资产负债表或者财产清单作虚假记载，或者在未清偿债务前分配财产，损害债权人利益的，依法承担赔偿责任。

第一百零三条　合伙人违反合伙协议的，应当依法承担违约责任。

合伙人履行合伙协议发生争议的，合伙人可以通过协商或者调解解决。不愿通过协商、调解解决或者协商、调解不成的，可以按照合伙协议约定的仲裁条款或者事后达成的书面仲裁协议，向仲裁机构申请仲裁。合伙协议中未订立仲裁条款，事后又没有达成书面仲裁协议的，可以向人民法院起诉。

第一百零四条　有关行政管理机关的工作人员违反本法规定，滥用职权、徇私舞弊、收受贿赂、侵害合伙企业合法权益的，依法给予行政处分。

第一百零五条　违反本法规定，构成犯罪的，依法追究刑事责任。

第一百零六条　违反本法规定，应当承担民事赔偿责任和缴纳罚款、罚金，其财产不足以同时支付的，先承担民事赔偿责任。

第六章　附　　则

第一百零七条　非企业专业服务机构依据有关法律采取合伙制

的,其合伙人承担责任的形式可以适用本法关于特殊的普通合伙企业合伙人承担责任的规定。

第一百零八条 外国企业或者个人在中国境内设立合伙企业的管理办法由国务院规定。

第一百零九条 本法自2007年6月1日起施行。

关于《中华人民共和国合伙企业法(修订草案)》的说明

——2006年4月25日在第十届全国人民代表大会常务委员会第二十一次会议上

全国人大财政经济委员会副主任委员 严义埙

全国人民代表大会常务委员会:

根据十届全国人大常委会立法规划的安排,全国人大财经委员会负责组织起草《中华人民共和国合伙企业法(修订草案)》(以下简称草案). 2004年2月,财经委员会会同全国人大常委会有关工作机构、国务院有关部门、单位以及专家学者组成起草组,在开展专题调研和课题研究的基础上,认真总结实施经验,深入研究存在的问题,根据我国社会主义市场经济体制建设和经济社会发展的实际需要,拟订了修订草案稿。之后又广泛征求各地、各部门、企业、机构和专家学者的意见,与全国人大法律委员会和国务院有关部门进行协商,形成了目前的草案。下面,我受财经委员会的委托,就草案作如下说明。

一、关于合伙企业法修订的必要性

《中华人民共和国合伙企业法》(以下简称合伙企业法)自1997年8月1日施行以来,对于确立合伙企业的法律地位,规范合伙企业设立与经营，保护合伙企业及其合伙人的合法权益，鼓励民间投资，促进经济发展，发挥了积极作用。截至2003年底，依据该法设立的合伙企业有5.4万家，连同依据《私营企业暂行条例》设立的6.7万家合伙企业，合计12.1万家。其中，一些会计师事务所等专业服务机构也依据该法登记设立。

随着社会主义市场经济体制的逐步完善，经济社会生活中出现了一些新的情况和问题，合伙企业法的有些规定已不适应现实要求。近年来，有不少全国人大代表提出议案或建议，要求修订合伙企业法，有的还拟订了修订建议稿。因此，该法迫切需要修改完善：

第一，合伙企业法规范的对象比较单一。该法第二条规定，“本法所称合伙企业，是指依照本法在中国境内设立的由各合伙人订立合伙协议，共同投资、合伙经营、共享收益、共担风险，并对合伙企业债务承担无限连带责任的营利性组织”。第八条规定合伙人应当是“依法承担无限责任者”。当时该法将调整对象主要限定为规模较小的私营企业。但是这样规定，一是限制了愿意参与合伙，但不愿承担无限连带责任的投资者的投资选择；二是限制了公司等法人组织利用合伙方式投资经营，特别是直接影响大企业与具有特定优势的中小企业通过设立合伙企业进行合作。

第二，发展风险投资迫切需要在法律中规定有限合伙制度。风险投资是上世纪六十年代快速发展起来的一种股权投资方式，主要通过持有股权，投资于在创业阶段有快速成长可能的科技型中小企业，以促进这类企业的技术开发、创业发展和资金融通。它是吸引社会投资、鼓励自主创新，促进高新技术企业发展的有效方式。风险投资常用的组织形式是有限合伙，即在至少有一名合伙人承担无限责任的基础上，允许其他合伙人承担有限责任，从而将具有投资管理经验或技术研发能力的机构或个人，与具有资金实力的投资机构有效结合起来。既激励管理者全力创业，降低决策管理成本，提高投资收益，又使资金投入机构在承担与公司制企业同样责任的前提下，有可能获得更高的收益。根据国家鼓励自主创新、建设创新型社会的要求,需要大力发展风险投资事业,由于合伙企业法没有规定有限合伙制度,而且有的条文对设立有限合伙形成直接限制,使我国风险投资难以采用这一制度。目前,我国一些省市为了鼓励创新,发展风险投资,在有限合伙方面做了一些尝试,由于立法层次不高,效果不很理想,迫切需要通过国家立法加以促进和规范。

第三,专业服务机构的发展迫切需要在法律中规定有限责任合伙制度。有限责任合伙是普通合伙的一种发展形式,各合伙人仍对合伙债务承担无限责任,但仅对由本人负责的业务或过错所导致的合伙债务承担无限责任,对因其他合伙人过错造成的合伙债务不负无限连带责任。许多国际专业服务机构,如普华、德勤、安永、毕马威等4家国际最大的会计师事务所,都采用了有限责任合伙形式。由于我国合伙企业法没有规定有限责任合伙,只规定了全体合伙人承担无限连带责任的普通合伙,因此,会计师事务所等专业服务机构的发展受到很大限制,规模普遍偏小,难以与国外的专业服务机构展开竞争。这就迫切需要在合伙企业法中明确规定有限责任合伙的组织形式,以利于这类机构发展壮大以及与国际专业服务机构竞争。

二、关于草案修订的主要内容

与现行合伙企业法相比,草案新增26条,删除2条,合并4条,由原来的九章78条增加到十一章100条。修改的主要内容是:

(一)增加有限合伙制度。有限合伙是对合伙企业债务承担无限责任的普通合伙人与承担有限责任的有限合伙人共同组成的合伙。这种组织形式主要适用于风险投资,由具有良好投资意识的专业管理机构或个人作为普通合伙人,承担无限连带责任,行使合伙事务执行权,负责企业的经营管理;作为资金投入者的有限合伙人依据合伙协议享受合伙收益,对企业债务只承担有限责任,不对外代表合伙,也不直接参与企业经营管理。根据我国建设创新型社会的需要,为鼓励推动风险投资事业发展,草案增加“有限合伙的特殊规定”一章,主要规定了有限合伙人的权利与义务,有限合伙的事务执行,以及有限合伙不同于普通合伙的特殊规定等内容。

（二）增加有限责任合伙制度。有限责任合伙的合伙人仍对合伙债务承担无限连带责任，但这种制度将合伙人的无限连带责任仅局限于本人业务范围及过错，使这些专业服务机构的合伙人避免承担过度风险，有利于其发展壮大和异地发展业务。根据上述情况，草案增加了“有限责任合伙的特殊规定”一章，就有限责任合伙的定义、专业服务机构的责任、执业风险基金等内容作了规定。

由于有限责任合伙限定了合伙人对合伙企业债务承担无限责任的范围，客观上需要增加对客户和第三人的补充保护制度。为此，草案规定，有限责任合伙机构要从业务收入中提取一定比例资金，建立执业风险基金，用于偿付由执业责任形成的债务。

对哪些机构可以采用有限责任合伙形式，草案在第七十条作了原则规定：“本章适用于依法登记为合伙企业的会计师事务所等以专业知识和专门技能为客户提供有偿服务，并承担相应法律责任的专业服务机构”。这既明确了对会计师事务所的直接适用，也为将来可能采用合伙制或有限责任合伙制的行业和机构留有余地。

（三）明确法人可以参与合伙。现行合伙企业法对法人合伙的规定不够明确。法人参与合伙可以使公司等企业法人利用合伙企业形式灵活、合作简便、成本较低等优势，实现其特定的目的事业，也有利于大型企业在开发新产品、新技术中与创新型中小企业进行合作。因此，草案第三条第一款明确规定：“本法所称合伙人包括自然人、法人和其他经济组织”。这一规定与公司法第十五条关于限制公司对外投资的除外条款是衔接的。同时，为防止国有企业和上市公司因参加合伙可能使企业全部财产面临承担连带责任的风险，草案第三条第二款规定：“国有独资企业、上市公司参加合伙应通过其子公司或其他控股机构进行。”

此外，草案还细化了合伙企业法的一些规定，对个别文字作了调整。

三、关于两个问题的说明

（一）关于本法对专业服务机构的适用问题。目前我国已有大量会计师事务所、资产评估事务所等以专业知识和专门技能为客户提供有偿服务，并承担相应法律责任的专业服务机构。这些机构中有的已经登记为合伙企业，有的登记为有限责任公司，还有的按照其他法律登记为合伙制事务所。在起草过程中，有的专业服务机构和行业协会要求合伙企业法适用于所有合伙制的专业服务机构。考虑到合伙企业法只是一种企业组织法，投资人可以在遵守行业管理的前提下，依法自主选择组建公司或者合伙企业，另外，不同专业服务机构的性质认定还存在分歧意见。为此，草案未直接规定依照其他法律设立的合伙事务所适用本法。

（二）关于有限合伙的责任承担能力问题。草案规定的有限合伙制度，不会降低有限合伙的责任承担能力。这是因为，一是有限合伙人应当按期足额缴纳合伙协议约定的出资额。有限合伙人的出资与有限合伙人的个人财产是严格分开的，不得随意抽回，并在企业注册时由工商部门审查登记，供交易相对人核实。二是有限合伙企业出现风险，首先以企业财产承担责任，如果企业财产不足以偿付，普通合伙人将对债务承担无限连带责任。三是有限合伙制度主要应用于风险投资。2005 年国家发展和改革委等部门发布的《创业投资企业管理暂行办法》规定了较高的门槛，即创业投资企业的实收资本不低于 3000 万元人民币，这为将来依据本法设立风险投资有限合伙企业提供了参照标准。

《中华人民共和国合伙企业法（修订草案）》和以上说明是否妥当，请予审议。

全国人大法律委员会关于《中华人民共和国合伙企业法（修订草案）》修改情况的汇报

——2006年6月24日在第十届全国人民代表大会常务委员会第二十二次会议上

全国人大法律委员会副主任委员　洪　虎

全国人民代表大会常务委员会：

十届全国人大常委会第二十一次会议对合伙企业法(修订草案)进行了初次审议。会后，法制工作委员会将草案印发各地方、中央有关部门、研究机构及有关企业和单位征求意见，法律委员会、财经委员会和法制工作委员会联合召开座谈会听取有关部门和专家的意见。法制工作委员会还赴北京、广东进行调研，听取了风险投资机构、律师事务所、会计师事务所、税务师事务所等有关单位的意见。法制工作委员会与财经委员会、国务院法制办就草案修改中的主要问题共同进行了研究、协调。法律委员会于6月7日召开会议，根据常委会组成人员的审议意见和各方面的意见，对草案进行了审议。财经委员会和国务院有关部门的负责同志列席了会议。6月20日，法律委员会召开会议，再次进行了审议。现将修订草案主要问题修改情况汇报如下：

一、关于合伙企业的形式问题

修订草案将合伙企业分为普通合伙、有限合伙和有限责任合伙三种相互独立的形式。有些专家提出，有限责任合伙本质上属于普通合伙，不是一种独立的合伙企业形式。法律委员会研究认为，从主要国家的有关法律制度看，合伙企业主要分为两类：一类是普通合伙企业，其特点是合伙人共同执行合伙事务，并对合伙企业债务承担无限连带责任。另一类是有限合伙企业，其特点是由普通合伙人与有限合伙人共同组成，其中：普通合伙人执行合伙事务并对合伙企业债务承担无限连带责任；有限合伙人只出资，而不执行合伙事务，对企业债务仅以其出资额为限承担责任。随着合伙企业的发展，一些国家对通常采取普通合伙企业形式的专业服务机构中合伙人的责任作出特别规定，即：在合伙人都要对合伙企业债务承担无限连带责任的原则下，对一个合伙人在执业活动中因故意或者重大过失引起的合伙企业债务，其他合伙人可以免除连带责任。从本质上看，这种在特定情况下免除连带责任的有限责任合伙只是普通合伙中的一种特殊责任形式。采取有限责任合伙形式的合伙企业，其合伙人在执行合伙事务、与第三人关系、入伙、退伙等方面，与普通合伙企业是一样的，不宜将其单独列为一种合伙企业。法律委员会经同财经委员会、国务院法制办研究，建议将合伙企业分为普通合伙企业和有限合伙企业两种，分两章规定。在“普通合伙企业”一章中，将有限责任合伙作为一节，作出特别规定同时，对修订草案的体例、章节作出相应的调整。

二、关于有限责任合伙人免除连带责任的问题

修订草案第七十三条规定，对某一合伙人本人的执业行为和负责的业务事项引起的合伙企业债务，其他合伙人都可以免除连带责任。有些专家和部门提出，这样规定使其他合伙人免除连带责任的范围过宽，国外规定的都比较严，应仅限于合伙人本人执业行为中因

故意或重大过失引起的合伙企业债务这种情形。法律委员会经同财经委员会、国务院法制办研究,同意上述意见,建议将这一条修改为:"对合伙人本人执业行为中因故意或者重大过失引起的合伙企业债务,其他合伙人以其在合伙企业中的财产份额为限承担责任;执业行为中有故意或者重大过失的合伙人应当承担无限连带责任。""对合伙人本人执业行为中非因故意或者重大过失引起的合伙企业债务和合伙企业的其他债务,全体合伙人承担无限连带责任。"

三、关于国有独资公司、上市公司参加合伙问题

修订草案第三条第二款规定:"国有独资企业、上市公司参加合伙应通过其子公司或其他控股机构进行。"有的部门、专家提出,这一规定实际上是不允许国有独资企业、上市公司直接成为合伙人。这些企业作为法人,应当允许其投资设立合伙企业,但不宜成为普通合伙人。法律委员会经同国务院法制办、国资委、证监会研究认为,国有独资公司、国有企业、上市公司如果成为普通合伙人,就要对合伙企业债务承担连带责任,不利于保护国有资产和上市公司股东的利益。因此,不宜允许其成为普通合伙人,但可以成为有限合伙人,仅以其出资额为限对合伙企业债务承担有限责任。据此,法律委员会建议将这一款修改为:"国有独资公司、国有企业、上市公司不得成为普通合伙人。"

四、关于合伙企业缴纳所得税的问题

修订草案第七条规定,国家对合伙企业及其合伙人的生产经营所得实行一次征税原则。许多部门、单位、专家和企业提出,"一次征税原则"概念不清,哪种税、在哪个环节征收都不清楚。对合伙企业经营所得不征收所得税,只对合伙人从合伙企业取得的收入征收所得税,是国际上的普遍做法,也是合伙企业同其他企业、公司组织形式相比具有吸引力之处。财政部提出,现行合伙企业法只涉及普通合伙企业,合伙人为自然人,对合伙企业债务承担无限连带责任。

2000 年国务院规定对这类企业停止征收企业所得税，只对其合伙人比照个体工商户的生产经营所得征收个人所得税。修订草案允许法人和其他经济组织成为合伙人，同时增加了有限合伙、有限责任合伙，其中的有限合伙人只对合伙企业债务承担有限责任。因此，需要对合伙企业征收所得税的问题进一步加以整体研究，建议合伙企业法对征税问题不作规定。国家税务总局提出，同意继续执行消除对合伙企业重复征税的现行政策，合伙人是自然人的，对其征收个人所得税；合伙人是法人或其他经济组织的，对其征收企业所得税。这个问题宜由税收法律统一规定或由国务院规定。法律委员会经同财经委员会研究认为，为了吸引社会投资，并参照国际上的普遍做法，最好明确规定对合伙企业不征收所得税，只对合伙人从合伙企业取得的收入依法征收所得税。据此，法律委员会建议将这一条修改为："合伙企业的生产经营所得，向合伙人分配后，由合伙人依法缴纳所得税。"

五、关于采用有限责任合伙的范围问题

修订草案第七十条规定，有限责任合伙"适用于依法登记为合伙企业的会计师事务所等以专业知识和专门技能为客户提供有偿服务，并承担相应法律责任的专业服务机构"。有的常委委员、部门和单位提出，专业服务机构种类很多，不应只强调会计师事务所。有的部门提出，律师事务所属于专业服务机构，但不是企业，由司法部门审批管理，不进行工商登记。因此，实行合伙制的律师事务所，不宜适用合伙企业法，但在承担责任的形式上可以采用合伙企业法规定的有限责任合伙形式。法律委员会经同财经委员会、国务院法制办、司法部研究认为，对在工商部门登记的属于企业的专业服务机构，应当直接适用本法关于有限责任合伙的规定；对非企业的专业服务机构，其承担责任的形式可以参照本法关于有限责任合伙的规定。据此，法律委员会建议将这一条修改为："以专业知识和专门技能为客户提供有偿服务，并承担相应法律责任的专业服务机构，可以设立为采取有限责任合伙形式的合伙企业。采取有限责任合伙形式的合伙企业,适用本节规定;本节未作规定的,适用本章第一节至第五节的规定”并在“附则”中增加规定:“律师事务所等非企业专业服务机构,依据有关法律采取合伙制的,其承担责任的形式,可以参照本法关于有限责任合伙的规定。”

六、关于合伙人及其继承人不具有完全行为能力时的合伙人资格问题

修订草案第四十九条中规定,普通合伙人被依法认定为无民事行为能力人或者限制民事行为能力人的,当然退伙。第五十一条第二款规定,普通合伙人的继承人为无民事行为能力人的,合伙企业应当向其退还被继承合伙人的财产份额。有的地方提出,上述规定不尽合理。普通合伙人在合伙企业存续期间因故成为无民事行为能力人或者限制民事行为能力人的,不应剥夺其合伙人资格;合伙人的继承人不具有完全行为能力的,也不应剥夺他们继承在合伙企业中获取收益的权利。法律委员会研究认为,无民事行为能力人或限制民事行为能力人,因其行为能力的缺陷,不宜成为执行合伙事务,并承担无限连带责任的普通合伙人,但借鉴一些主要国家的做法,可以允许他们转为不参与合伙企业事务执行,仅以其出资额为限承担责任的有限合伙人,以维护他们在合伙企业中的应有权利。据此,法律委员会建议将修订草案第四十九条的有关内容修改为:“合伙人被依法认定为无民事行为能力人或者限制民事行为能力人的,可以转为有限合伙人,并经全体合伙人一致同意,将普通合伙企业依法转为有限合伙企业;全体合伙人未能一致同意的,该无民事行为能力或者限制民事行为能力的合伙人退伙”;同时,将修订草案第五十一条第二款的有关内容修改为:“合伙人的继承人为无民事行为能力人或者限制民事行为能力人的,可以成为有限合伙人,并经全体合伙人一致同意,将普通合伙企业依法转为有限合伙企业;全体合伙人未能一致同意的,合伙企业应当将被继承合伙人的财产份额退还给该继承人。”

七、关于合伙企业破产问题

修订草案第八十四条规定:“合伙企业不能清偿到期债务的,依法予以破产。”“合伙企业及其法人合伙人的破产适用《中华人民共和国企业破产法》规定的程序。”有的常委委员、单位提出,由于合伙人对合伙企业债务要承担无限连带责任,合伙企业财产不足以清偿债务时,债权人可以向合伙人追偿,合伙企业破产并不能免除合伙人的债务责任,因而规定合伙企业破产的意义不大。还有的常委委员提出,合伙企业多是中小企业,难以完全适用企业破产法。法律委员会研究认为,合伙企业不同于公司形式的企业,不宜规定合伙企业破产一律按照企业破产程序办理。同时,又要考虑按照企业破产处理,也有一些有利之处:一是可以使所有债权人按比例受偿,有利于兼顾各债权人的利益;二是可以对企业宣告破产前一年内违法转移财产的行为予以撤销,追回所转移的财产,增加破产财产,有利于保护债权人利益。因此,应允许合伙企业的债权人根据不同情况做出选择,可以依法提出破产申请,也可以直接向合伙人追偿。据此,建议将这一条修改为:“合伙企业不能清偿到期债务的,债权人可以依法向人民法院提出破产申请,也可以要求普通合伙人清偿。”“合伙企业被依法宣告破产的,普通合伙人对合伙企业债务仍应承担无限连带责任。”

这里,还有两个问题需要汇报:

1. 修订草案第九十九条规定:“外国企业或个人在中国境内设立或参与设立合伙企业,成为普通合伙人应当符合国家有关规定。”有的部门、专家提出,允许外国企业或个人在中国境内设立或参与设立合伙企业,实际上是创设了一种新的外商投资企业的形式。由于合伙企业的特征是普通合伙人对合伙企业债务承担无限连带责任,在中国没有商业存在的外国企业或个人因其财产主要在国外,难以追偿,因而这些合伙人承担无限连带责任往往落空,不利于保护债权人的利益。法律委员会研究认为,目前要不要在合伙企业法中明确规定允许外国企业或个人在中国境内设立或参与设立合伙企业,还是经过实践总结经验以后再作规定,这个问题还需要进一步研究,这次对这一条暂未作改动。

2. 修订草案参照公司法关于担任公司董事、监事、高级管理人员的消极资格的规定,在第二十六条第三款对受托执行合伙事务人员的消极资格作了规定,即因经济犯罪执行刑罚期满未逾五年的、因个人责任造成企业破产或违法被注销营业执照未逾三年的,都不得受托执行合伙企业事务。有的常委委员、专家提出,修订草案的规定过于严格。根据合伙企业法的基本原理,普通合伙人都有权执行合伙事务,如果禁止其中一些合伙人受托执行合伙事务,就意味着这些人不能成为普通合伙人。对于有犯罪或违法前科的人员,接受处罚或刑满释放后自谋出路组建合伙形式的小企业,应与其他公民享有同等的权利,不宜限制其成为普通合伙人。此外,合伙企业毕竟与公司形式的企业不同,多为中小企业,具有很强的人合性,哪些人可以受托执行合伙事务应由合伙人自己决定,法律不宜限制过多。法律委员会研究认为,是否对受托执行合伙事务人员的消极资格作出规定,还需要进一步研究,这次对这一款暂未作改动。

此外,还对修订草案作了一些文字修改。

修订草案二次审议稿已按上述意见作了修改,法律委员会建议本次常委会会议继续审议。

修订草案二次审议稿和以上汇报是否妥当,请审议。

全国人大法律委员会关于《中华人民共和国合伙企业法（修订草案）》审议结果的报告

——2006 年 8 月 22 日在第十届全国人民代表大会常务委员会第二十三次会议上

全国人大法律委员会副主任委员　洪　虎

全国人民代表大会常务委员会：

常委会第二十二次会议对合伙企业法（修订草案二次审议稿）进行了审议。会后，法律委员会、法制工作委员会约请有关专家及风险投资机构、专业服务机构座谈，就修订草案的有关问题进一步作了研究。法律委员会、法制工作委员会还就修订草案的主要问题同全国人大财经委员会进行了研究和协调。法律委员会于 8 月 9 日召开会议，根据常委会组成人员的审议意见和各方面的意见，对草案进行了审议。财经委员会和国务院法制办、国家税务总局的负责同志列席了会议。8 月 17 日，法律委员会召开会议，再次进行了审议。法律委员会认为，根据我国社会主义市场经济发展的需要，在总结实践经验的基础上，对合伙企业法加以修订是必要的，修订草案基本可行；同时，提出以下主要修改意见：

一、修订草案二次审议稿第二条规定：自然人、法人和其他组织可以成为合伙人。第三条规定:国有独资公司、国有企业、上市公司不得成为普通合伙人。有的常委委员、人大代表提出,为了维护公共利益,从事公益性活动的事业单位和社会团体也不得成为普通合伙人,其财产不应对合伙企业的债务承担无限连带责任。法律委员会经同财经委员会和国务院法制办研究,建议将修订草案二次审议稿第三条修改为:“国有独资公司、国有企业、上市公司以及公益性的事业单位、社会团体不得成为普通合伙人。”

二、修订草案二次审议稿第七条规定:“合伙企业的生产经营所得,向合伙人分配后,由合伙人依法缴纳所得税。”有的常委会组成人员提出,应明确规定合伙企业不缴纳企业所得税。国家税务总局提出,按照现行税收规定,合伙企业是不缴纳企业所得税的;同时,为了防止合伙人故意不分配企业利润而逃避纳税义务,合伙企业取得生产经营所得和其他所得,无论是否向合伙人分配,都应对合伙人征收所得税,这一条的表述不够准确。法律委员会经同财经委员会和国务院法制办、国家税务总局研究,建议将这一条修改为:“合伙企业的生产经营所得和其他所得,按照国家有关税收规定,由合伙人分别缴纳所得税。”

三、修订草案二次审议稿第二章第六节对普通合伙企业中的有限责任合伙作了规定。有些常委委员和专家提出,修订草案中同时出现“有限合伙”和“有限责任合伙”,二者容易混淆,公众难以区分。既然有限责任合伙实质上是一种特殊的普通合伙,把它称为“特殊普通合伙企业”,公众会更明白。法制工作委员会同国内外有关专家专门就这个问题进行了研究,多数专家赞成采用“特殊普通合伙企业”的名称。据此,法律委员会建议将这一节的名称修改为“特殊普通合伙企业的规定”,并对有关条款中的表述作相应修改。

四、修订草案二次审议稿第三十三条第一款规定:“合伙企业的利润分配、亏损分担,按照合伙协议约定的比例执行;合伙协议未约定的,由各合伙人平均分配、分担。”有的常委委员、人大代表提出,合伙人在合伙企业协议中对利润分配、亏损分担未作约定或约定不明确的，如能确定出资比例，应按出资比例分配利润、分担亏损，不宜一律实行平均分配、分担。法律委员会经研究，建议将这一款修改为："合伙企业的利润分配、亏损分担，按照合伙协议的约定办理；合伙协议未约定或者约定不明确的，由合伙人协商决定；协商不成的，由合伙人按照实缴出资比例分配、分担；无法确定出资比例的，由合伙人平均分配、分担。"

修订草案二次审议稿第三十三条第二款规定："合伙协议不得约定将全部利润分配给部分合伙人或者由部分合伙人承担全部亏损。"有的地方提出，实践中采用有限合伙形式的风险投资企业，大多在协议中约定，有限合伙人可以在前几年分取合伙企业的全部利润，以收回投资，本法应考虑有限合伙企业的这种特殊性。法律委员会研究认为，考虑到有限合伙企业的特点，应对这个问题作出更加灵活的规定。据此，法律委员会建议在"有限合伙企业"一章中增加一条规定："有限合伙企业不得将全部利润分配给部分合伙人；但是，合伙协议另有约定的除外。"

五、有的常委委员提出，为了防止有人利用有限合伙形式进行非法集资活动，应对有限合伙企业合伙人的人数作出必要的限制。法律委员会经同财经委员会研究认为，规定有限合伙企业合伙人的人数，既要体现有限合伙企业的人合性，又要防止有人利用这种形式从事非法集资活动，还要为今后的实践留有必要的空间。据此，法律委员会参照公司法有关有限责任公司股东人数的规定，并借鉴有些国家的法律规定，建议在二次审议稿第六十二条中增加一款规定："有限合伙企业由二个以上五十个以下合伙人设立；但是，法律另有规定的除外。"

六、有的常委委员、人大代表提出，由于有限合伙人以其认缴的出资额为限对合伙企业债务承担责任，需要规定对有限合伙人的出资应作价，并在企业登记事项中予以载明，以起到公示作用，保护债权人利益。法律委员会经研究，建议在二次审议稿第六十五条中增加一款规定："有限合伙人可以用货币出资，也可以用实物、知识产权、土地使用权等非货币财产作价出资”。同时,增加一条规定:“有限合伙企业登记事项中应当载明有限合伙人的姓名或者名称及认缴的出资数额。”

七、修订草案二次审议稿第四十五条第二款规定,“新合伙人对入伙前合伙企业的债务承担连带责任”。有的地方、专家提出,由于有限合伙人仅以其认缴的出资额为限对合伙企业债务承担责任,这一规定不应适用于有限合伙人。法律委员会研究认为,根据有限合伙人承担责任的特点,应对新入伙的有限合伙人的责任界限作出特别规定。据此,法律委员会建议增加一条规定:“新入伙的有限合伙人对入伙前有限合伙企业的债务,以其认缴的出资额为限承担责任。”

八、按照修订草案二次审议稿第二十六条第四款的规定,因经济犯罪执行刑罚期满未逾五年的,因个人责任造成企业破产或者违法被注销营业执照未逾三年的,都不得受托执行合伙企业事务。许多常委委员提出,草案对受托执行合伙企业事务的合伙人所规定的消极资格过于严格,既不符合合伙企业人合性很强的特征,也不适应扩大就业的需要,在这个问题上不宜照搬公司法的有关规定。法律委员会经研究,建议将这一款删去。

九、修订草案二次审议稿第一百零五条规定:“外国企业或者个人在中国境内设立或者参与设立合伙企业,成为普通合伙人应当符合国家有关规定。”有的常委会组成人员建议删去这一条,待实践经验比较成熟时再作规定为妥。有的常委委员提出,我国在加入世贸组织时已经承诺对外国专业服务机构开放,而这些机构中很多是采取合伙企业形式的,国务院对此已经作了一些专项规定。因此,这一条还是予以保留为好。同时,对外商在我国境内设立的合伙企业又要加以规范,进行必要的管理,宜由国务院规定具体管理办法。据此,法律委员会建议将这一条修改为:“外国企业或者个人在中国境内设立合伙企业的管理办法由国务院规定。”

此外,还对修订草案二次审议稿作了一些文字修改。

修订草案三次审议稿已按上述意见作了修改,法律委员会建议本次常委会会议审议通过。

修订草案三次审议稿和以上报告是否妥当,请审议。

全国人大法律委员会关于《中华人民共和国各级人民代表大会常务委员会监督法(草案)》、《中华人民共和国企业破产法(草案)》和《中华人民共和国合伙企业法(修订草案)》修改意见的报告(节录)

——2006年8月26日在第十届全国人民代表大会常务委员会第二十三次会议上

全国人大法律委员会主任委员　杨景宇

全国人民代表大会常务委员会:

本次常委会会议于8月22日下午、23日上午分别对监督法(草案四次审议稿)、企业破产法(草案三次审议稿)、合伙企业法(修订草案三次审议稿)进行了分组审议。法律委员会于8月24日下午召开会议,对三个法律草案进行了审议。财政经济委员会和国务院法制办、国家税务总局、最高人民法院的负责同志列席了会议。现将情况报告如下:

在本次会议审议中,常委会组成人员普遍认为,这三个法律草案根据常委会组成人员的审议意见和各方面的意见几经修改,已经比较成熟,建议本次会议进一步修改后通过;同时,有些常委会组成人员也提出一些修改意见。法律委员会认为,三个法律草案是可行的;同时,提出以下主要修改意见:

三、关于合伙企业法

(修订草案三次审议稿)

(一)修订草案三次审议稿第五十七条第一款规定,对合伙人本人执业行为中因故意或者重大过失引起的合伙企业债务,该合伙人应当承担无限连带责任。有的常委委员提出,上述规定不够清楚。如果“本人”是一个合伙人,就不存在连带责任问题。如果“本人”是数个合伙人,才应承担连带责任。法律委员会研究认为,需要区分一个合伙人和数个合伙人的不同情况作出规定。据此,建议将这一款修改为:“一个合伙人或者数个合伙人在执业活动中因故意或者重大过失造成合伙企业债务的,应当承担无限责任或者无限连带责任,其他合伙人以其在合伙企业中的财产份额为限承担责任。”

(二)修订草案三次审议稿第八十九条对合伙企业清算的清偿顺序作了规定。有的常委委员提出,上述规定与企业破产法草案规定的破产清偿顺序不一致,应把二者衔接好。法律委员会经研究,认为需要说明,这一条解决的是合伙企业在正常清算时有足够财产清偿债务的情形下对剩余财产如何处理,不属于破产清偿,不存在清偿顺序问题。为了准确表述这一条的含义,法律委员会建议参照公司法的有关规定,将这一条修改为:“合伙企业财产在支付清算费用和职工工资、社会保险费用、法定补偿金以及缴纳所欠税款、清偿债务后的剩余财产,依照本法第三十三条第一款的规定进行分配。”

此外,根据常委会组成人员的审议意见,还对三个法律草案作了一些文字修改。

这里,需要说明:有些常委会组成人员和全国人大代表、专门委员会成员、省级人大常委会负责同志对三个法律草案还提出了其他一些意见和建议。法律委员会研究认为,这些意见和建议,有些在草案修改过程中已经反复研究过,有些问题还缺乏成熟的实践经验。因此,对草案有关规定以不再改动为妥。

三个法律草案的建议表决稿已按上述意见作了修改,法律委员会建议本次常委会会议审议通过。

以上报告是否妥当,请审议。

十届全国人大常委会第二十一次会议分组审议合伙企业法（修订草案）的意见

4月27日上午，十届全国人大常委会第二十一次会议分组对合伙企业法（修订草案）进行了初次审议，现将审议意见简报如下：

一、总的看法

许多委员提出，合伙企业法实施九年来，对鼓励民间投资，促进我国经济的发展，发挥了积极作用。根据实践的需要，对合伙企业法进行修改是必要的。修订草案增加了有限合伙形式，使一部分合伙人可以承担有限责任，有利于吸引投资，促进我国风险投资企业的发展；修订草案增加了有限责任合伙形式，有利于规范我国会计师事务所等专业服务机构的活动；修订草案增加法人、其他经济组织可以作为合伙人的规定，有利于企业对外投资形式的多元化。

有的委员提出，目前对合伙企业法进行修改不是太必要。因为我国经济正处于重大变革时期，社会诚信度较差。法律中规定的合伙人对合伙企业债务承担无限责任实践中难以落实。修订草案又增加了有限合伙、有限责任合伙两种形式，使一些合伙人承担有限责任，进一步放宽了责任限制，不利于保护债权人的利益。既要考虑适当放开，更要有利于保护公民在市场经济体制不完善条件下的利益，修订草案没有体现这一点。

二、关于有限责任合伙

1. 修订草案第七十条规定，有限责任合伙适用于“依法登记为合伙企业的会计师事务所等以专业知识和专门技能为客户提供有偿服务，并承担相应法律责任的专业服务机构”。有的委员提出，实践中不仅有会计师事务所，还有评估事务所、诊所、研究所等，它们都是营利性机构，是否应当采取有限责任合伙形式，建议进一步研究后作出规定。有的地方人大的同志提出，专业服务机构很多，不应当只强调会计师事务所的适用问题。

有的委员提出，有的国家规定会计师事务所、律师事务所等中介机构只能采取合伙制。修订草案对此未作强制性规定。如果允许选择，可能多数中介机构不会采取合伙形式，以避免承担无限连带责任。有些委员建议明确规定，凡属有偿提供服务的组织，如会计师事务所、律师事务所、审计事务所、资产评估所、医务所等，应当采取合伙形式。

有的委员提出，增加有限责任合伙一章，目的是提供一种企业组织形式，各种专业服务机构是否采用这一组织形式，应由其自主决定，或遵从有关法律的规定，本法作为规范市场主体的法律，不宜规定哪些机构可以用这一组织形式，哪些机构不能用。建议删去修订草案第七十条有限责任合伙适用对象的规定。有的委员提出，增加有限责任合伙一章，针对的就是专业服务机构，但根据修订草案第七十条的规定，这一章只适用于依法登记为合伙企业的专业服务机构，实际上排除了某些专业机构如律师事务所对这一章的适用。建议采用专业服务机构“可以适用本法”的表述，既不要求专业服务机构必须适用本法，也不将其完全排除在外。

2. 修订草案第七十三条规定，“合伙人对其本人的执业行为和负责的业务事项引起的合伙债务，在合伙财产不足清偿时，承担无限连带责任。合伙人对其他合伙人的行为和负责的业务事项所引起的合伙债务，仅以其在合伙中的财产份额为限承担责任”。有的委员提出，根据上述规定，各合伙人只对自己的执业行为和负责的业务事项引起的合伙债务承担无限连带责任，对其他合伙人的行为引起的合伙债务只承担有限责任，这与本法关于普通合伙人对合伙债务承担无限连带责任的规定相矛盾。有的地方人大的同志建议明确“执业行为”和“负责的业务事项”的含义，以避免产生争议。

3. 修订草案第七十五条规定，有限责任合伙应当建立执业风险基金制度，按有关法律规定及合伙协议约定提取。有的委员提出，应当对基金提取的比例、数额作出规定。有的委员提出，国际上的通行做法是除设立执业风险基金外，还要求合伙人通过投保职业险来分散风险，建议规定强制保险制度。

三、关于有限合伙

1. 修订草案第五十九条第一款规定，有限合伙人不参与合伙事务的执行，不得对外代表有限合伙；第二款规定，有限合伙人接受本合伙或者执行事务普通合伙人委托的事项不受第一款规定的限制。有的委员提出，第二款的规定实际上使有限合伙人可以执行合伙事务，可以对外代表有限合伙，建议对此进行修改。

修订草案第六十四条第二款规定：“有限合伙人未经授权以合伙企业名义与他人进行交易的，由此发生的损失由该有限合伙人承担”。有的委员提出，第二款的规定只能适用于合伙内部，不能适用于债权人，否则不利于保护债权人的利益。

2. 有的委员提出，有限合伙人类似于有限责任公司股东，其只出资，不参与合伙的经营管理，应当对有限合伙人的人数作出上限规定，以防止变相集资行为。

3. 有的委员建议将修订草案第三十一条第一款关于“普通合伙人不得自营或者同他人合作经营与本合伙企业相竞争的业务”的规定，扩大至有限合伙人。

4. 修订草案第六十五条规定有限合伙人死亡或终止时，其继承人或权利继受人自继承开始之日起即取得在合伙组织中的有限合伙人资格。有的委员提出，如果有限合伙人的继承人或权利继受人不愿意成为合伙人，应当退还其相应的财产份额，建议增加此项内容。有的委员提出，修订草案第五十六条规定有限合伙协议应当约定有限合伙人转变为普通合伙人的程序，但未要求对普通合伙人转变为有限合伙人的相应内容作出约定，建议增加。

四、关于法人作为合伙人

修订草案第三条第一款规定："本法所称合伙人包括自然人、法人和其他经济组织"。第二款规定："国有独资企业、上市公司参加合伙应通过其子公司或其他控股机构进行"。有的委员提出，公司财产是有限的，是与股东财产严格分开的，其不能承担无限责任，只能成为负有限责任的有限合伙人。有的委员提出，有些国有独资企业、上市公司规模不大，没有子公司或其他控股机构，对这类企业是否允许其成为合伙人，建议明确。

五、关于合伙企业所得税

修订草案第七条第二款规定："国家对合伙企业及其合伙人的生产经营所得实行一次征税原则，具体办法由国务院制定"。有的委员提出，"一次征税"的含义不清，建议明确。有的人大代表建议对合伙企业所得税税率作出规定，以鼓励民间资本投资于合伙企业。

六、关于合伙事务的执行

修订草案第二十六条第三款对不得受托执行合伙事务的人员范围作了规定，其中第二项规定的是因经济犯罪被判处刑罚的人员，执行期满未逾五年的；第五项规定的是"个人所负数额较大的债务到期未清偿"的人员。有的委员提出，没有必要对哪些人不得受托执行合伙事务作出规定，建议删去第三款的规定。有的委员建议删去第二项规定，因为法律并未禁止这些人员成为合伙人，同时本法规定合伙人享有同等权利，其应当有权受托执行合伙事务。有的 提出，第五项规定的“较大的债务”含义不清，很难认定，建议改为“个人所负债务不能在合理情况或合理时间内清偿”；有的人大代表建议删去第五项规定。

七、关于合伙企业的解散、破产和清算

1. 修订草案第八十四条规定：“合伙企业不能清偿到期债务的，依法予以破产。合伙企业及其法人合伙人的破产适用《中华人民共和国企业破产法》规定的程序”。有的人大代表提出，现行合伙企业法只规定了合伙企业的清算，未明确规定合伙企业的破产问题。由于普通合伙人对合伙企业债务承担无限连带责任，合伙企业是否还有破产问题，需要再深入研究。有的人大代表提出，合伙企业可以破产，就可能引发承担无限连带责任的合伙人个人的破产问题，而目前我国没有个人破产的法律规定。因此，对合伙企业不应当规定破产，只能规定清算。有的委员提出，合伙企业有其特点，且多是中小企业，如果完全适用企业破产法，成本太高，建议对合伙企业的破产问题再作研究。有的委员提出，对合伙企业破产的规定应当与企业破产法的规定相衔接。

2. 有的委员提出，现行合伙企业法第六十三条规定：“合伙企业解散后，原合伙人对合伙企业存续期间的债务仍应承担连带责任，但债权人在五年内未向债务人提出偿债请求的，该责任消灭”，修订草案删去了这一规定，建议保留。

3. 修订草案第二十一条第二款规定：“合伙人在合伙企业清算前私自转移或处分合伙企业财产的，合伙企业不得以此对抗善意第三人”。有的人大代表建议增加对清算前转移财产无效的时间限制，比如半年。

4. 修订草案第八十条第三款规定：“清算期间，合伙企业视为存续，但不得开展新的经营活动”。有的人大代表提出，如果清算企业继续经营有利于债权的实现，经债权人同意，应当允许企业继续经营，并由债权人派清理公司进入企业监管财务和经营。

八、关于普通合伙人、有限合伙人责任的划分

有的委员提出，有限合伙人与普通合伙人在权利、义务、责任的享有与承担方面是不同的，修订草案增加有限合伙与有限责任合伙两章后，其他章的有些条款对此规定不够合理，建议合理划分二者的责、权、利关系。有的委员提出，修订草案第二条第一款关于合伙企业的定义，其中规定“普通合伙人对合伙债务承担无限连带责任”，在增加了有限责任合伙后，普通合伙人不是在所有情况下都承担无限连带责任；增加了有限合伙后，有限合伙人承担的是有限责任，而第一款未对有限合伙人的责任作出规定。建议对第一款的规定修改完善。有的委员建议修改为：“合伙人对合伙债务依法承担无限连带责任、有限责任或无限责任”。有的委员建议对修订草案第二条关于三种合伙形式的定义再作梳理，以使合伙人的责任更清楚、明确。

九、其他意见

1. 修订草案第六条规定，合伙企业应当在营业执照中标明其责任形式。有的委员建议修改为在企业名称中标明责任形式。修订草案第八十六条对营业执照中未标明合伙形式的行为规定了罚款措施，建议明确处罚的对象。

2. 修订草案第十条规定：“普通合伙人应当具有完全民事行为能力”，即限制行为能力人、无行为能力人均不得作为普通合伙人。有的委员提出，有限合伙人也应当具有完全民事行为能力，建议删去“普通”二字。有的委员提出，第十条的规定也应当适用于继承人，建议在第五十一条第二款增加规定：继承人为限制行为能力人的，应当向其退还被继承人的财产份额。即属于限制行为能力的继承人不得成为普通合伙人。

3. 有的委员提出，由于对合伙企业没有注册资本的要求，建议增加相关规定，以保护合伙企业债权人的利益。

十届全国人大常委会第二十二次会议分组审议合伙企业法（修订草案二次审议稿）的意见

6月25日上午，十届全国人大常委会第二十二次会议分组审议了合伙企业法（修订草案二次审议稿）。许多常委会组成人员认为，二次审议稿吸收了常委会组成人员初次审议的意见和各方面的意见，修改得比较好。建议进一步修改完善后尽快通过。同时，提出以下主要修改意见：

一、关于合伙企业的分类

二次审议稿第二条第一款规定，本法所称合伙企业，是指自然人、法人和其他组织依照本法在中国境内设立的普通合伙企业和有限合伙企业；第二款规定，普通合伙企业由普通合伙人组成，合伙人对合伙企业债务依照本法规定承担无限连带责任。

有些委员提出，二次审议稿将合伙企业分为普通合伙企业和有限合伙企业两类，有限责任合伙企业作为普通合伙企业的特殊形式；而在工商登记时又要求分别登记为普通合伙企业、有限合伙企业和有限责任合伙企业。这样的写法，容易造成混淆。建议直接规定合伙企业包括普通合伙企业、有限合伙企业和有限责任合伙企业三种形式。有的委员提出，普通合伙企业、有限合伙企业、有限责任合伙企业三者调整的主体不同，承担责任的形式不同，还是将合伙企业分为三种形式较为妥当。有的委员建议将合伙企业分为普通合伙、有限合伙和混合制合伙三类。

有的委员提出，根据二次审议稿第五十八条的规定，有限责任合伙的合伙人并不是对所有的合伙企业债务都承担无限连带责任，因此，二次审议稿第二条第二款关于“依照本法规定承担无限连带责任”的表述不够准确，建议修改为“合伙人依照本法规定承担无限连带责任或者相应责任”。

二、关于合伙人资格

二次审议稿第二条第一款规定，自然人、法人和其他组织可以成为合伙人。有的委员建议明确，法人只能成为有限合伙人，不能成为普通合伙人。有的人大代表建议明确，“其他组织”中的非营利性组织，不能参加合伙企业，成为合伙人。

二次审议稿第三条规定，国有独资公司、国有企业、上市公司不得成为普通合伙人。有的同志建议增加规定，国有参股和国有控股公司也不得成为普通合伙人。有的委员提出，设立合伙企业是上市公司进行对外投资的一种很灵活的方式，法律不应限制上市公司成为普通合伙人，但应规定上市公司成为普通合伙人，应当经过股东大会或者董事会的同意。

三、关于合伙企业缴纳所得税问题

二次审议稿第七条规定，合伙企业的生产经营所得，向合伙人分配后，由合伙人依法缴纳所得税。

有的委员提出，该条规定的目的是避免对合伙企业的双重征税，即对合伙企业不征收所得税，只对合伙人从合伙企业取得的收入征收所得税。但是该条的表述不够清楚，没有明确“合伙企业的生产经营所得”是税前所得还是税后所得，因此看不出对合伙企业不征收所得税的意思，建议研究修改。有的委员建议在该条明确“对合伙企业不征收所得税”。

有的同志建议明确该条中的“生产经营所得”是否为合伙企业在缴纳营业税、增值税后的所得。

有的委员提出,国务院已于2000年对合伙企业所得税缴纳的问题作了专门规定,合伙企业法不必再作重复规定,建议删去第七条。

四、关于合伙企业的设立

二次审议稿第十条第二款规定,法律、行政法规规定设立合伙企业须经批准的,应当在申请设立登记时提交批准文件;第三款规定,合伙企业的经营范围中有属于法律、行政法规规定须经批准的项目的,应当依法经过批准。有的委员提出,这两款均为对合伙企业的行政审批的规定,内容有重复,建议合并。

二次审议稿第十一条规定,申请人提交的登记申请材料齐全、符合法定形式,能够现场登记的应予当场登记;除前述情形外,登记机关应当自受理申请之日起二十日内作出是否登记的决定。有的委员提出,无论登记申请材料是否齐全,都应当给予登记机关一定的时间来决定是否予以登记,规定现场登记不一定合适,建议统一修改为登记机关自受理申请之日起二十日内作出是否登记的决定。有的委员提出,规定当场登记很好,可以减轻企业负担,同时建议将“二十日”修改为“十日”。

二次审议稿第十六条规定,合伙人可以用货币出资,也可以用实物、知识产权、土地使用权、劳务等非货币财产出资。有的委员建议把“劳务”修改为“信用”,并增加关于信用出资占全部出资最高比例的规定。有的委员建议在二次审议稿第十六条第二款明确,合伙人以非货币财产出资的,都应当由法定评估机构对该财产进行评估作价。

有的委员建议在二次审议稿第十八条合伙协议应当载明的事项中增加“合伙人的权利与义务”;有的委员建议增加“合伙人退伙时财产份额的退还办法”。

五、关于合伙事务执行

二次审议稿第二十六条第四款对哪些人员不得受托执行合伙事务作了规定。其中第二项规定的是因经济犯罪执行刑罚期满未逾五年,第三项规定的是对企业破产有个人责任的,自该企业被注销营业执照之日起未逾三年。

有的委员提出,受刑事处罚的人员刑满释放后即为普通公民,法律不宜限制其成为合伙人或合伙事务执行人,建议删去第二项的规定。有的委员提出,对企业破产负有个人责任的情况十分复杂,一些企业的厂长、经理对企业破产有一定责任,但主要是历史沉积的原因所致,法律限制这些人成为执行事务合伙人不尽合理。建议删去第三项规定。

有的委员提出,合伙企业的人合性很强,合伙人之间的权利义务关系,应更多地通过合伙协议规范,由谁执行合伙事务,应当由合伙人自己决定,法律不宜作出规定,即使作规定也应宽松一些。有的委员提出,既然不限制这些人员成为合伙人,其能否受托执行合伙事务就应由合伙人自己决定,合伙企业毕竟与公司不同,建议删去该款规定。

有的委员提出,这一款的规定对于构建整个社会的诚信体系是很重要的,应当保留。

六、关于入伙、退伙

二次审议稿第四十六条对合伙企业约定合伙期限的,合伙人可以退伙的法定事由作了规定。有的同志建议明确该条第三项"发生合伙人难以继续参加合伙的事由"的具体表现形式,同时提出,第二项关于"经全体合伙人同意"可以退伙的规定不尽合理,建议删去。

二次审议稿第四十九条第一款规定了合伙人当然退伙的情形。有的委员提出,该款第二项关于"个人丧失偿债能力"的规定实践中不好判断,建议研究修改。

二次审议稿第四十九条第二款和第五十一条第三款规定，合伙人被依法认定为无民事行为能力人或限制民事行为能力人，合伙人死亡其继承人为无民事行为能力人或者限制民事行为能力人，该合伙人或继承人可以成为有限合伙人，并经全体合伙人一致同意后将普通合伙企业转为有限合伙企业。有的委员提出，这样规定不妥，有限合伙是一种特殊的合伙企业形式，不能因为普通合伙人丧失行为能力或继承人无行为能力，就把普通合伙企业转为有限合伙企业，而是应当让丧失行为能力的合伙人退伙或向继承人退还财产份额。有的委员提出，有限合伙人只享受分红，不参加企业的经营管理，对合伙企业影响不大。为了保护合伙人或其继承人的权益，对合伙人丧失行为能力或者继承人无行为能力而转为有限合伙人的，不要规定经全体合伙人一致同意。

七、关于有限责任合伙

二次审议稿第五十八条规定，对合伙人本人执业行为中因故意或者重大过失引起的合伙企业债务，其他合伙人不承担连带责任。有的同志提出，由于合伙关系是基于合伙人之间的相互信任建立的，因此，合伙人因重大过失引起的合伙企业债务，其他合伙人不应免责，建议删去"重大过失"几个字。有的同志提出，"重大过失"在实际操作中很难判断，建议修改为"过失"。

二次审议稿第五十九条规定，对于合伙人个人过错引起的合伙企业债务，在合伙企业对外承担责任后，该有过错的合伙人应当按照合伙协议的约定对合伙企业承担责任。有的同志提出，合伙企业是否对合伙人追究责任，属于企业内部事务，法律不宜作出强制性的规定。

二次审议稿第六十条规定，采取有限责任合伙形式的合伙企业，应当建立执业风险基金、办理职业保险。有的委员建议明确执业风险基金的提取比例。有的委员提出，合伙企业除了办理职业保险以外还可以办理其他形式的保险，该条规定范围较窄，建议修改。

八、关于有限合伙企业

有的委员提出，有限合伙企业是一种特殊的合伙组织形式，只适用于风险投资等特定行业，不能像普通合伙企业一样普遍适用于所有的行业，律师事务所、会计师事务所等也不能采用这一形式。建议法律对此予以明确。

有的委员建议对有限合伙企业中有限合伙人的人数作出上限规定，以防止发生变相集资行为。

有的委员提出，有限合伙企业由于有部分合伙人承担有限责任，因此企业注册资金的充实和到位对于保护债权人利益很重要，建议增加相关规定；有的委员建议增加对有限合伙企业中合伙人的非货币财产出资须经法定评估机构评估作价的规定；有的同志提出，为了保护债权人的利益，应当对有限合伙企业中有限合伙人的出资进行一定的限制，如要求有限合伙人以实物出资的必须经评估机构出具评估报告、有限合伙人认缴的出资额不得少于合伙企业注册资金的25%或者35%等。

九、关于外国企业或者个人成为合伙人

二次审议稿第一百零五条规定，外国企业或者个人在中国境内设立或者参与设立合伙企业，成为普通合伙人应当符合国家有关规定。

有的委员建议删除该条规定，待深入实践，总结经验之后，再作法律规定。有的委员建议保留这一规定。

有的委员提出，不仅外国企业或者个人成为普通合伙人应当符合国家有关规定，外国企业或者个人在中国境内设立合伙企业，以及该合伙企业的运作和管理都要符合国家有关规定，建议增加相应内容。有的同志建议对外国企业参与设立合伙企业从严掌握。

十、其他意见

1. 有的委员建议将二次审议稿有关条款中的“普通合伙人”修改

为“无限责任合伙人”或者“全责合伙人”。

2. 有的委员提出，二次审议稿第三十三条规定合伙企业的利润分配、亏损分担比例，合伙协议未约定的，由合伙人平均分配、分担；而第三十五条又规定合伙企业一定时期的利润分配或者亏损分担的具体方案，合伙协议未约定的，由全体合伙人一致决定。这两条的规定不一致，建议研究修改。

3. 有的委员建议将二次审议稿第三十六条关于“被聘任的合伙企业的经营管理人员，超越合伙企业授权范围从事经营活动，或者在执行事务中因故意或者重大过失给合伙企业造成损失的，依法承担赔偿责任”的规定纳入法律责任一章。

4. 有的委员建议在二次审议稿第七十五条关于有限合伙人当然退伙的规定中，增加“有限合伙人全部转让其在合伙企业中的财产份额”的情形。

5. 有的同志提出，合伙企业破产是合伙企业法不能回避的问题，应当对合伙企业破产问题作出具体、明确的规定。

6. 有的同志建议增加合伙企业同其他企业形式如个人独资企业、公司之间相互转化的程序性规定。

十届全国人大常委会第二十三次会议分组审议合伙企业法（修订草案三次审议稿）的意见

8月23日上午，十届全国人大常委会第二十三次会议分组对合伙企业法（修订草案三次审议稿）（以下简称草案）进行了审议。许多常委会组成人员认为，草案吸收了各方面的意见，修改得比较好，比较成熟，建议经本次会议审议后表决通过。同时提出以下修改意见：

1. 有的委员建议对草案第三条中的“公益性的事业单位”的范围加以明确。

2. 有的委员建议将草案第十条第一款中的“当场登记”修改为“及时登记”。

3. 有的委员建议在草案第十六条第三款中增加规定，以知识产权出资的，其评估办法由全体合伙人协商确定，并在合伙协议中载明。

4. 有的委员建议将草案第二十八条第二款中关于合伙人“有权查阅合伙企业会计账簿”的规定修改为“有权查阅合伙企业财务资料”。

5. 有的委员建议将草案第四十二条第二款关于法院强制执行合伙人财产份额时“其他合伙人有优先购买权”的规定，修改为“其他合伙人在同等条件下有优先购买权”。

6. 有的委员提出，“特殊普通合伙企业”的表述不太好理解，“特殊”与“普通”是相对立的概念，建议用更清楚的表述或仍用“有限责任合伙企业”的表述；有的同志建议用“特殊的普通合伙企业”的表述；有的委员建议对这一表述再作斟酌。

7. 有的同志提出，草案关于特殊普通合伙企业中的合伙人在一定条件下仅对合伙企业债务承担有限责任的规定，减轻了合伙人的责任，但加重了债权人的风险。如何更好地保护债权人利益，建议进一步研究。

8. 有的委员提出，特殊普通合伙企业中，因过错引起合伙企业债务的合伙人可能是一人，也可能是多人；当过错合伙人是一人时，规定其承担“无限连带责任”不准确。建议对草案第五十七条的相应表述进行修改。

9. 有的委员建议删除草案第六十九条关于合伙协议可以约定将全部利润分配给部分合伙人的规定；有的委员建议对这一规定再作研究。

10. 有的委员建议将草案第七十四条关于人民法院强制执行有限合伙人财产份额时，“其他合伙人”有优先购买权的规定，修改为“有限合伙人”有优先购买权。

11. 有的委员建议将草案第七十六条第一款中的“第三人有理由相信”修改为“第三人相信”。

12. 有的委员建议将草案第八十三条关于有限合伙人转变为普通合伙人后，对其作为有限合伙人期间发生的合伙企业债务承担“无限连带责任”的规定修改为“以其持有的财产份额为限承担责任”。

13. 有的委员建议将草案第七十五条关于有限合伙企业仅剩有限合伙人的，应当解散的规定，移至草案第八十五条作为合伙企业解散的一种情形。

14. 有的同志建议对利用有限合伙人的有限责任，损害债权人利益的行为作出规定。

15. 有的同志提出，如果执行事务合伙人的行为受有限合伙人的指使，该有限合伙人就应当对合伙企业债务承担无限责任，建议增加相应规定。

16. 有的委员建议将草案第八十七条第六项修改为“代表合伙企业参加诉讼或者仲裁活动”。

17. 有的同志建议将草案第八十八条中的“在报纸上公告”修改为“依法公告”,并将该条关于未接到通知书的债权人申报债权的时间由公告之日起“四十五日”修改为“六十日”。

18. 有的同志提出,“所欠税款”应当在“所欠职工工资、社会保险费用和法定补偿金”之前清偿,建议对草案第八十九条规定的清偿顺序进行修改。

19. 有的委员建议删去草案第九十三条至第九十五条关于罚款数额下限的规定。

20. 有的委员提出,对有滥用职权等违法行为的行政管理机关的工作人员“依法给予行政处分”的前提应当是“尚不构成刑事处罚的”。建议对草案第一百零五条作相应修改。

21. 有的委员建议对“善意第三人”的概念加以明确。

22. 有的同志提出,本次常委会会议审议的企业破产法通过后要在明年 6 月 1 日实施,而合伙企业法在明年 4 月 1 日实施,这两部法律同时颁布,但是实施的时间不一样,这样不妥,实施时间应该大体一致。

中央和北京市有关部门及部分专家对合伙企业法(修订草案)的意见

5月12日，全国人大法律委员会、财政经济委员会和全国人大常委会法制工作委员会联合召开座谈会，征求中央和北京市有关部门及部分专家对合伙企业法(修订草案)的意见。与会同志普遍认为，为适应经济社会发展的实际需要，对合伙企业法进行修改是必要的。同时对修订草案提出以下主要修改意见：

一、关于合伙企业的定义和分类

修订草案第二条第一款规定，本法所称合伙企业，是指依照本法在中国境内设立的由各合伙人订立合伙协议，共同出资、合伙经营、共享收益、共担风险，由普通合伙人对合伙债务承担无限连带责任的营利性组织。合伙企业的组织形式包括普通合伙、有限合伙和有限责任合伙。

有的同志提出，有限合伙中有的普通合伙人是不出资的，建议删去该条中的“共同出资”。有的专家建议删去该款中的“共同出资、合伙经营、共享收益、共担风险”几个字，因不一定都适合三种合伙企业的特点。有的同志提出，为了使会计师事务所、律师事务所等非营利性组织也适用本法，建议删去该款中的“营利性”几个字。

有的同志提出，这一款对合伙人责任的规定不全面，一是未规定有限合伙企业中有限合伙人对合伙企业债务的责任；二是根据本法规定，有限责任合伙中的普通合伙人并非在所有情况下都对合伙企业债务承担无限连带责任。因此建议将该款中的“由普通合伙人对合伙债务承担无限连带责任”修改为“由合伙人依照本法规定对合伙债务承担责任”。

有的专家提出,按照该款的表述,普通合伙企业、有限合伙企业、有限责任合伙企业是三种并列的合伙企业形式。实际上有限责任合伙企业本质上仍然是普通合伙企业,只是在合伙人承担无限责任的范围上做了一些变通,法律对此应当予以明确。同时,按照修订草案第六十九条和第七十六条的规定,对于有限合伙和有限责任合伙,修订草案没有特殊规定的,均应适用关于普通合伙企业的规定。但修订草案中并没有专门对普通合伙企业作出规定,第二章至第六章关于合伙企业的设立、财产、事务执行、与第三人的关系以及入伙、退伙的规定,都是针对所有合伙企业的。因此,建议将第二章至第六章的内容修改为对普通合伙企业的规定。

二、关于合伙企业的所得税

修订草案第七条规定,国家对合伙企业及其合伙人的生产经营所得实行一次征税原则,具体办法由国务院规定。

有的专家提出,“一次征税原则”的概念不清楚。对合伙企业的所得不征收所得税,只对合伙人从合伙企业取得的收入征收所得税,是各国的普遍做法,也是合伙企业同其他企业组织形式相比具有吸引力的地方,我国也应采取这种做法,建议修订草案对此加以明确。

有的同志提出,现行合伙企业法只涉及普通合伙企业,合伙人为自然人,2000 年国务院规定对合伙企业停止征收企业所得税。而修订草案允许法人和其他经济组织成为合伙人,同时增加了有限合伙和有限责任合伙,使得合伙的组织形式更加多样,需要对合伙企业的所得税问题作进一步研究。同时,目前正在起草企业所得税法,对合伙企业如何征税问题还需通盘考虑。因此,建议合伙企业法不要对合伙企业的所得税问题作出具体规定,而是由有关税收法律或者国务院规定。

三、关于合伙企业的设立

1. 有的同志提出，修订草案第三条规定，合伙人包括自然人、法人和其他经济组织。修订草案第十条只规定自然人合伙人应当具有完全民事行为能力，对法人和其他经济组织成为合伙人的资格没有规定，建议增加。

2. 修订草案第十一条规定，合伙人可以用其他能以货币估价并可以依法转让且无法定限制的非货币财产作价出资。有的同志提出，“无法定限制”与“依法转让”重复，建议删去“无法定限制”；同时建议在该条增加规定，其他法律、法规对国有财产出资的评估和转让有规定的，从其规定。有的同志建议参照公司法的相关规定，将其修改为合伙人可以用“可以依法转让的非货币财产作价出资，但是法律、行政法规规定不得作为出资的财产除外”。有的同志建议在该条增加关于合伙人出资中货币和实物出资比例的规定。有的同志提出，合伙企业的出资形式应当比公司更灵活，但该条的规定同公司法的有关规定相比反而更严，建议对这一问题再作研究。

3. 修订草案第十三条规定了合伙协议“一般载明”的事项和必须载明的事项。有的专家提出，“一般载明”不是法律语言，建议修改。有的同志提出，该条规定的所有事项都应当是合伙协议必须载明的事项。有的专家建议明确合伙协议没有必须记载事项的，应当如何处理。

4. 修订草案第十五条规定，法律、行政法规规定合伙企业设立或经营业务须报经有关部门核准或审批的，应当在申请设立登记时提交相关文件。有的同志提出，实践中对企业经营业务的行政审批，既有在企业设立前进行的，也有在企业设立后进行的。修订草案一律要求合伙企业在申请设立时提交有关批准文件，是否合适，建议研究。有的专家建议将该条按公司法的相关规定修改，即将依法审批分为合伙企业的设立审批和经营范围的审批，分别作出规定。

5. 修订草案第十六条规定，企业登记机关应当自收到申请登记文件之日起二十日内作出是否登记的决定；企业登记文件齐备、内容符合规定且登记事项简单能够现场登记的应予当时登记。有的同志提出，合伙企业同其他企业相比，组织形式简单，在登记程序上应尽量简化，应当以现场登记为基本原则，有特殊情况需要进一步审查的，可以在二十天内作出决定。有的同志建议将该条中的“企业登记文件齐备、内容符合规定”，参照行政许可法的规定修改为“申请材料齐全、符合法定形式”。

四、关于合伙事务执行

1. 有的同志提出，修订草案第四章关于合伙事务执行的规定都是针对合伙人是自然人的情况，未规定法人合伙人如何执行合伙事务，建议明确。

2. 修订草案第二十六条第三款对受托执行合伙事务人员的消极资格作了规定。有的同志提出，该款第五项关于“个人所负数额较大的债务到期未清偿的”不能受托执行合伙事务的规定，限制太严。有的同志建议增加规定，担任被撤销的公司、企业的法定代表人并负有个人责任的，三年内不得受托执行合伙事务。有的专家认为对合伙事务执行人员的资格没有必要规定，建议删除该款规定。

3. 修订草案第三十二条规定了需经全体合伙人同意的事项。有的同志提出，实践中全体合伙人同意不是很容易做到，该条所列举的七类事项是否都必须由全体合伙人一致同意，建议研究。有的同志提出，该条第四项规定的是“改变合伙企业住所、经营范围、经营方式”，经营范围已经包含了经营方式，建议删去该项中的“经营方式”。

4. 有的专家提出，合伙企业的亏损分担在国外合伙法中是很重要的内容，修订草案第三十三条规定亏损分担由合伙协议约定，未约定的由合伙人平均分担，这一规定过于简单，对分担后合伙人有无向合伙企业追加出资义务未作规定，建议增加。

5. 有的专家建议在修订草案第二十八条增加合伙人有权查阅合伙企业的原始会计凭证的规定。并建议参照公司法关于股东代表诉讼的规定，在修订草案第三十六条增加不参与执行合伙事务的合伙人代表合伙企业追究经营管理人员责任的规定。

五、关于入伙、退伙

修订草案第四十四条规定，新合伙人入伙，须经全体合伙人一致同意。有的同志建议增加规定，合伙协议另有约定的除外。同时，建议删除修订草案第四十五条关于新入伙合伙人对入伙前合伙债务承担无限连带责任的规定。

修订草案第四十九条规定，普通合伙人丧失法律规定的从业资格的，当然退伙。有的同志提出，对于有职业资格要求的专业服务机构，这一规定是合适的，但不应当适用于其他合伙企业。

六、关于有限合伙

1. 有的同志建议对有限合伙企业所适用的行业范围进行限制，应主要适用于风险投资行业。

2. 有的同志提出，修订草案第五十九条规定，有限合伙人不参与合伙事务的执行，不得对外代表有限合伙。而修订草案第三条第四款规定，合伙协议约定或者全体合伙人共同决定，有限合伙人可以对外代表合伙或执行合伙事务。这两条的规定不一致，建议修改。有的专家建议明确，有限合伙人未经授权以合伙企业名义与他人进行交易的，合伙企业对善意第三人要承担责任。

有的专家建议增加规定有限合伙人对合伙重大事项的决定权、对合伙事务执行的监督权及参与合伙清算的权利。

3. 有的专家建议增加规定，合伙协议可以对有限合伙人的继承人或权利继受人取得有限合伙人资格进行限制；有限合伙企业仅剩有限合伙人的，如果具备公司法规定的公司设立条件，可以依法转换为有限责任公司。

七、关于有限责任合伙

1. 修订草案第七十条和第七十一条规定，依法登记为合伙企业的会计师事务所等以专业知识和专门技能为客户提供有偿服务的专业服务机构,可以采取有限责任合伙形式,其合伙人按照修订草案关于有限责任合伙的特殊规定承担责任。有的专家提出,按照这两条的规定,只有专业服务机构才能采取有限责任合伙形式,是否作这样的限制,建议研究。有的同志提出,"专业服务机构"的概念和范围不清楚,同时,法律也不应对有限责任合伙的适用范围作出限制性规定,建议删去第七十条和第七十一条的规定。有的同志建议删去第七十条中的"会计师事务所"。有些同志建议在第七十条明确律师事务所、建筑师事务所、资产评估机构、验资机构等专业服务机构可以采取有限责任合伙形式。有些同志提出,根据实践的需要,采用有限责任合伙的组织形式,有利于律师事务所的长远发展,但按照修订草案的规定,合伙企业是营利性组织,并要到工商管理部门进行登记,如果规定律师事务所直接适用合伙企业法,就会与律师事务所的非营利组织的性质,以及目前由司法部对律师事务所统一管理,不在工商部门登记的管理模式相冲突。建议对这一问题再作研究。有的同志建议在修订草案第八章规定,有限责任合伙除了适用登记为合伙企业的专业服务机构外,对采取合伙形式但未登记为企业的其他专业服务机构也可以适用;同时明确,其他法律对专业服务机构的管理有特殊规定的,从其规定。

2. 有的专家提出,有限责任合伙是近几年在国外发展起来的一种组织形式,其核心是合伙人对因其他合伙人的疏忽、故意而引起的合伙债务,仅以其在合伙中的财产份额承担有限责任,对于合伙的其他债务还应承担无限连带责任。修订草案第二条和第七十三条规定"合伙人对其他合伙人的行为和负责的事项所引起的合伙债务,仅以其在合伙中的财产份额为限承担责任",实际上是放宽了合伙人对合伙债务承担有限责任的范围。对于一种新引进的企业组织形式,立法上应持谨慎态度,建议将有限责任合伙的合伙人承担有限责任的范围仅限于因其他合伙人的过错行为而产生的合伙债务。

修订草案第七十四条规定,对于合伙人个人的过错引起的合伙债务，在合伙组织对外承担责任后，再由该有过错的合伙人对组织承担责任。有的专家提出，合伙企业对合伙人的过错是否追究，属于合伙协议约定的事项，法律是否需要作出这样的规定，建议研究。

草案第七十五条规定有限责任合伙应当建立执业风险基金制度。有的专家建议增加规定，有限责任合伙也可以购买执业保险。

八、关于合伙企业的解散、清算与破产

1. 修订草案第八十三条规定，合伙企业注销后，原合伙人对合伙企业存续期间的债务仍应承担连带责任。有的专家建议保留现行合伙企业法第六十三条中关于合伙企业解散后，债权人在五年内未向原合伙人提出偿债请求的，该责任消灭的规定，以减轻合伙人的压力。

2. 修订草案第八十四条规定，合伙企业不能清偿到期债务的，依法予以破产；合伙企业及其法人合伙人的破产适用《中华人民共和国破产法》规定的程序。有的专家提出，企业不能清偿到期债务的原因很多，是否不能清偿就必须破产？同时，企业破产法还没有出台，在适用上应考虑两法的衔接。建议对这一问题再作研究。

九、关于外国企业或者个人成为合伙人

修订草案第九十九条规定，外国企业或者个人在中国境内设立或者参与设立合伙企业，成为普通合伙人应当符合国家有关规定。

1. 有的同志提出，允许外国企业或者个人在中国境内设立或者参与设立合伙，应注意与外商投资的产业政策相协调。有的专家建议在该条明确，外国企业或者个人在中国境内设立或者参与设立的合伙企业适用合伙企业法，有关外商投资企业的法律、行政法规另有规定的，从其规定。

2. 有的专家提出，对外国企业或者个人成为普通合伙人，不要进行限制，应该平等对待。徐正祥建议该条中的“外国企业或者个人”修改为“外国自然人、法人或者其他组织”。

十、其他意见

1. 修订草案第三条第二款规定，国有独资企业、上市公司参加合伙应通过其子公司或其他控股机构进行。有的同志提出，这一款规定是否就是不允许国有独资企业、上市公司成为合伙企业的合伙人，现在的写法太含糊，建议明确。同时，国有独资企业、上市公司成为有限合伙人是否也要限制，建议研究。

2. 有的专家建议在修订草案第六条中增加合伙企业名称中不得使用“公司”字样的规定。

3. 有的同志建议删去修订草案第八条中关于合伙企业及其合伙人“承担社会责任”的规定。

4. 修订草案第二十五条规定，普通合伙人以其在合伙企业中的财产份额出质的，需经其他合伙人一致同意。有的专家提出，该规定有无必要，建议研究。有的专家提出，对普通合伙人将财产份额出质进行限制是必要的，对于有限合伙人是否作这样的限制，建议研究。

5. 修订草案第四十一条规定，合伙人个人的债权人，不得以该债权与其对合伙企业的债务进行抵消。有的同志建议允许合伙协议对此另作约定。

6. 有的专家提出，本法是合伙企业法，建议将修订草案中的“合伙组织”的表述都修改为“合伙企业”。

7. 有的专家提出，修订草案在关于合伙人出资的表述上使用了“出资”、“认缴或实缴的出资”、“认缴的出资”三种写法，前后不一致，建议统一。

8. 有的同志建议增加规定，一个合伙企业的普通合伙人不能成为其他合伙企业的普通合伙人。

9. 有的专家建议增加普通合伙企业转化为有限责任合伙企业的程序性规定。

10. 有的同志建议增加规定，合伙人不向新入伙的合伙人告知合伙企业状况而应承担的法律责任。有的专家建议增加关于有限合伙企业中的有限合伙人抽逃出资的法律责任的规定。

地方和中央有关部门对合伙企业法（修订草案）的意见

最近，法制工作委员会将合伙企业法（修订草案）印发各省、自治区、直辖市、中央有关部门、部分企业和研究机构征求意见。多数地方、部门和企业认为，为适应经济社会发展的实际需要，对合伙企业法进行修改是必要的。同时对修订草案提出以下主要修改意见：

一、关于合伙企业的定义和分类

修订草案第二条第一款规定，本法所称合伙企业，是指依照本法在中国境内设立的由各合伙人订立合伙协议，共同出资、合伙经营、共享收益、共担风险，由普通合伙人对合伙债务承担无限连带责任的营利性组织。合伙企业的组织形式包括普通合伙、有限合伙和有限责任合伙。

有的地方和部门提出，这一款对合伙人责任的规定不全面，一是未规定有限合伙企业中有限合伙人对合伙企业债务的责任，二是根据本法规定，有限责任合伙中的普通合伙人并非在所有情况下都对合伙企业债务承担无限连带责任。因此建议将该款中的“由普通合伙人对合伙债务承担无限连带责任”修改为“由合伙人依法对合伙债务承担相应责任”或“由合伙人对合伙债务承担无限连带责任或者有限责任”或“由普通合伙人依法对合伙债务承担无限连带责任”；或删去这一句话。

有的部门提出，有的合伙组织如会计师事务所不以盈利为目的，公益性较强,但也是合伙企业。建议对合伙企业的定义进行修改。

有的单位提出,有限责任合伙实质上仍然是普通合伙,建议草案对此加以明确,并相应对有关章节结构进行调整。

二、关于法人和其他经济组织成为合伙人的问题

修订草案第三条第一款规定,本法所称合伙人包括自然人、法人和其他经济组织。

有的单位建议明确,法人只能成为有限合伙人;有的地方建议明确公司不能成为普通合伙人。有的单位建议明确法人中只有企业法人可以成为合伙人。有的地方提出,法人不得在两个或两个以上的合伙企业中担任普通合伙人。有的部门提出,法人和其他经济组织不得成为有限责任合伙的合伙人。有的地方提出,法人成为普通合伙人应当通知法人的债权人,债权人可以要求法人提前清偿债务或者提供担保。有的地方和单位建议对修订草案关于法人可以成为合伙人的规定再做研究;有的地方建议对一人有限公司能否成为合伙人的问题再作研究。

有的地方建议对合伙企业成为新的合伙企业的合伙人进行一定限制。有的单位建议对普通合伙人能否成为其他合伙企业的普通合伙人的问题再做研究。

有的地方建议明确"其他经济组织"的范围。

三、关于国有独资企业、上市公司成为合伙人的问题

修订草案第三条第二款规定,国有独资企业、上市公司参加合伙应通过其子公司或其他控股机构进行。

有的地方和单位建议修改为,国有独资企业、上市公司不得成为合伙企业的普通合伙人,只能成为有限合伙人;有的地方和部门建议明确为国有独资企业、上市公司不得参加合伙企业成为合伙人。

有的地方提出,国有独资企业参加合伙应经国有独资企业上级主管部门批准或者同意;有的部门提出,国有独资企业可以成为有限

合伙人，经国有资产监督管理部门同意后，也可以成为普通合伙人，同时建议对国有独资企业成为有限合伙人时投资占其资本总额的比例进行限制。有的地方建议对国有控股、国有参股公司参加合伙企业也进行适当的限制。有的单位提出，特殊行业如对国计民生有重大影响的行业中的国有企业成为合伙人，应当经过国家有关部门批准。

有的单位提出，法律规定国有企业和上市公司不得成为合伙人，特别是不得成为有限合伙人的依据不足；有的单位建议删去这一规定。

四、关于合伙企业的所得税

修订草案第七条规定，国家对合伙企业及其合伙人的生产经营所得实行一次征税原则，具体办法由国务院规定。

有的地方建议明确“一次性征税”是征收企业所得税还是征收个人所得税。有的地方、部门和单位建议明确，对合伙企业的所得不征收所得税，只对合伙人从合伙企业取得的收入征收所得税。有的地方建议修改为，对合伙人企业征收所得税，对合伙人从合伙企业取得的收入免征所得税。有的地方和单位提出，有限合伙人只承担有限责任，对其不应实行一次征税原则。成都提出，该条规定过于原则，建议充实。

有的部门提出，现行合伙企业法只涉及普通合伙企业，合伙人为自然人，2000年国务院规定对合伙企业停止征收企业所得税。而修订草案允许法人和其他经济组织成为合伙人，同时增加了有限合伙和有限责任合伙，使得合伙的组织形式更加多样，需要对合伙企业的所得税问题作进一步研究。同时，目前正在起草企业所得税法，对合伙企业如何征税问题还需通盘考虑。因此，建议合伙企业法不要对合伙企业的所得税问题作出具体规定，而是由有关税收法律或者国务院规定。有的地方、部门和单位提出，对于合伙企业及合伙人如何征税属于税收规定，为保证税法的体统性和规范性，应当在即将制定的企业所得税法中规定；有的地方建议由税务机关对合伙企业及其合伙人的生产经营所得的征税方式，制定具体办法。

有的单位建议将“合伙人的生产经营所得”修改为“合伙人在合伙企业中获得的收益”。

五、关于合伙企业的设立

1. 修订草案第十条规定，普通合伙人应当具有完全民事行为能力。有的地方提出，普通合伙人包括自然人、法人和其他经济组织，只有当普通合伙人是自然人时，才有具有完全民事行为能力的要求。建议对该条进行修改。

2. 修订草案第十一条规定，合伙人可以用货币、实物、土地使用权、知识产权或者其他能以货币估价并可以依法转让且无法定限制的非货币财产作价出资；同时规定，经合伙人协商一致，普通合伙人可以用劳务出资。

有的地方和单位建议参照公司法的相关规定，将其修改为合伙人可以用“可以依法转让的非货币财产作价出资，但是法律、行政法规规定不得作为出资的财产除外”。有的部门建议将“法定限制”修改为“法律、行政法规限制”；有的地方提出，“无法定限制”与“依法转让”重复，建议删去。

有的地方和单位提出，劳务具有人身性的特点，无法转让也不能强制执行，建议删去合伙人可以用劳务出资的规定；有的单位提出，即使保留了这一规定，也应在企业登记时公示劳务的出资方、劳务的内容和性质以及作价金额，以方便公众对企业资信的判断；有的地方建议对什么是“劳务”作出明确规定。

有的地方建议增加合伙人可以用信用、管理经验等出资的规定。

有的地方建议在该条增加规定，其他法律、法规对国有财产出资的评估和转让有规定的，从其规定。

有的地方提出，合伙企业的出资形式应当比公司更灵活，但该条的规定同公司法的有关规定相比反而更严，建议对这一问题再作研究。有的单位提出，合伙企业的出资形式应当由合伙自己决定，可以灵活多样，法律只需要对不能作为出资方式的予以规定。

有的部门建议在该条增加关于合伙人的出资应当经过法定验资机构验资的规定；有的地方建议增加对非货币出资进行评估作价的规定；有的地方建议增加对非货币出资中属于国有资产的部分进行评估作价的规定。有的地方建议增加规定，全体合伙人的货币出资金额不得低于全部出资的30%；有的地方建议明确全体合伙人货币出资的最低比例。

有的地方建议增加合伙企业注册资本最低限额的规定。

3. 修订草案第十二条规定，以货币以外的方式出资的，根据法律规定，需要办理财产权转移手续的，应当依法办理。有的单位建议修改为“根据法律、行政法规规定”，需要办理有关手续的，应当依法办理。

4. 修订草案第十三条规定了合伙协议“一般载明”的事项和必须载明的事项。有的部门提出，该条规定的所有事项都应当是合伙协议必须载明的事项。有的地方建议将“合伙企业的解散和清算”作为合伙协议的必载事项；有的地方建议将“利润分配、亏损分担及债务承担方式”作为合伙协议的必载事项。有的地方建议将“合伙形式”修改为“合伙责任形式”。

5. 修订草案第十五条规定，法律、行政法规规定合伙企业设立或经营业务须报经有关部门核准或审批的，应当在申请设立登记时提交相关文件。有的地方提出，实践中对企业经营业务的行政审批，既有在企业设立前进行的，也有在企业设立后进行的。修订草案一律要求合伙企业在申请设立时提交有关批准文件，是否合适，建议研究。

6. 修订草案第十六条规定，企业登记机关应当自收到申请登记文件之日起二十日内作出是否登记的决定；企业登记文件齐备、内容符合规定且登记事项简单能够现场登记的应予当时登记。有的地方建议将该条中的“企业登记文件齐备、内容符合规定”，参照行政许可法的规定修改为“申请材料齐全、符合法定形式”。有的地方建议在该条增加规定,对于合伙企业的登记申请,登记机关自收到登记文件之日起二十内未答复的,视为同意登记。

7. 修订草案第十九条对执行合伙事务合伙人办理企业变更登记的义务进行了规定。有的部门建议增加执行合伙事务合伙人不履行或者不能履行上述职责时,可以由其他合伙人代行其职责的规定。

8. 有的单位建议删除有关条款中关于合伙人可以“认缴”出资的规定,以更好地保护债权人利益。

六、关于合伙企业财产

1. 有的地方建议将修订草案第二十条第二款中合伙企业财产由“合伙人依照本法共同管理和使用”修改为由“合伙人依照合伙协议的约定管理和使用;合伙协议未约定的,依照本法管理和使用”。有的单位建议在该条明确,合伙企业的财产为全体合伙人共有。

2. 修订草案第二十二条规定,合伙人向合伙以外的人转让其在合伙企业中的财产份额时,需经其他合伙人一致同意。有的地方和单位提出,合伙人转让财产份额,若合伙协议约定不需全体合伙人同意,也应允许,建议在该条增加规定“合伙协议另有约定的除外”。有的地方提出,如果其他合伙人不同意,应当如何处理,建议明确。有的单位建议在修订草案第二十二条增加普通合伙人未经其他合伙人同意向外转让其在合伙企业中的财产份额的法律后果的规定。

3. 修订草案第二十三条规定,合伙人依法转让其财产份额的,在同等条件下,其他合伙人有优先受让的权利。有的单位建议参照公司法的规定,增加行使优先受让权的程序规定。有的地方和单位建议修改为“合伙人依法向合伙以外的人转让其财产份额”。

4. 修订草案第二十五条规定,普通合伙人未经其他合伙人同意,以其在合伙企业中的财产份额出质的,行为无效。有的地方提出,如果接受出质的为善意第三人,法律规定出质一律无效,不利于对其保护,建议研究修改。

七、关于合伙事务的执行

1. 有的地方和部门提出，修订草案第四章关于合伙事务执行的规定都是针对合伙人是自然人的情况，未规定法人合伙人如何执行合伙事务，建议明确。

2. 修订草案第二十六条第三款对受托执行合伙事务人员的消极资格作了规定。有的地方和单位提出，合伙企业的内部关系不宜用法律规定，对合伙事务执行人员的资格没有必要规定，建议删除该款规定。有的地方提出，该款第五项关于"个人所负数额较大的债务到期未清偿的"不能受托执行合伙事务的规定，在实践中难以认定，建议研究修改。有的地方建议增加"正在被执行刑罚或者正在被执行刑事强制措施的"和"正在被公安机关或者国家安全机关通缉"两种情况；有的地方建议增加"因制假、售假被行政机关处罚累计超过三次"。

3. 有的地方和单位建议在修订草案第二十八条增加关于合伙企业拒绝合伙人查阅企业账簿时，合伙人可以请求法院要求公司提供查阅的规定，并建议将"合伙企业账簿"修改为"合伙企业的财务会计资料"。

4. 修订草案第三十二条规定了合伙事务中需经全体合伙人同意的事项。有的地方建议增加"合伙企业融资或者借款"；有的地方建议增加"改变执行合伙事务的合伙人"；有的地方建议增加"对外提供借款"；有的单位建议增加"改变合伙企业组织形式"。有的部门提出，该条第四项规定的是"改变合伙企业住所、经营范围、经营方式"，经营范围已经包含了经营方式，建议删去该项中的"经营方式"。有的地方提出，实践中全体合伙人同意不是很容易做到，该条所列举的七类事项是否都必须由全体合伙人一致同意，建议研究。

5. 修订草案第三十三条规定，合伙企业的利润分配和亏损分担，依照合伙协议的规定执行；合伙协议未规定的，由各合伙人平均分配和分担。有的地方和部门建议修改为，合伙协议未规定的，由"合伙人按照出资比例分配和承担”，同时建议删去该条关于合伙协议不得约定将全部利润分配给部分合伙人或由部分合伙人承担全部亏损的规定。

6. 有的单位建议在修订草案第三十六条增加关于合伙企业聘任的经营管理人员的竞业禁止的规定。

7. 有的地方建议在修订草案第四十三条第二款增加规定，人民法院强制执行合伙人的财产份额时，应当通知其他合伙人，以保证其他合伙人优先受让权的实现。有的地方建议明确这里的“优先受让的权利”，是在“同等条件”下的。

8. 有的地方建议增加关于“表见合伙人”的规定，即非合伙人实施了使第三人足以相信其为合伙人并与之进行交易的，交易后果由合伙企业承担，再由合伙企业追究该非合伙人的责任。

八、关于入伙、退伙

1. 修订草案第四十五条规定，除合伙协议另有约定外，新合伙人对入伙企业的合伙企业债务承担连带责任。有的单位提出，怎么对合伙企业债务承担责任属于法定事项，合伙协议无权作出另外规定。

2. 修订草案第四十九条规定了普通合伙人当然退伙的情形。有的地方建议明确该条第一款第三项“个人丧失偿债能力”的具体标准，或者删去这一项，如果缺乏具体标准，实践中很难操作。

3. 修订草案第五十一第二款规定了合伙人死亡或者被宣告死亡，向合伙人的继承人退还财产份额的情形。有的地方和单位建议将该款一项的“继承人为无民事行为人”修改为“继承人为无民事行为能力人或者限制民事行为能力人”；有的部门建议将第四项中的“法律规合伙人具有相关资格”修改为“法律、行政法规规定合伙人具有相关资格”。有的地方提出，合伙人继承人为无民事行为能力人或者限制民事行为能力人的，也不一定就要退还财产份额，经其他合伙人同意，该继承人也可以成为普通合伙人或有限合伙人，其享有的权利可以由监护人代为行使。

4.修订草案第五十四条规定,退伙人对基于退伙前的原因发生的合伙企业债务,与其他合伙人承担连带责任。有的单位提出,退伙人退伙时,已经通过结算对财产和债务进行了分配和分担,且在发生亏损时负有填补责任,所以退伙人与其他合伙人的利益关系已经处理完毕。之所以又要对基于退伙前的原因发生的债务负连带责任,主要是出于对社会第三人利益保护的考虑,但是对此时其与其他合伙人的利益关系应予调整。建议增加规定,合伙人承担连带责任时,对超过退伙时结算责任的部分,可以向其他合伙人追偿。有的地方建议对退伙人对合伙企业债务承担连带责任的期限作出规定,超过该期限,退伙的合伙人就不再承担责任。有的地方提出,有限合伙人退伙后,对合伙企业债务不承担连带责任,建议对该条规定进行修改。

5.有的地方建议删去修订草案第五十五条关于合伙人退伙时,合伙企业财产少于合伙企业债务,合伙企业依法进行破产清算的规定。

九、关于有限合伙

1.有的地方和部门建议增加关于有限合伙人以非货币财产出资必须经过法定中介机构评估、验资的规定,同时建议明确有限合伙人未按期足额缴纳出资应对合伙企业债务承担无限连带责任。有的地方建议增加关于有限合伙人最低出资限额的规定。

2.有的地方建议增加有限合伙人减资的程序规定。有的地方建议增加关于有限合伙企业存续期间有限合伙人减资时保护债权人的有关规定。有的部门提出,在有限合伙存续期间,有限合伙人不得以任何形式将其出资从合伙人中提取或者收回,否则就要在提取或者收回的限额内对合伙人企业的债务承担连带责任。

3.有的地方建议在修订草案第五十六条增加规定,合伙协议应当载明普通合伙人转变为有限合伙人的程序。

4.有的地方、部门建议在修订草案第五十七条增加有限合伙人未按期缴纳出资应当向其他合伙人承担违约责任的规定。有的地方和单位建议将该条规定的“向有限合伙承担违约责任”修改为“向其他合伙人承担违约责任”。

5. 有的地方建议删去修订草案第五十九条第二款关于有限合伙合伙人接受本合伙委托或者执行事务普通合伙人委托，可以参与合伙事务的执行或对外代表合伙的规定。

6. 有的地方提出，有限合伙人也不得自营或者同他人合作经营与本合伙企业相竞争的业务，建议删去修订草案第六十一条第一款关于有限合伙人不适用竞业禁止的规定；有的地方建议明确，根据合伙协议约定或者全体合伙人决定执行合伙事务的有限合伙人也应受竞业禁止的约束。有的地方提出，允许有限合伙人为合伙提供担保，可能使有限合伙人实质上处于对合伙企业债务承担无限连带责任的地位，与有限合伙制度创设的目的不符，因此建议删去修订草案第六十一条第二款关于有限合伙可以依法为本企业提供担保的规定。

7. 修订草案第六十二条规定，有限合伙人可以转让其在合伙企业中的财产份额，其他合伙人在同等条件下与有优先购买权。有的地方提出，普通合伙人在受让有限合伙人的财产份额后，是否仍为普通合伙人，建议明确。有的地方建议修改为只有有限合伙人有优先购买权。

8. 修订草案第六十四条第二款规定，有限合伙人未经授权以合伙企业名义与他人进行交易的，由此发生的损失由该有限合伙人承担。有的地方和单位提出，这一规定混淆了合伙企业的外部责任与内部责任，有本条规定的情况时，应首先由合伙企业承担对交易对方的责任；给其他合伙人造成损失的，再由该有限合伙人承担责任。

9. 有的单位建议在修订草案第六十五条增加规定，有限合伙人的继承人不愿意成为有限合伙人的，合伙企业应当退还被继承合伙人在合伙企业中的财产份额。有的地方建议增加规定，合伙协议另有约定的除外。

10. 有的地方提出，修订草案第六十六条规定不得因为有限合伙人丧失民事行为能力而要求其退伙，实际使得无民事行为能力人和也可以成为有限合伙人，这与民法通则关于民事主体的规定是否冲突，建议研究。

11. 有的部门建议在修订草案第六十八条增加普通合伙人转变为有限合伙人的程序的规定。有的单位提出。普通合伙人转变为有限合伙人，会发生负无限责任的合伙人数量减少的情形，会导致企业信用降低，最终可能损害债权人的利益。因此，建议增加普通合伙人转变为有限合伙人时对合伙债权人保护的规定。

12. 有的单位建议明确，有限合伙人参与合伙事务的执行的，应当和普通合伙人一样对合伙人企业债务承担无限责任。

13. 有的部门提出，有限合伙企业中有限合伙人的人数过多、普通合伙人的人数过少，对债权人保护不利，建议增加关于有限合伙企业中普通合伙人的最低人数或占全体合伙人的最低比例的限制性规定。有的单位提出，为防止有限合伙成为变相募集资金的工具，建议将有限合伙人的合伙人人数限制在二百人以下或者五十人以下。

14. 有的地方提出，有限合伙人新入伙时，只需要全体普通合伙人同意就可以，建议法律对此予以明确。

15. 有的部门建议增加关于有限合伙人当然退伙的规定。

十、关于有限责任合伙

1. 修订草案第七十条和第七十一条规定，依法登记为合伙企业的会计师事务所等以专业知识和专门技能为客户提供有偿服务的专业服务机构，可以采取有限责任合伙形式，其合伙人按照修订草案关于有限责任合伙的特殊规定承担责任。有的地方提出，“专业服务机构”的概念和范围不清楚，同时，法律也不应对有限责任合伙的适用范围作出限制性规定，有限责任合伙应当成为所有市场主体都可以采用的组织形式，建议删去第七十条和第七十一条的规定。有的地方、部门和单位建议明确所有采取合伙组织形式的专业服务机构，包括合伙制的律师事务所都要纳入合伙企业法的调整范围，可以采取有限责任合伙的组织形式。有的地方和单位建议删除第七十条中的“会计师事务所”。有的部门建议,有限责任合伙除了适用登记为合伙企业的专业服务机构外,对采取合伙形式但未登记为企业的其他专业服务机构也可以适用;同时明确,其他法律对专业服务机构的管理有特殊规定的,从其规定。

2. 修订草案第七十三条规定,有限责任合伙的合伙人对其本人的执业行为和负责的业务事项引起的合伙债务,承担无限连带责任;对其他合伙人的行为和负责的事项引起的合伙债务,仅以其在合伙中的财产份额为限承担责任。有的地方提出,对合伙企业上述事项以外的债务,合伙人如何承担责任,建议明确。有的地方和单位建议对该条中“本人的执业行为和负责的业务事项”应当如何界定予以明确;有的地方指出,“执业行为”本身就包含着“负责的业务事项”,建议删去“负责的业务事项”。

3. 修订草案第七十五条规定,有限责任合伙应当建立执业风险基金制度。有的地方提出,有限责任合伙情况多样,法律似不宜对执业风险基金制度做统一的硬性规定。有的地方建议对执业风险基金的管理、提取比例和数额、使用方法等作出明确规定。有的地方建议增加执业风险基金应当委托第三人单独托管的规定;有的地方建议增加执业风险基金由行业协会管理的规定。有的地方建议对执业风险基金在企业解散、清算与破产时应当如何处理作出规定。有的地方和部门、单位提出,有限责任合伙也可以购买执业责任保险,建议增加相关规定。

4. 有的单位提出,修订草案关于有限责任合伙制度的规定,是否符合国际上的通行做法,对于合伙人责任的界定是否合适,都值得斟酌。

5. 有的地方和单位提出,有限责任合伙制度缩小了合伙人的责任范围,增大了客户的风险,修订草案规定的执业风险基金制度也不能对客户提供充足的补充保护,同时这一制度与合伙企业这种组织形式的特点也不尽相符。建议对有限责任合伙制度的合理性、可行性再做研究。

十一、关于合伙企业的解散、清算

1. 修订草案第七十七条规定了合伙企业解散的法定事由。有的地方和部门建议在该条第六项增加规定,合伙企业被责令关闭或者被撤销的应当解散。

2. 有的地方建议在修订草案第七十八条增加规定,合伙企业解散时,有限合伙人也可以担任清算人。

3. 有的地方建议将修订草案第八十条关于合伙企业清算,未接到清算通知的债权人申报债权的时间,由清算公告之日起六十日修改为三十日;或者四十五日。有的地方提出,该条要求合伙企业清算时,应当在报纸上至少公告三次,可能会增加企业的负担,建议研究修改。

4. 有的地方和部门建议将修订草案第八十一条第一款第一项中“劳动保险费用”修改为“社会保险费用”;有的部门建议将“与企业终止应依法支付的补偿金”修改为“依法应当向职工支付的经济补偿”。

5. 修订草案第八十三条规定,合伙企业注销后,原合伙人对合伙企业存续期间的债务仍应承担连带责任。有的地方提出,该条规定对于有限合伙企业中的有限合伙人是不适用的,有限合伙企业注销后,有限合伙人不应再对合伙企业存续期间的债务承担责任;有的地方建议修改为“未缴清认缴份额的有限合伙人在未缴清的限额内承担连带责任”。有的地方建议保留现行合伙企业法第六十三条中关于合伙企业解散后,债权人在五年内未向原合伙人提出偿债请求的,该责任消灭的规定,以减轻合伙人的压力。

6. 有的部门建议增加规定,合伙企业在解散、清算和破产前,应依照有关法律、行政法规的规定,向有关部门通报。

十二、合伙企业的破产

修订草案第八十四条规定,合伙企业不能清偿到期债务的,依法予以破产;合伙企业及其法人合伙人的破产适用《中华人民共和国破产法》规定的程序。

有的地方提出,合伙人对合伙企业债务承担无限连带责任,因此只有当合伙企业的全部财产和全体普通合伙人的财产均无法清偿合伙企业的到期债务的,才会出现债权人的债权不能实现即合伙企业破产的情况,建议对此加以明确。

有的单位提出,在破产问题上,对普通合伙企业和有限合伙企业作出区分,普通合伙企业不存在破产的问题。

有的地方提出,按照修订草案的规定,合伙企业也可以作为合伙人设立新的合伙企业,作为新合伙企业的合伙人的破产也应适用破产法的规定,该条只提法人合伙人破产适用破产法,不够全面,建议修改。

有的地方和部门提出,企业破产法正在制定且尚未重新公布,如何适用,建议研究。有的地方提出,正在制定的企业破产法只规范法人企业的破产,而合伙企业的破产同法人企业相比就有很多不同的地方,不能够简单适用,建议对这一问题再做研究。

有的单位提出,在没有个人财产登记制度的前提下,允许合伙企业破产,将纵容合伙企业借破产逃避债务,建议对这一问题再作研究有的地方提出,合伙企业破产必然会牵涉到作为合伙人的自然人破产,建议增加关于自然人合伙人破产的规定;有的部门提出,若不规定自然人合伙人可以破产,将会使自然人合伙人和法人合伙人在责任承担上不公平,建议对这一问题再做研究;有的地方提出,在没有自然人破产制度的前提下,合伙企业破产没有意义,建议删去该条。

十三、关于法律责任

1. 修订草案第八十六条规定了合伙企业未在营业执照中标明企业组织形式而应承担的法律责任。

有的地方建议在该条规定,合伙企业的组织形式公示不实的,各合伙人按照普通合伙企业的规定对合伙企业债务承担无限连带责任。

有的地方和部门建议明确该条规定的责任主体；有的地方提出，企业营业执照是企业登记机关制作的，应明确该条规定的责任主体是企业登记机关。

有的地方建议将“营业执照”修改为“企业名称”。

有的地方和部门提出，该条所规定的违法行为实际上不会发生，建议删去该条规定。

2. 有的地方建议增加对合伙人未按期足额缴纳出资或办理财产权转移手续的处罚规定。

3. 有的地方建议增加，合伙人不向新入伙的合伙人告知合伙企业状况而应承担的法律责任。

4. 有的地方建议增加合伙企业解散、清算与破产中的违法行为的法律责任的规定。

十四、关于外国企业或者个人成为合伙人的问题

修订草案第九十九条规定，外国企业或者个人在中国境内设立或者参与设立合伙企业，成为普通合伙人应当符合国家有关规定。

有的地方和单位提出，外国企业或者个人成为有限合伙人也应符合国家有关规定。有的部门建议将该条修改为“外国企业或者个人在中国境内设立或者参与设立合伙企业应当符合国家有关规定”。

有的部门建议增加规定，我国香港、台湾、澳门地区的企业或者个人在中国境内设立或者参与设立合伙企业，成为普通合伙人应当符合国家有关规定。

有的地方建议明确外国企业或者个人在中国境内设立或者参与设立的合伙企业是否适用合伙企业法。

有的部门提出，外国企业与个人在中国境内设立合伙企业应当适用合伙企业法，但同时也要注意合伙企业法与现行的外资企业法律的衔接，该条的规定过于简单，建议研究充实；有的地方提出，外资合伙企业属于现行外资法律规定之外的一种新的企业形式，应当对

其企业形式、法律地位及分类、法律适用、外资合伙人的资格、可以从事的经营活动等都作出具体规定；有的部门同时建议明确外资合伙企业不属于中外合作经营企业法中规定的不具有法人资格的中外合作经营企业。

有的单位提出，对外国企业或者个人成为普通合伙人，不要进行限制，应该平等对待，建议修改为“外商投资企业采用合伙形式的适用本法”。

有的地方建议将该条中的“外国企业或者个人”修改为“外国自然人、法人或者其他组织”。

十五、其他意见

1. 有的地方和部门建议在修订草案第一条立法目的中增加保护其他利益相关者的规定。有的地方建议删去该条保护债权人利益的规定。

2. 有的部门建议删去修订草案第五条关于执行合伙事务应当遵循自愿、平等、公平、诚实信用原则的规定。

3. 有的地方和单位建议删去修订草案第八条中关于合伙企业及其合伙人“承担社会责任”的规定。

4. 有的部门建议增加公众有权查询合伙企业登记信息的规定。有的地方建议增加关于合伙企业的营业执照中应当载明的事项的规定。

5. 有的地方和部门提出，修订草案在关于合伙人出资的表述上使用了“出资”、“认缴或实缴的出资”、“认缴的出资”三种写法，前后不一致，建议统一。

6. 有的地方、部门提出，本法是合伙企业法，建议将修订草案中的“合伙”、“合伙组织”修改为“合伙企业”。

7. 有的地方建议将修订草案中的合伙企业“住所”统一修改为“经营场所”。

8. 有的地方提出，修订草案在关于合伙事务执行的表述上用了

“执行事务”、“执行合伙事务”、“执行合伙企业事务”三种形式，建议统一。

9. 有的部门建议增加普通合伙企业转变为有限合伙企业或者有限责任合伙企业的程序规定。

10. 有的部门建议增加关于普通合伙人忠实和勤勉义务的规定。

广东、深圳一些单位对合伙企业法（修订草案）的意见

5月17日至21日，李飞副主任带领经济法室的同志赴广东和深圳就合伙企业法的修改进行调研。先后走访了四家单位，召开了两个座谈会，征求律师事务所、会计师事务所、税务师事务所和投资公司等单位对合伙企业法（修订草案）的意见。现将主要意见简报如下：

一、关于合伙人资格

修订草案第三条第一款和第二款规定，本法所称合伙人包括自然人、法人和其他经济组织。国有独资企业、上市公司参加合伙应通过其子公司或其他控股机构进行。有的同志提出，“其他经济组织”的范围不清，性质不明，不宜做合伙人。同时，由于有限合伙的有限合伙人仅以其出资为限对合伙企业债务承担责任，为了保护投资人利益，维护交易安全，防止国有资产流失，建议明确规定法人只能成为有限合伙人，相应地可以删去国有独资企业和上市公司参加合伙的有关规定。有的同志提出，限制国有独资企业、上市公司成为合伙人是必要的，修订草案的规定是一种比较好的变通做法，但表述上还不够准确。有的同志提出，限制国有独资企业和上市公司成为合伙人，应当由相应的法律和行政法规规定，不宜在合伙企业法中规定。

二、关于合伙企业所得税

修订草案第七条第二款规定，国家对合伙企业及其合伙人的生

产经营所得实行一次征税原则，具体办法由国务院制定。有的同志提出，修订草案的规定不清楚，容易产生歧义。对合伙企业不征所得税，只对合伙人从合伙企业取得的收入征收所得税，是合伙企业与其他企业相比具有吸引力的地方，是投资人选择设立合伙企业的一个重要因素。建议明确规定对合伙企业不征所得税。有的同志提出，深圳早在1994年就规定可以采取有限合伙形式，这种形式在国际上为风险投资机构所普遍采用，但目前我们从事风险投资仍注册为公司，只是运作方式采取了合伙形式，原因之一就是深圳对有限合伙企业在税收上没有优惠。

三、关于有限责任合伙企业

1. 关于专业服务机构的适用。修订草案第七十条规定，本章规定适用于依法登记为合伙企业的会计师事务所等以专业知识和专门技能为客户提供有偿服务，并承担相应法律责任的专业服务机构。有的同志提出，应当在第七十条明确规定律师事务所适用有限责任合伙，这有利于律师事务所的发展。有的同志提出，律师事务所具有社会职能，不属于企业，不是营利机构，其设立登记由司法部门进行审批，所以律师事务所不应当适用合伙企业法，但可以采用有限责任合伙形式。有的同志提出，律师事务所为社会提供服务收取费用，具有营利性，具备企业的性质，但应当适用合伙企业法，对其不在工商部门进行设立登记，可作除外规定。

2. 关于执业风险基金。修订草案第七十五条规定，有限责任合伙应当建立执业风险基金制度，执业风险基金用于偿付由执业责任形成的债务，执业风险基金按有关法律规定及合伙协议的约定提取。合伙人退伙时，应当将退伙合伙人的执业风险基金数额单独托管，五年后将尚未使用部分退还该退伙人。有的同志提出，修订草案没有对提取的执业风险基金比例作出规定。如果提取的执业风险基金过少，合伙企业债权人的利益仍然得不到保护，建议规定最低比例。有的同志提出，执业风险基金是清偿合伙企业债务的一个保障，在合伙企业存续期间，不应当退还给退伙人，只有在合伙企业解散时，才能对该基金进行分配。建议对修订草案的规定进行修改。

3. 关于合伙人的责任。修订草案第七十三条规定，合伙人对其本人的执业行为和负责的业务事项引起的合伙债务，在合伙财产不足清偿时，承担无限连带责任。合伙人对其他合伙人的行为和负责的业务事项所引起的合伙债务，仅以其在合伙中的财产份额为限承担责任。有的同志提出，“负责的业务事项”含义不清，建议明确。有的同志提出，无论是合伙人自己的执业行为，还是其他合伙人根据内控制度进行的审核行为，均属于合伙人的执业行为，建议删除“负责的业务事项”。有的同志提出，对合伙人责任的规定，应当以合伙人有过错为前提。有的同志提出，对有限责任合伙的合同之债，合伙人应当承担无限连带责任；对侵权之债，有过错的合伙人承担无限连带责任，其他合伙人承担有限责任。

4. 关于替代补偿机制。有的同志提出，由于有限责任合伙的合伙人在一定条件下对合伙企业的债务承担有限责任，为了保护债权人的利益，修订草案应当增加替代补偿措施。比如强制有限责任合伙企业合伙人购买商业保险；规定有限责任合伙企业的债务没有清偿前，不得分配利润；规定有限责任合伙企业不能清偿债务时，合伙人应当将此前两年内从合伙企业取得的收入返还，以清偿债务。

四、关于合伙企业及其合伙人的破产

修订草案第八十四条规定，合伙企业不能清偿到期债务的，依法予以破产。合伙企业及其法人合伙人的破产适用《中华人民共和国企业破产法》规定的程序。有的同志提出，合伙企业有其特点，不能完全适用企业破产法，否则破产费用太高。建议专门规定合伙企业的破产。有的同志提出，由于普通合伙人对合伙企业的债务承担无限连带责任，当合伙企业的财产不足清偿债务时，债权人可以请求普通合伙人清偿，没有必要让合伙企业破产。我国没有个人破产制度，规定合伙企业破产没有意义，反而增加成本，还会给人造成企业破产,合伙人不须再承担责任的误解。建议对合伙企业的破产不作规定。有的同志议增加规定,合伙企业破产,普通合伙人对合伙企业未偿付的债务,仍应承担无限连带责任。有的同志提出,目前企业破产法还没有颁布,应注意本法与破产法在实施上的衔接。

五、其他意见

1. 有的同志提出,修订草案第二十六条第三款对受托执行合伙事务人员的消极资格作了规定,这一规定过于严格,建议删除。

2. 修订草案第五十四条规定,退伙人对其基于退伙前的原因发生的合伙企业债务,与其他合伙人承担连带责任。有的同志建议对合伙人退伙后承担责任的年限作出规定。否则,按照民法通则的规定,追诉时效为 20 年,时间太长,使投资人有后顾之忧。

3. 有的同志建议增加规定,普通合伙人不能再成为其他合伙企业的普通合伙人,只能成为其他合伙企业的有限合伙人。

北京、深圳、杭州对有限合伙的规定

有限合伙，是指由有限合伙人和普通合伙人共同组成合伙，有限合伙人以其出资额为限对合伙债务承担责任；普通合伙人对合伙债务承担无限连带责任的组织。有限合伙不具有独立的法人资格。目前我国没有规范有限合伙的法律，北京、深圳和杭州根据实践需要，以地方法规或政府规章的形式，对有限合伙作了规范，现将这三个地方的有关规定简介如下：

一、规范制定情况及适用范围

深圳市人大常委会1994年颁布的《深圳经济特区合伙条例》，除对普通合伙作出规范外，在全国率先对有限合伙作了专章规定，并对有限合伙的适用范围未作限制。2003年，深圳市人大常委会颁布了《经济特区创业投资条例》，规定创业投资机构可以采取有限合伙的形式。北京市人大常委会也在其2001年颁布的《北京市中关村科技园区条例》中允许创业投资机构采用有限合伙形式。北京市人民政府于2001年颁布《有限合伙管理办法》，该办法仅适用于中关村科技园区采用有限合伙形式的创业投资机构。杭州市政府于2001年颁布《有限合伙管理暂行办法》，该办法仅适用于杭州高新技术产业开发区范围内采用有限合伙形式的创业投资机构。

二、有限合伙的设立条件

北京和杭州针对有限合伙适用风险投资机构的情况，规定设立有限合伙应当具备下列条件:有一个以上的普通合伙人和一个以上的有限合伙人,合伙人总数不超过20人;有书面的合伙协议;合伙人的出资额总和不低于1000万元人民币(杭州规定为不低于500万元人民币);普通合伙人具有风险投资的专业知识和技能;以从事风险投资为主业;有机构名称和经营场所。深圳规定有限合伙由2人以上20人以下共同出资设立,对一般的有限合伙没有最低出资数额的限制,但创业投资机构采用有限合伙形式的,有限合伙人的出资总额不得低于3000万元。

三、有限合伙的合伙人资格及出资形式

北京和杭州规定,法人和具有完全民事行为能力的自然人可以成为有限合伙的合伙人。有限合伙人可以成为其他有限合伙的有限合伙人。除负有竞业限制义务的以外,普通合伙人可以成为其他有限合伙的普通合伙人,并负有向所有合伙人告知的义务。深圳规定,自然人、法人、其他经济组织可以成为有限合伙人。有限合伙人可以成为其他有限合伙的合伙人。北京、杭州规定,合伙人应当以货币出资。深圳规定,有限合伙人可以用货币、实物、土地使用权、工业产权或者非专利技术出资,但不得以劳务出资。

四、有限合伙协议的内容

北京、深圳、杭州规定,有限合伙协议的内容应当包括:有限合伙的名称和主要经营场所;有限合伙的宗旨和经营范围;各合伙人的姓名或者名称及其住所;各合伙人的性质和承担责任的形式;各合伙人的出资方式、数额和缴付出资的期限;合伙事务的管理制度与执行;利润分配和亏损分担办法;入伙与退伙;经营期限;解散与清算;合伙人争议的解决办法;违约责任。

五、有限合伙的经营管理和财产转让

北京、杭州规定,有限合伙的管理机构由普通合伙人组成,负责有限合伙的经营管理,执行合伙事务,作为对外代表。下列事项应当经有限合伙的全体合伙人一致同意:修改、补充有限合伙协议;接纳新的合伙人入伙;处分合伙财产;解散;合伙协议约定需经全体合伙人一致同意的其他事项。有限合伙不得发行债券,不得对外担保,不得从金融机构借贷。北京、深圳、杭州规定,有限合伙人不参与有限合伙的经营管理,但有权自行或者委托代理人查阅会议记录、财务会计报表以及其他经营管理资料,有权了解和监督有限合伙的经营状况并提出意见。有限合伙人参与经营管理的,视为普通合伙人,与普通合伙人一起对合伙债务承担无限连带责任。同时,深圳还规定,有限合伙人的下列行为不构成参与经营管理的行为:成为有限合伙的代理人或者雇员;作为一方当事人与有限合伙签订合同;与普通合伙人协商讨论合伙事务,或者对合伙事务提出建议;为有限合伙提供担保;参加修改有限合伙协议;投票表决有限合伙解散、清算、开除普通合伙人和处分合伙财产。

北京、杭州规定,有限合伙人可以部分或者全部转让其财产份额,但应当经包括全体普通合伙人在内的三分之二以上的合伙人同意,受让人才可以成为该有限合伙的有限合伙人;在同等条件下,其他有限合伙人有优先受让的权利。深圳规定,有限合伙人可以部分或全部转让其权益。在同等条件下,有限合伙的其他合伙人有优先购买权。

六、有限合伙的退伙、解散、清算

深圳规定,有限合伙协议订明经营期限的,在经营期限内有限合伙人经其他合伙人一致同意,可以退伙。有限合伙协议未订明经营期限的,有限合伙人在出现不能归责于他的重大事由的情况下,可以声明退伙。

北京和杭州规定,有限合伙的解散应经全体合伙人同意。有限合伙进行清算时,合伙财产在支付清算费用后,按下列顺序清偿:(一)欠付职工的工资和社会保险费用;(二)欠缴的税款;(三)合伙债务;(四)返还有限合伙人的出资;(五)返还普通合伙人的出资。合伙财产按以上顺序清偿后仍有剩余的,按合伙协议的约定进行分配;合伙财产不足清偿的,债权人可以要求普通合伙人以其所有的全部财产清偿。深圳规定,有限合伙的解散,应当经全体合伙人同意。有限合伙的普通合伙人全部退伙后,有限合伙应即解散。有限合伙的财产在清偿所有债务后,剩余部分按下列顺序分配:(一)将利润分配给合伙人;(二)返还有限合伙人的出资;(三)返还普通合伙人的出资。有限合伙的财产不足以清偿有限合伙的债务时,以普通合伙人的个人财产清偿。偿还债务超过自己应当承担数额的普通合伙人,有权向其他普通合伙人追偿。

七、所得税缴纳

北京、杭州规定,有限合伙的所得税由合伙人分别缴纳。北京还规定,对合伙人从有限合伙取得的所得,属于自然人的合伙人,比照个体工商户缴纳个人所得税;属于法人的合伙人,缴纳企业所得税。

有限责任合伙制度简介

合伙作为一种传统的组织形式,已有一百多年的历史。其基本特点是合伙人共同出资、共同经营、共享收益、共担风险,合伙人对合伙债务负无限连带责任。在国外,会计师事务所、律师事务所等专业服务机构曾采用这种组织形式。随着社会对各项专业服务需求的迅速增长,专业服务机构的规模扩大,合伙人数目大增,以至合伙人之间并不熟悉甚至不认识,各自的业务也不重合,与传统合伙中合伙人人数较少,共同经营的模式已有不同,因而让合伙人对其并不熟悉的合伙人的债务承担无限连带责任,有失公平。自 20 世纪 60 年代以后,针对专业服务机构的诉讼显著增加,其合伙人要求合理规范合伙人责任的呼声也越来越高。1991 年,美国德克萨斯州颁布了世界上第一个有限责任合伙法,规定这类合伙的合伙人仅在一定范围内承担无限责任。此后,有限责任合伙陆续在美国的许多州,以及英国、加拿大等国被承认。有限责任合伙迅速成为专业人士的一致选择。目前,国际知名的大会计师行、大律师行以及一些投资银行,都重新注册为有限责任合伙。

一、有限责任合伙的立法模式

从目前掌握的资料看,英美法系国家对有限责任合伙立法采取以下三种方式:一是颁布专门的有限责任合伙法,对有限责任合伙的定义、法律地位、合伙人的法律责任、合伙人之间的关系、对债权人的特别保护、登记注册等问题作出详细规定。采取这种方式的主要有英国泽西岛。二是虽然颁布了专门的有限责任合伙法，但该法并没有对有限责任合伙的各个方面作出规定，而是针对有限责任合伙的定义、设立登记、合伙人之间的关系、纳税问题作出规定，其他方面则适用合伙法的原则（经营管理方面），或者公司法的原则（破产清算及外部监管方面）。采取这种方式的主要有英国、美国德克萨斯州等。三是把有限责任合伙纳入合伙法中，作为合伙的一种特殊形式，在合伙人责任部分对有限责任合伙作出特别规定，并对普通合伙转变为有限责任合伙的程序作出规定。采取这种方式的有美国联邦统一合伙法及一些州的立法。采取前两种立法模式的，是把有限责任合伙作为一种新形式的法人实体；采取第三种立法模式的，是把有限责任合伙作为普通合伙的一种特殊形式。无论采取哪种立法方式，各国均规定有限责任合伙与普通合伙一样，合伙组织本身不是所得税的纳税主体。

二、有限责任合伙的适用范围

虽然有限责任合伙的产生主要是为了解决大会计师行、律师行等专业服务机构合伙人的责任问题，但美国统一合伙法和大多数州的立法以及英国等国的立法中对有限责任合伙都没有适用范围的限制。美国只有个别州的立法规定有限责任合伙仅适用于专业服务机构。如纽约州规定，专业服务机构主要是指律师、医生、专业工程师、会计师、土地测量师和建筑师等组成的机构。

三、有限责任合伙中合伙人的责任

美国德克萨斯州 1991 年有限责任合伙法对合伙人有限责任的规定，仅限于合伙的侵权行为给他人造成损失的债务分担，其具体规定是："一个专业合伙中的合伙人对另一个合伙人、雇员或合伙代表在提供专业服务时的错误、不作为、疏忽、不合格或渎职的行为，除其在合伙中的利益外，不承担个人责任"。即合伙人对其他合伙人执业中的侵权行为引起的债务，仅以其对合伙的出资为限承担责任。以后德克萨斯州又对该法作了修改，将合伙人承担有限责任的范围从侵权之债扩大到合同之债。同时还规定，合伙人对另一个合伙人或未在其监督、控制下的合伙代表人在从事合伙业务过程中的错误、不作为、疏忽或渎职的行为引起的合伙债务或责任不负个人责任，除非他直接参与了该行为，或在知道该行为时未采取适当措施防止该行为的发生。上述规定不影响合伙用合伙财产偿付债务或责任；不影响合伙人非以合伙人身份承担的法定义务或合同义务。特拉华州把合伙人承担有限责任的范围规定为侵权、合同或其他行为引起的债务，并规定合伙人仅对其直接负有控制或监管责任的合伙代表人的行为负无限责任。纽约州在规定合伙人承担有限责任的同时，也允许放弃全部或部分合伙人的有限责任，只要多数合伙人同意。明尼苏达州把有限责任的保护范围扩大到合伙的所有债务，包括合伙人直接控制的人的行为引起的债务，使合伙人与公司股东的责任没有什么区别。与此相适应，该州把适用于公司的“揭开公司面纱”的原则也适用于有限责任合伙，但同时规定仅因为合伙事务操作上的不规范不能成为否定有限责任的理由。在各州立法实践的基础上，美国统一州法全国委员会对统一合伙法作了重大修改，增加了有限责任合伙的内容，规定：有限责任合伙发生的债务，无论是源于侵权、合同或其他行为，完全是合伙债务。一个人并不仅仅因为他是一个合伙人而对合伙的债务直接或间接地，承担个人责任。

从以上美国有关规定看，有限责任合伙中合伙人的责任分为三部分，一是在执业中有过错的合伙人要对合伙债务承担无限责任，具体包括：1. 合伙人对因自己的不当行为或渎职行为引起的合伙债务（包括侵权之债和合同之债），承担无限责任；2. 合伙债务是因该合伙人负有监管责任的合伙代表人的不当行为引起的，或者该合伙人参与了其他合伙人的不当行为、渎职行为，或者该合伙人明知有不当行为而未能采取适当措施，则该合伙人承担无限责任。但如何界定监管责任，存在很大争议。二是其他合伙人对合伙债务承担有限责任，其限额是合伙人在合伙中的权益。三是对合伙人执业以外的以合伙名义形成的债务，如偿还合伙企业贷款、支付合伙企业租金或履行其他合同义务，有的州规定合伙人仍应当按照传统合伙法的规则承担无限连带责任，有的州则规定，合伙人对这种债务也适用有限责任。

四、对有限责任合伙的债权人的保护

由于对合伙没有最低注册资本的要求，因此，在规定有限责任合伙人仅在一定条件下承担无限责任的情况下，如何保护有限责任合伙的债权人的利益，是一个重要问题。美国各州及英国和英国泽西岛在有限责任合伙立法中规定了替代性赔偿、限制合伙分配等措施，以加强对债权人的保护。

1. 强制保险。美国德克萨斯州规定，有限责任合伙必须投保 10 万元保险。其后各州的立法对投保的金额要求逐步提高，特拉华州规定为 100 万美元，个别州甚至达到 1500 万美元。也有的州规定按每个合伙人或单项业务进行保险，比如哥伦比亚特区规定有限责任合伙的保险金额以合伙人数为基础，每人不得低于 10 万美元；新泽西州规定每项业务投保金额为 1—10 万美元。

2. 设立独立财产或基金。美国德克萨斯州规定，如果有限责任合伙无法购买到保险，应当设立 10 万美元的独立基金，以偿付经法院判决的赔偿。该项基金可采取以下方式：存入单独银行账户或信托；银行存单、政府债券；银行信用证或保险公司担保债券。英国泽西岛则规定有限责任合伙应当将一张 500 万英镑的负债证书或担保书交给银行或保险公司保管，当合伙财产不足清偿债务而清算时，银行或保险公司应将负债证书或担保书交给债权人。

3. 限制合伙收益的分配。美国有些州的立法对有限责任合伙收益的分配作了限制性规定。比如加利福尼亚州规定合伙不能偿付到期债务时，不得进行收益分配。明尼苏达州则直接将公司法的利润分配原则适用于有限责任合伙，即在弥补合伙亏损后才能分配利润。

4. 资产的取回。英国和英国泽西岛的有限责任合伙法规定，有限责任合伙的破产清算适用破产清算法的规定，即有限责任合伙清算时，如果合伙财产不够偿付合伙债务，合伙人在合伙丧失清偿能力前的5年内（英国泽西岛规定为6个月）从合伙的提款，可以由合伙清算人取回。同时英国规定，如果提款系支付合理的家庭支出，合伙人无须将等额资产退还合伙清算人。

五、有限责任合伙与有限合伙的区别

有限合伙的特点是由两部分合伙人组成，分别承担不同的责任。一部分是普通合伙人，对合伙事务进行经营管理，并对合伙债务承担无限连带责任；另一部分是有限合伙人，对合伙债务以其出资为限承担责任，但前提是其一般不参与合伙的经营管理，否则即与普通合伙人一样承担无限连带责任。而有限责任合伙的合伙人参与合伙的经营管理，合伙人仅对其在执业中的过错行为引起的合伙债务承担无限连带责任，对其他合伙人在执业中的过错行为引起的合伙债务以其出资为限承担责任。

合伙企业的有关情况

近日，经济法室的同志走访了国家工商局个体司登记指导处及中关村科技园区管委会研究室，了解了我国合伙企业的基本情况及存在的问题。现简报如下：

一、合伙企业的基本情况

截止到2005年9月底，在工商行政管理机关登记注册的各类企业总计807万户，其中私营企业419万户。在私营企业中，合伙企业有13.4万户（其中《合伙企业法》实施后按该法登记的为8.7万户，其余为按《私营企业暂行条例》登记的企业），占私营企业总户数的3.21%；占各类企业总户数的1.67%。合伙企业的从业人数约为196万人，占私营企业从业人数的3.4%；注册资金为652亿，占私营企业注册资金的1%；分布区域主要在浙江、江苏、河北、广东、湖南、四川、福建、山东、江西、河南等省份，其中浙江省居多，有2.7万户，江苏省有1万户，广东省有9000多户；从事的行业主要为制造业，有6.4万户，占合伙企业总数的50%，从事第三产业的共5.4万户，占合伙企业总数的40%，包括批发、零售（2.4万户）、租赁和商业服务业（5000多户）、住宿和餐饮业（4000多户）以及信息传输、计算机及软件服务、交通运输、仓储、邮政、居民服务等。

从上述资料看，合伙企业在各类企业中所占的比重较小。主要原因是：1.社会上普遍对合伙企业了解不多，合伙企业的社会认知度不高；2.一些人认为，对合伙人的个人财产情况无从掌握，加之信誉缺乏，合伙人可能会通过转移财产来逃避债务，使无限责任流于形式。因此，与合伙企业做交易的风险较大，不愿与其交易。同样的原因，也导致了投资者更愿意采取法人的方式从事经营活动；3. 与其他企业形式相比，合伙企业不具有明显的优势。一是与公司相比，公司股东的有限责任对投资者更具吸引力。二是与个人独资企业相比，其出资人虽然也承担无限责任，但由于只有一个出资人，在经营管理上更自主、更灵活，也不会出现与其他人就责任承担问题发生争议；4. 我国在民商事活动中大力提倡法人制度，有关规定在市场准入上对不具有法人资格的企业进行限制，使合伙企业的经营遇到障碍，限制了投资者对这种方式的选择；5. 合伙企业的税收优势不大。虽然目前对合伙企业不征收所得税，但税务机关通常对合伙企业的营业额进行核定，并据此确定净利润，再根据每个合伙人的所得，按个体工商户 35% 的税率征收合伙人的个人所得税，有时难以反映合伙人真实的收入情况；6. 合伙企业法仅规定了普通合伙一种形式，适用范围较窄。

二、关于有限合伙的一些情况

现行合伙企业法只规定了普通合伙一种形式。为了适应实践的需要，个别省、市以地方法规或政府规章的形式对有限合伙作了规定，如北京市、深圳市和杭州市。其规定的有限合伙主要适用于高科技园区、高新技术产业开发区及特区内的创业投资企业。由于与合伙企业法不衔接，在实施上遇到困难。根据中关村科技园区管委会提供的情况，截止到目前，北京市有四家类似的企业。

有限合伙制度简介

有限合伙是由普通合伙发展而来的一种合伙形式。二者的主要区别是，普通合伙的全体合伙人（普通合伙人）负责合伙的经营管理，并对合伙债务承担无限连带责任。有限合伙由两种合伙人组成，一是普通合伙人，负责合伙的经营管理，并对合伙债务承担无限连带责任；二是有限合伙人，通常不负责合伙的经营管理，仅以其出资额为限对合伙债务承担有限责任。有限合伙主要在英美法系国家存在，在大陆法系国家和地区，与之相类似的组织是两合公司。

有限合伙融合了普通合伙和公司的优点。与公司相比，普通合伙人直接从事合伙的经营管理，使合伙的组织结构简单，节省管理费用和运营成本；普通合伙人对合伙要承担无限责任，可以促使其对合伙的管理尽职尽责。同时，对有限合伙本身不征所得税，直接对合伙人征收所得税，避免了公司的双重税负。与普通合伙相比，允许投资者以承担有限责任的方式参加合伙成为有限合伙人，解除了投资者承担无限责任的后顾之忧，有利于吸引投资。

由于有限合伙的上述特点，实践中为资本与智力的结合提供了一种便利的组织形式。即拥有财力者作为有限合伙人，拥有专业知识和技能者作为普通合伙人，二者共同组成以有限合伙为组织形式的风险投资机构，从事高科技项目的投资。境外这种做法较为普遍。

现将有关国家和地区对有限合伙和两合公司的主要规定简介如下：

一、有限合伙的设立

1. 关于合伙人

有限合伙的混合责任制,决定了有限合伙至少应当有一个承担无限连带责任的普通合伙人和一个承担有限责任的有限合伙人。对于合伙人的资格,美国、法国、德国等国家没有限制。比如,美国统一有限合伙法第一条规定,本法所称合伙人包括“自然人、合伙、有限合伙、信托、财团、社团和公司”。法国和德国商法典规定,具有商人身份的自然人、合伙、法人均可以成为有限合伙的合伙人。有的地区则不允许公司或法人成为有限合伙的普通合伙人。比如我国台湾地区“公司法”第十三条规定,公司不得为他公司之无限责任股东或合伙事业之合伙人。我国香港有限责任合伙条例第三条规定,法人团体仅可成为有限合伙人。对于合伙人的人数,有的国家和地区从维护合伙的人合性的角度出发,规定合伙应有一定的人数限制。如英国和我国香港规定,有限合伙全体合伙人的人数不得超过二十人。澳大利亚合伙企业法规定,有限合伙中的普通合伙人不得超过二十人;超过二十人的应当采取公司形式。美国、法国、德国等国家未对合伙人的人数进行限制,在美国,拥有成千上万合伙人的有限合伙也不鲜见。

2. 有限合伙的出资方式

对于有限合伙中的普通合伙人,由于其对合伙债务承担无限连带责任,各地对其出资方式一般不作限制。而对于有限合伙人,由于其仅以出资额为限承担有限责任,因此有的国家对其出资方式进行了限制。比如法国商事公司法第二十三条规定,两合公司中的有限责任股东不得以技艺出资。日本公司法第五百七十六条规定,包括两合公司在内的持份公司的有限责任股东只能以金钱的形式出资。美国对合伙人出资的规定,未区分普通合伙人和有限合伙人,其统一有限合伙法第五条规定,合伙人可以用现金、财产、已经提供的劳务出资,或用期票及其他承诺交付或提供的现金、财产、劳务出资。

3. 关于登记注册

一些国家和地区对普通合伙未规定登记制度。鉴于有限合伙中的有限合伙人承担有限责任,各地一般都规定有限合伙应向有关主管部门进行登记注册,并将有关信息予以公告。比如美国统一有限合伙法第二条规定,设立有限合伙应向州务秘书提交一份经签署的有限合伙证书,该证书应包括有限合伙的名称、地址、接受传票的代理人的名称和地址、普通合伙人的名称和商务地址、有限合伙的解散日期以及普通合伙人决定的其他事项。德国商法典第一百零六条和第一百六十二条规定,两合公司应向其住所所在辖区法院申报商业登记,申报应包括股东的姓名、身份和住所,公司的商号和地址,公司开业的时间,有限责任股东的姓名和出资数额;但在公告时,只需注明有限责任股东的人数,不公告有限责任股东的姓名、身份和出资额。我国香港有限责任合伙条例第四条规定,有限合伙必须按照本条例的规定注册,如未注册,则视为普通合伙,有限合伙人视为普通合伙人。

二、有限合伙的管理

从有限合伙的制度设计上看,有限合伙人对合伙债务承担有限责任的对价就是其不参与合伙的经营管理,有限合伙的经营管理由承担无限责任的普通合伙人负责。这是各地法律关于有限合伙制度的一项原则。比如,美国统一有限合伙法第四条第三款规定,有限合伙中的普通合伙人享有普通合伙中合伙人的权利,即直接负责合伙的经营管理。同时该法第三条第三款规定,有限合伙人不得参与对企业的控制。我国香港有限责任合伙条例第五条规定,有限合伙人不得参与管理合伙业务,并且没有约束商号的权力。德国商法典第一百六十四条规定,两合公司中的有限责任股东不得执行公司业务;同时该法第一百七十条规定,有限责任股东无权代表公司。法国商事公司法第二十八条规定,两合公司的有限责任股东不得直接或接受委托从事任何对外的经营活动。

如果有限合伙人参与了合伙的经营管理，从理论上说就不应再享有有限责任的保护，即应当与普通合伙人一样承担无限连带责任。多数国家和地区对于这一问题的看法基本一致，只是在具体规定上有所不同：

1. 美国。美国统一有限合伙法第三条第三款规定，有限合伙人不得参与对合伙的控制，否则就不受有限责任的保护；并规定下列行为不构成“参与对合伙的控制”：作为有限合伙的普通合伙人的公司的职员、董事或股东；就有限合伙的业务与普通合伙人进行磋商或提供咨询；以有限合伙的保证人或担保人的身份，为有限合伙进行担保；提起诉讼，或为有限合伙的利益提起代表诉讼；参加合伙人会议；以投票或其他方式对有关事项提出建议、予以批准或不批准（具体包括：解散和终结有限合伙业务；销售、交换、租赁、抵押、质押或以其他方式转移有限合伙的全部资产；承受非常规业务经营中的债务；改变业务的性质；普通合伙人或有限合伙人的接纳或除名；普通合伙人和有限合伙或有限合伙人之间的有现实的或潜在利益冲突的交易；对合伙协议或有限合伙证书的修改；合伙企业书面宣告可以由有限合伙人批准或不批准的其他事项）。

同时该款还规定，即使有限合伙人参与对合伙的控制，也不是对合伙的所有债务都承担无限责任，而仅对与有限合伙进行交易、并基于有限合伙人的行为而有合理理由相信该有限合伙人是普通合伙人的交易对方负责。因此，美国对有限合伙人的保护是很充分的，有限合伙人即使参与合伙企业的经营管理，但只要未构成“参与对合伙的控制”，就仍然享有有限责任的保护。

2. 法国。法国商事公司法第二十八条规定，两合公司的有限责任股东不得从事任何对外经营活动，否则就要和全体无限责任股东一起，对公司债务和义务负连带责任。根据有限责任股东从事对外的经营活动的次数或重要程度，有限责任股东可以被宣布对公司的所有义务或仅对一部分义务负有连带责任。

3. 我国香港。香港有限责任合伙条例第五条规定，如有限合伙人参与管理合伙业务，其必须对参与管理期内所招致的一切债务及义务负法律责任，犹如他是普通合伙人一样。

4. 日本。日本公司法并未限制两合公司中的有限责任股东参与管理公司业务，但按照该法第五百九十七条规定，两合公司执行业务的有限责任股东就执行其职务有恶意或重大过失时，连带赔偿对第三人造成的损害，即对因此产生的公司债务承担无限连带责任。同时，该法第五百八十八条规定，两合公司的有限责任股东实施了使人将自己误认为无限责任股东的行为时，该有限责任股东，对基于该误认与两合公司进行交易者，承担与无限责任股东相同的责任。

三、有限合伙人的权利

有限合伙中的有限合伙人不得参与合伙的经营管理，并不代表其在合伙中不享有任何权利。根据有关国家和地区法律的规定，有限合伙人除了制定合伙协议并根据合伙协议的规定参加利润分配外，主要享有以下权利：

1. 表决权。有限合伙人可以对合伙的全部或者部分事务行使表决权。美国统一有限合伙法第三条第二款规定，在有限合伙人的行为不构成参与对企业的控制的前提下，合伙协议可以赋予全部或部分有限合伙人以对任何问题的投票表决权。德国商法典第一百六十条规定，有限合伙人可以在选任经理人时行使投票表决权。法国商法典第三十条和第三十一条规定，两合公司的有限责任股东在公司股份转让、公司国籍变更、公司章程修改的时候，可以行使表决权。

2. 咨询权。有限合伙人虽然不能直接参与合伙事务的管理，但对合伙运营中的问题可以发表意见，提供咨询。美国统一有限合伙法第三条第三款规定，有限合伙人可以就有限合伙的业务与普通合伙人进行磋商或提供咨询。德国商法典第一百六十四条规定，两合公司中的有限责任股东对无限责任股东执行公司业务时超过公司通常营业范围以外的行为可以提出异议。法国商法典第二十九条规定，两合公司的有限责任股东有权对公司的经营情况提出书面质疑，公司的执行人应书面予以答复。香港有限责任合伙条例第五条规定,有限合伙人可以对合伙业务的状况及前景提出意见。

3. 知情权。有限合伙人可以查阅合伙的文件,了解合伙的运营情况。美国统一有限合伙法第三条第五款规定,有限合伙人有权查阅合伙依法应当保存的任何记录,并经合理请求后从普通合伙人处获取有限合伙业务和财务情况的真实和全面的信息、有限合伙的税务申报表副本以及其他关于有限合伙事务的正当和合理的信息。德国商法典第一百六十五条规定,两合公司中的有限责任股东有权请求交付年终决算的副本和在查阅账簿和文件的基础上审查年终决算的正确性,并在有重大事由的情况下,向法院申请命令交付资产负债表和年终决算或其他相关的账簿、文件等资料。法国商事公司法第二十九条规定,两合公司的有限责任股东有权每年两次获取公司的账册和文件。香港有限责任合伙条例第五条规定,有限合伙人可随时亲自或由代理人查阅商号的簿册。

四、有限合伙的利润分派和退伙

1. 利润分派

有限合伙人仅以其出资额为限对合伙债务承担有限责任,这是对有限合伙人责任的减轻,但同时意味着有限合伙债权人风险的加重。当合伙财产不能够清偿债务时,债权人只能向部分合伙人(普通合伙人)进行追偿。为了防止有限合伙人利用这一制度损害债权人的利益,有的国家对有限合伙利润的分派进行一定的限制。如美国统一有限合伙法第六条第七款规定,有限合伙在合伙债务超过合伙资产(资不抵债)的情况下,不得分配利润。

2. 退伙

在英美法系国家,有限合伙更多地被应用于风险投资领域。风险投资的最大特点就是高风险,获得投资回报的周期长。为了保证有限合伙在一定时间内的稳定,使普通合伙人有充足的时间利用有限合伙人的投资去获得更大的利益,有的国家对有限合伙人的退伙进行一定的限制,以防止合伙因有限合伙人的随意退伙而解散。如美国统一有限合伙法第六条第二款规定,普通合伙人可以在任何时间向其他合伙人发出书面通知而退出有限合伙;有限合伙人只有在合伙协议规定的时间或规定的事件发生时才可以退出有限合伙,如果合伙协议没有规定有限合伙人的退伙时间和导致其退伙的事件,有限合伙人应至少提前六个月通知所有普通合伙人,方可退伙。对于普通合伙人,一般规定其可以随时提出退伙,但如果因其退伙行为给合伙造成损害,要承担相应的赔偿责任。如美国统一有限合伙法第六条第二款规定,普通合伙人可以在任何时间向其他合伙人发出书面通知而退出有限合伙;但如果违反合伙协议,有限合伙可以要求退伙人支付损害赔偿。

关于法人能否作为合伙企业的普通合伙人问题

由于普通合伙人对合伙企业的债务承担无限连带责任,所以对法人能否作为普通合伙人,以其全部财产对合伙债务承担责任的问题有不同观点,一些国家和地区对此也有不同规定。现将有关内容简介如下:

一、对法人能否作为普通合伙人的不同观点

1. 禁止法人作为普通合伙人

主要观点是:(1)允许法人作为普通合伙人,就意味着它要对合伙企业的债务承担无限连带责任,可能导致法人以其全部财产承担责任,甚至被连带破产,这不利于保护法人、债权人及股东的利益。(2)法人参与合伙,可能对该法人的信誉带来损害,其交易相对人可能因为它在其他企业另外承担无限责任而不愿与之交易。(3)允许法人与个人合伙,如果法人的经理与合伙人通谋,转移或侵吞国有资产,会导致国有资产流失。(4)实践中法人参加合伙的情况并不普遍,没有太多的现实需求。(5)对法人的权利能力进行一定的限制,禁止其作为普通合伙人并不违反法理。

我国台湾地区"公司法"禁止公司成为其他公司的无限责任股东或者合伙事业的合伙人。对此,台湾"经济部"解释为,如允许公司成为他公司的无限责任股东或合伙事业的合伙人,"恐有害股东和债权人权益";"为求公司股本稳固而特设之限制规定"。

2. 允许法人作为普通合伙人

主要观点是:(1)我国民法通则第 52 条规定的法人联营,就是法人作为合伙人的一种情形。同时,公司法规定,“公司可以向其他企业投资;但是,除法律另有规定外,不得成为对所投资企业的债务承担连带责任的出资人”。即公司法没有完全禁止公司作为普通合伙人。(2)法人具有民事权利能力和民事行为能力,应有权自主决定是否成为普通合伙人,法律不应加以限制。(3)法人成为普通合伙人,是将自己的部分财产以另一种方式从事经营活动,法人的财产并没有因此减少。法人可能会以其全部财产对合伙债务承担责任,甚至因此而破产,但是,法人从事其他生产经营活动,也会面临这种情况。(4)法人的特征之一是独立承担民事责任,即法人的财产独立于出资人,法人以其全部财产对外承担责任。“独立承担责任”并不是承担“有限责任”,“有限责任”是对法人的出资人而言,即出资人以其对法人的出资为限承担责任。所以,法人以其全部财产对外承担责任与普通合伙人的无限连带责任并不矛盾。(5)允许法人成为普通合伙人,有利于法人以多种方式从事生产经营,提高资本利用率。

此外,还有一种建议:为了防止国有资产流失,保证国有资产的保值增值,合伙企业法在规定法人可以成为合伙企业的普通合伙人的同时,应当明确国有企事业单位能否成为合伙企业的普通合伙人,由国有资产管理法规定。

3. 对法人能否作为合伙企业的普通合伙人问题,由法人在其章程等重要文件中规定,合伙企业法不要对这个问题作出规定,以尊重法人的自主经营权。

二、一些国家和地区对法人能否作为普通合伙人的规定

从目前掌握的资料看,对法人能否作为合伙企业的普通合伙人,有三种立法模式。

1. 明确规定法人可以作为普通合伙人。比如,依据美国统一合伙法第 1 条、第 2 条的规定,个人、公司、合伙以及其他组织可以作为

合伙企业的普通合伙人。同时,美国标准公司法第 4 条规定,公司可以作为任何合伙、合营企业、信托或者其他企业的发起人、合伙人、成员、合作者或者经理。德国商法典规定,普通商事合伙的合伙人包括自然人、股份有限公司、有限责任公司、普通商事合伙及有限合伙。法国商法典规定,通过注册取得商人身份的自然人、合伙、法人都可以成为合伙人。

2. 明确规定禁止法人作为普通合伙人。比如,瑞士债务法第 552 条和 553 条规定,法人不得成为合伙企业的合伙人。我国台湾地区"公司法"第 13 条规定,公司不得成为其他公司的无限责任股东或者合伙事业的合伙人;第 54 条和第 110 条规定,无限公司和两合公司的股东非经其他股东的同意,不得成为合伙事业的合伙人。

3. 法律没有明确法人能否作为普通合伙人,规定由法人章程等重要文件对此作出规定。比如,英国合伙法规定,如果章程允许,有限公司可以成为合伙人。

境外风险投资机构采取有限合伙组织形式的有关情况

为配合合伙企业法的修改，经济法室委托外商投资企业协会，就境外风险投资机构所采取的组织形式等有关问题，询问了有关企业。现将有关内容简报如下：

一、境外风险投资机构多采取有限合伙形式的主要原因：

从目前情况看，有限合伙已经成为国际上风险投资机构普遍采取的组织形式，主要原因是：

1. 风险投资本身要求由具备专业知识和能力的人从事投资项目的管理，而有限合伙的特征是，普通合伙人从事合伙企业的经营管理，有限合伙人作为出资人，不参与合伙企业的经营管理。使所有权和经营权分离，能够确保专家经营。

2. 与公司股东相比，有限合伙企业的合伙人在出资方面更具灵活性，使风险投资企业的资金可以按照项目投资进度逐笔到位。这样能够较好地缓解投资人一次性出资的现金压力，也能有效的缓解风险投资企业的盈利压力。

3. 在所得税的缴纳上，有限合伙企业本身不是纳税主体，由各投资方分别申报缴纳所得税，避免了公司制的双重税负，对投资者很有吸引力。

4. 有限合伙企业分配比较灵活，可以加快投资人投资本金的收回，降低投资人的投资风险，这对于投资人而言是极其重要的。

二、采取有限合伙形式的风险投资机构的运作模式

有限合伙人是风险投资的资金供给者，通常由养老基金、捐赠基金、银行持股公司、投资银行、其他非金融公司和个人构成。有限合伙人不参与有限合伙企业的经营管理，其主要权利就是参与分红，一般是收益的80%。而普通合伙人则是具备丰富经验和专业水准的经理人，负责经营管理合伙企业的财产，同时也提供少量的入伙资金，一般为合伙财产的1%。普通合伙人对合伙债务承担无限连带责任，其权利主要包括：(1)全权负责合伙企业财产的使用、经营和管理；(2)从合伙企业收益中分红，一般是收益的20%。

三、风险投资机构不适宜采用公司形式的主要原因

1.两权分离难。风险投资作为一种特殊的投资方式，最需要依靠经理人的经验和专业素质，投资者对经理人的经营行为不能进行干涉。体现在治理结构方面，就必须实行所有权与经营权的分离。而在公司制下，董事会是公司的经营管理机构，投资者可以通过董事会掌控公司的战略投资和决策，影响经理人的经营。这就会使决策过程成为“外行”干预“内行”的过程。

2.投资者注重短期行为，导致低回报甚至损失。据境外风险投资的回报统计，风险投资企业的存续期一般在7—10年，在此期间，经理人能够创造25%以上的年平均回报率，但这是风险投资企业结束后总体平均的结果。因此，风险投资又被称作是“耐心”的投资。在公司制下，股东会要求公司尽快创造利润回报分红，而并非着眼于公司在存续期内获得最大回报，这使经理层每年都要面对过高的短期回报压力，只能在利益驱动下导致一系列的短期行为，包括挪用资金投入证券市场，开展投资银行业务，甚至做房地产以及其他短期见效快的业务和行业，严重背离了风险投资的目的。

3.缺乏合理的激励约束机制。风险投资需要两方面的资源：充裕的资金和专业人才，两者缺一不可。投资者投入货币资本，管理者

投入人力资本，他们都对风险投资可能的高回报作出了贡献。但公司制的分配方式只照顾货币资本一方，忽视了人的贡献，经理人与公司完全是雇佣关系。而从约束方面，董事会约束过度，会限制了经理人的作用；放手不管，则公司可能出现大问题，毕竟经理层很少承担经济责任，更不要说连带责任。因此，公司制从根本上来讲，很难做到对风险投资经理人的合理约束。

4. 双重税负不利于吸引投资。作为法人，风险投资公司投资所得缴纳企业所得税，其法人股东所获分红虽无需再缴企业所得税，但其最终股东如为自然人，则需缴纳个人所得税，从而形成双重税负。因此公司制在吸引自然人投资方面缺乏优势。

四、公司型风险投资机构的运作模式

新加坡和我国台湾、香港等地的风险投资机构虽然采用公司形式，但多采取委托管理制。委托管理制的主要特点是，由投资者注资设立创业投资公司，采用委托管理方式，将其资金委托给投资管理公司管理和经营（风险投资机构和受托管理的投资团队都是以公司形式存在）。管理公司由有经验的管理人团队组成，负责为风险投资公司选择、推荐投资项目，并受托管理项目，但通常管理公司不具有投资的最终决策权。风险投资公司一般不过问管理公司的工作，他们享有的最终决策权实际上只是一个否决权。委托管理制吸收了有限合伙制中“资本＋人”组合的合理要素，确保专家理财，但又将这个组合分离成两个独立的实体，变为“资本”＋“人”，两个实体间签订委托管理合同，承担各自的法律义务。委托管理制的好处在于，虽然分离成两个独立的实体会牺牲一部分效率，但两个实体分工明确，相互制衡，有效地降低了法制和信用缺陷所带来的风险。